zsr VERLAG

♠♣♥♦

Texas Hold'em

POKER MIT SYSTEM

Band 2: Fortgeschrittene und Experten

♠♣♥♦

Ein Lehrbuch über Theorie und Praxis im Online- und Live-Pokerspiel

Von

Eike Adler

SHARK BOOKS.DE

zsr VERLAG

Die Deutsche Nationalbibliothek
verzeichnet diese Publikation in der
Deutschen Nationalbibliografie;
detaillierte bibliografische Daten sind im
Internet über http://dnb.d-nb.de abrufbar.

Eike Adler

Texas Hold'em Poker mit System – Band 2: Fortgeschrittene und Experten

2. Auflage, zsr Verlag OHG 2010

ISBN-13: 978-3-940-75808-8

Inhaltsverzeichnis

Vorwort

Der zweite Band von *Texas Hold'em – Poker mit System* soll Ihnen einen Einblick in die Spielweise der Profis geben und Ihnen zeigen, wie Sie selber zum Experten werden können. Der Weg zum echten Pokerprofi ist recht lang. Aber mit Disziplin, viel Übung, Erfahrung und Geduld kann man diesen Weg durchaus erfolgreich beschreiten.

Vorab ein paar Worte zur Form: Es wird in diesem Buch keine zusätzliche weibliche Form benutzt (z.B. „Spielerinnen und Spieler" oder „SpielerInnen" o.Ä.), was ausschließlich der Einfachheit halber geschieht. Die erfreulicherweise stetig steigende Anzahl an Mitspielerinnen (Poker ist leider nach wie vor eine recht ausgeprägte Männerdomäne) soll hier nicht vergrault oder unter den Spieltisch gekehrt werden. Die Übersicht und Verständlichkeit des Buches würde nur stark in Mitleidenschaft gezogen, was ich vermeiden möchte. Ich hoffe, die weibliche Leser- und Spielerschaft sieht mir das nach.

Und dann sei noch etwas zum Thema Anglizismus in der Pokersprache gesagt. Dies ist ein Buch in deutscher Sprache über ein Thema, das extrem stark von englischen Begriffen geprägt ist. Natürlich wäre es möglich, jedes englische Wort durch die deutsche Variante zu ersetzen... Aber das ist in einem Buch über Poker nahezu unmöglich und ginge komplett an der Realität vorbei: erstens ist es in sämtlichen Medien (Fernsehen, Internet, usw.) üblich, in diesem Bereich „checken" statt „schieben" zu benutzen, und zweitens würden deutsche Versionen von z.B. Slowplay, Pot Odds oder Gutshot („langsam spielen", „Topf-Wahrscheinlichkeiten" oder „Bauchschuss") eher komisch in einem Theoriebuch klingen. Ich habe mir daher die Freiheit auch hier genommen, alles so zu benutzen, wie es im Pokerjargon üblich ist und sowohl „ein Gebot erhöhen" als auch „eine Bet raisen" benutzt. Ich halte dies für die sinnvollste Variante, da man quasi dadurch zweisprachig mit diesem Bereich aufwächst und von Anfang an mit sämtlichen Pokerbegriffen vertraut wird. Die häufigen Erklärungen und Nebensätze tragen hoffentlich ein wenig zum zusätzlichen Verständnis bei. Das Glossar am Ende des Buches dürfte die letzten Unklarheiten über die häufigsten Begriffe und Abkürzungen im Poker ausräumen.

Ein Hinweis zur zweiten Auflage: Es wurde ein paar Fehler korrigiert, die sich in der 1. Auflage eingeschlichen hatten und einige Formulierungen der *neuen deutschen Pokersprache* angepasst, so wie sie sich in den letzten Jahren seit Erscheinen der 1. Auflage dieses Buches z.T. verändert haben. Außerdem wurden einige Vorschläge von Lesern berücksichtigt, z.B. die Überarbeitung der Spielweise von Suited Connectors in der Preflop-Stratgie.

ACHTUNG! Dieses Buch setzt voraus, dass Sie sich mit den Basics des Spiels auseinandergesetzt haben und mindestens das klassische Standard-Poker in der Variante Texas Hold'em beherrschen…

Wenn Sie direkt von Band 1 zu diesem Band übergegangen sind, würde ich Sie ausdrücklich bitten, das Buch wegzulegen und nicht weiterzulesen!

Sie sind noch nicht bereit für die Informationen in diesem Buch. Im Gegenteil, die folgenden Informationen werden Ihrem Spiel sogar eher schaden, wenn die Grundlagen Ihnen noch nicht in Fleisch und Blut übergegangen sind.

Ich muss Sie in diesem Fall bitten, sich erneut mit *Band 1* auseinanderzusetzen und die Übungen eine Zeit lang zu machen, damit Sie die Grundlagen auch wirklich beherrschen. Ihr Pokerspiel braucht Zeit, um sich zu entwickeln. Schließlich werde ich Ihnen im Laufe dieses Buches zeigen, wann es sinnvoll ist, von den Grundlagen abzuweichen. Dafür sollten Sie die Grundlagen allerdings natürlich bereits beherrschen. Wenn Ihnen Pot Odds, Outs, Positionsspiel oder eine Continuation Bet am Pokertisch noch nicht flüssig von der Hand gehen, dann gehen Sie zurück zu den Übungen von *Band 1* und festigen Sie diese Dinge zuerst, bevor Sie mit diesem Band weitermachen.

Wenn Sie allerdings soweit sind, und z.B. bereits erfolgreich kleinere Limits schlagen können, dann heiße ich Sie willkommen zum zweiten Band von *Texas Hold'em – Poker mit System*. Sie werden viele neue Dinge lernen, die teilweise sogar so in noch keinem deutschen Pokerbuch zu finden sind. Ich hoffe, die Lektüre bereichert Ihr Spiel.

Und nun wünsche ich Ihnen viel Spaß mit *Band 2*.

Eike Adler

Kapitel 10

DER WEG ZUM EXPERTEN

„Play like a champ. Win like a champ. Act like a champ."

-- Henderson, Frank

Grundlagen

Wie im Vorwort bereits erwähnt, gehe ich in diesem Buch davon aus, dass Sie die Regeln des Spiels kennen und verstanden haben und mit den grundsätzlichen strategischen Überlegungen beim Pokern vertraut sind. Wenn Sie aber mit dem Lesen direkt von *Band 1* zu *Band 2* übergegangen sind, dann rate ich Ihnen dringend, das Buch an dieser Stelle wegzulegen und sich erneut mit *Band 1* von *Texas Hold'em – Poker mit System* auseinanderzusetzen. Sie sind noch nicht bereit für die Informationen in diesem Buch! Die Abweichungen von den Grundlagen, die ich hier vermitteln werde, würden Ihrem Spiel nur schaden, wenn Sie die Grundlagen nicht bereits beherrschen. Da dies ein fortgeschrittener Band ist, werde ich auf die Grundlagen nicht weiter eingehen. Nur ein paar Worte vorab noch zur Form. Folgende Schreibweise werde ich Laufe dieses Buches für die Karten verwenden:

c	[clubs]	= Kreuz
s	[spades]	= Pik
h	[hearts]	= Herz
d	[diamonds]	= Karo
s	[suited]	= gleiche Symbole
o	[off-suited]	= ungleiche Symbole
A	[ace]	= Ass
K	[king]	= König
Q	[queen]	= Dame
J	[jack]	= Bube
T	[ten]	= 10

Die restlichen Zahlen werden natürlich auch als Zahlen dargestellt. Wenn eine Folge von Karten ohne Hinweis auf ihre Farbe angegeben wird (z.B. „A2T"), dann ist die Farbe für das Beispiel einfach nicht von Bedeutung.

Ich werde im Laufe des Buches zur Unterscheidung von Turnierchips und echtem Geld tX und X $ benutzen. Mit anderen Worten: **t4000** entsprechen 4000 in Turnierchips und **300 $** sind 300 echte Dollar, um die es geht.

Ich setze für dieses Buch außerdem die Kenntnis folgender Dinge voraus:

a) Sie kennen die Spielertypen

Man unterscheidet die verschiedenen Spielweisen der einzelnen Spielertypen in tight-passive, tight-aggressive (TAG), loose-passive und loose-aggressive (LAG).

b) Sie kennen die guten Starthände

Die Pocketkarten, die Sie beim Texas Hold'em zu Anfang des Spiels bekommen, werden in Kategorien eingeteilt. Die Einteilung, die ich im ersten Band vorgenommen habe, finden Sie auch im Anhang dieses Buches.

c) Sie können problemlos mit Outs umgehen

Outs sind die möglichen, verbleibenden Karten, die Ihre Hand verbessern und zur voraussichtlichen Gewinnerhand machen. Sie sollten wissen, dass ein Flush Draw 9 Outs hat und wann man Outs reduziert bzw. auch Extra-Outs hinzuzählt. Sie sollten außerdem wissen, dass die Frage, wie wahrscheinlich die Outs mit den noch kommenden Karten kommen, nach folgender Faustformel berechnet wird:

% Gewinnwahrscheinlichkeit mit der nächsten Karte = Outs x 2 + 2
% Gewinnwahrscheinlichkeit mit den nächsten zwei Karten = Outs x 4

d) Sie haben Pot Odds und Implied Pot Odds verstanden

Die Pot Odds sind das Verhältnis zwischen der Wahrscheinlichkeit, sein Blatt zu verbessern und dem Einsatz-Gewinn-Verhältnis, welches der Pot einem Spieler gibt. Die Implied Pot Odds beziehen dazu noch die folgenden, zu erwartenden Einsätze mit ein. Sie sollten dieses Prinzip nicht nur verstanden haben, sondern auch in der Lage sein, jedenfalls grob in einer Situation am Pokertisch zu erkennen, ob ein Call nach Pot Odds vertretbar wäre oder nicht.

e) Sie wissen, was eine Continuation Bet ist

Die Continuation Bet (oder kurz „Contibet“) ist ein Gebot auf dem Flop vom Preflop-Aggressor. Als guter, tight-aggressiver Spieler sollte man recht häufig auf dem Flop erneut betten, wenn man *vor* dem Flop erhöht hat, selbst dann, wenn man den Flop nicht zu 100 % getroffen hat. Besonders wenn dieses Gebot ein Semi-Bluff ist, man also zwar noch keine gemachte Hand hat, aber gute Aussichten besitzt, mit den folgenden Karten noch eine starke Hand zu machen.

Außerdem werde ich im Laufe des Buches ein paar Begriffe benutzen, die Sie kennen sollten, um die jeweiligen Kapitel zu verstehen. Da ich diesen Begriffen aber kein eigenes Kapitel widmen möchte (um den Rahmen nicht zu sprengen), werde ich sie nur einmal kurz anreißen:

Skill-Level

Der „Skill-Level“ beschreibt die Fähigkeiten eines Spielers. Um einen Gegner zu schlagen, ist es die optimale Strategie, sich genau einen Skill-Level über ihn zu setzen. Wenn Sie z.B. gegen einen Profi auf dem AA2-Flop einen Check-Raise machen, wird er wesentlich eher ahnen, dass dies ein Bluff sein könnte, als wenn Sie diesen Move gegen einen blutigen Anfänger machen würden. Der wird entweder nach Ihrem Check selber checken, weil er kein Ass hat oder Ihre Erhöhung als Garantie empfinden, dass Sie das Ass haben müssen. Genauso müssen Sie sich im Spiel gegen einen guten Spieler durchaus Gedanken darüber machen, auf welche Hand *er Sie* gerade setzen könnte – daraus ergeben sich bestimmte Konsequenzen, auf die ich im Laufe dieses Buches noch näher eingehen werde. Gegen einen Anfänger wäre das meistens verschwendete Energie, weil er noch nicht mal zu Ihnen herüberblickt, um zu erahnen, mit was Sie da gerade erhöhen. Er sieht seine Karten und den Flop. Passen die nicht zusammen, geht er raus. Deshalb ist es wichtig, den Skill-Level seiner Gegner herauszufinden. In hohen Skill-Levels ist es nicht selten, dass sich ein Profi gegen einen anderen Profi in dieser Situation Gedanken macht wie: „Ich denke, er denkt, dass ich denke, dass er nur vorgibt, das Ass zu haben. Also werde ich das Ass selber mit einem verzögerten Call repräsentieren, um ihm das Gefühl zu geben, ich wollte ihn nicht verscheuchen. Wenn ich raise, dann weiß er doch, dass ich bluffe. Denn mit dem Ass würde ich ja niemals raisen.“

Edge

Die „Edge“ ist der Vorteil, den ein guter Spieler gegenüber einem schwächeren Spieler hat. Man sagt auch, dass ein Spieler eine Edge in einem Turnier hat, wenn er besser als der Durchschnitt ist und demnach erwarten kann, recht gut abzuschneiden. Diese Edge ist immer abhängig vom Können eines Spielers.

Equity

Der Begriff „Equity“ ist recht wichtig im Zusammenhang mit fortgeschrittenen Pokerstrategien. Darunter versteht man den theoretischen Anspruch einer Handlung auf ein bestimmtes Ergebnis. „Tournament Equity“ z.B. bezeichnet den Gewinn, den ein Spieler aufgrund seiner Edge im Turnier erwarten kann. Die „Fold Equity“ bezeichnet die Erwartung, dass der Gegner foldet, wenn man erhöht und man den Pot ohne Gegenwehr mitnehmen kann. Unter der Equity während einer Hand versteht man den Anteil, der einem Spieler sozusagen mathematisch zusteht. Ich erkläre das einmal an einem Beispiel:

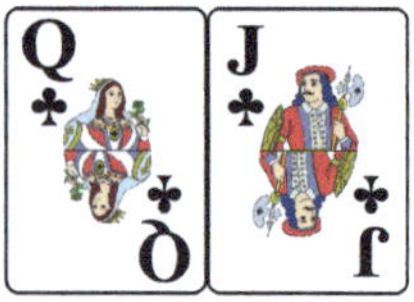

SPIELER A
(55 %)

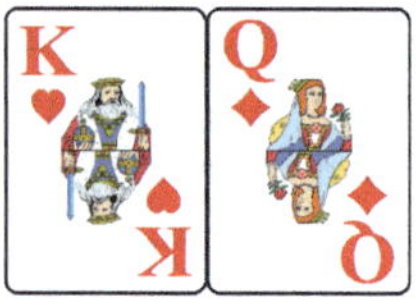

SPIELER B
(45 %)

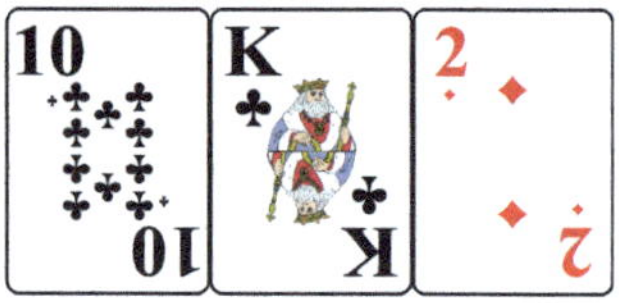

FLOP

Spieler B hat hier zwar aktuell noch die bessere Hand (ein Paar Könige), aber Spieler A hat einen Flush Draw und gleichzeitig einen Open-ended Straight Draw. Damit hat Spieler A mindestens 15 Outs auf die beste Hand und eine Gewinnwahrscheinlichkeit von insgesamt 55 %. Investiert er also 10 $ in diese Hand, gehört davon über die Hälfte mathematisch ihm. Bekommt er von seinem Gegner einen Call, macht er in jedem Fall Gewinn: Er investiert 10 $, baut einen 20 $-Pot damit auf, von dem ihm 11 $ zustehen. Er kann also erwarten, mit jedem Gebot 10 % Gewinn zu machen. Das ist wie eine Dividende an der Börse. Auf Dauer wird jeder Dollar, den er in diese Hand investiert, ihm einen Gewinn bescheren. Das ist seine Equity (und nebenbei der Grund, weshalb man seine großen Draws immer auf so genannte „Value" betten sollte).

Value

„Value" ist der Wert einer Hand, eines Gebots oder eines Pots. Wenn ich den Wert einer starken Hand erhöhen möchte, dann biete ich für die Value des Pots. Das bezeichnet man als Value Bet. Die Value Bet steht im Gegensatz zum Bluff oder Semi-Bluff. Mit dem Bluff möchte ich meinen Gegner vertreiben, mit der Value Bet möchte ich, dass der Gegner bleibt und bezahlt. „Set Value" ist der Wert, den ein kleines Pocketpaar bekommt, wenn ich damit ein Set (also einen Drilling) treffe, „Flush Value" ist der erhöhte Wert, den eine Hand bekommt, wenn sie einen Flush machen kann (z.B. A7s im Gegensatz zu A7o).

Gap-Konzept

Das vom bekannten Pokerbuchautor David Sklansky entwickelte „Gap-Konzept" sagt aus, dass man grundsätzlich eine bessere Hand zum Callen benötigt als zum Raisen. Der Grund dafür ist recht einfach: man hat keine Fold Equity mehr, wenn ein anderer Spieler bereits Stärke signalisiert hat. Ein Raise kann eine Hand immer direkt gewinnen, ein Call allerdings nicht. Deshalb braucht man immer eine Hand mit mehr Showdown-Potenzial für einen Call als für einen Raise.

Ein Beispiel: Man kann mit AJo im Small Blind im Grunde nur selten callen, wenn der Spieler UTG bereits geraist hat, da man erwarten muss, von einer besseren Hand dominiert zu werden: Gegen AQ, AK, AA, KK, QQ, JJ wäre man weit hinten mit AJ. Auf der anderen Seite kann man aber mit AJo vom Button durchaus profitabel raisen, wenn alle anderen Spieler bis zum einem selber gefoldet haben. Die Aussicht, die Blinds ohne Gegenwehr zu stehlen und die geringe Wahrscheinlichkeit, dass einer der beiden Blinds jetzt noch eine bessere Hand hat, macht AJo hierbei plötzlich zu einer gut spielbaren Hand. Das bezeichnet man als Gap-Konzept, und es ist sehr wichtig für erfolgreiches Pokerspiel. Ich werde diesen Begriff in paar Mal im Buch verwenden. Gemeint ist damit einfach die Tatsache, dass Sie mit potenziell dominierten Händen zwar manchmal gut erhöhen, aber selten eine Erhöhung oder ein All-In callen können.

Gewinnrate/„hourly rate“

Unter diesem Begriff versteht man den theoretischen Stundenlohn, den man sich als Pokerspieler erarbeitet. Jeder professionell ambitionierte Spieler sollte als oberste Priorität haben, seine „hourly rate“ zu maximieren. An einigen Stellen wird die Erfolgsrate stündlich gemessen, an anderen Stellen pro 100 Hände. Die Maßeinheit ist dabei entweder absolut in Dollar oder relativ in der Anzahl an Big Bets. Wenn ein Spieler z.B. sagt, dass er eine „hourly rate“ von 6 $ hat, dann sagt das zwar aus, dass er ein gewinnender Spieler ist, aber nicht, wie gut er ist. Sagt er aber, dass er eine Gewinnrate „4 BB/100“ im Fixed Limit 2 $/4 $ hat, dann erspielt er durchschnittlich 16 $ in 100 Händen. Im Laufe des Buches werde ich ab und zu einmal diese Werte erwähnen. Sie mit Stift und Papier für jede Session einzeln zu errechnen, kann ganz interessant sein, ist aber etwas aufwändig. Durch den Einsatz von Zusatzsoftware wird dieser Wert normalerweise automatisch ermittelt und angezeigt.

Range

Als „Range“ bezeichnet man allgemein ein Spektrum. Eine Handrange ist das Spektrum an Karten, die ich bei meinem Gegner vermute. Spiele ich also gegen einen sehr tighten Spieler, dann hat dieser eine recht kleine Handrange. Diese kleine Handrange besteht dann z.B. aus Karten wie 99-AA und AKo, AKs, AQs. Im Laufe dieses Buches werde ich immer wieder von „Ranges“ sprechen, denn je fortgeschrittener das Spiel wird, desto wichtiger wird das Lesen der gegnerischen Karten. Und beim Lesen der Hand des Gegners beginnt man immer mit einer recht weiten Range an möglichen Karten, die man dann im Laufe der Hand immer weiter einschränkt. Als „Calling Range“ bezeichnet man die möglichen Hände, mit denen mein Gegner mich callen würde.

Der zentrale Pokerlehrsatz

Ebenfalls von David Sklansky stammt der so genannte „zentrale Pokerlehrsatz“. Dieser besagt, dass mein Gegner immer dann einen Fehler macht, wenn er sich anders verhält, als wenn er meine Karten kennen würde und umgekehrt. Nehmen wir also an, mein Gegner weiß, dass ich bloß einen Flush Draw habe, dann würde er korrekterweise so hoch bieten, dass ich nicht die Pot Odds für meinen Draw bekomme. Immer dann spielt er nach diesem Lehrsatz richtig. Checkt er aber, weil er eine bessere Hand bei mir vermutet, dann mache ich einen Profit, da ich eine freie Karte für meinen Draw bekommen kann. Damit hat er anders gespielt, als er es tun würde, wenn er wüsste, was ich habe. Und umgekehrt gilt natürlich auch: jedes Mal, wenn ich eine Hand anders spielen würde, als könnte ich die Karten meines Gegners sehen, profitiert mein Gegner davon.

Wenn Sie diese Punkte zu diesem Zeitpunkt noch nicht alle zu 100 % verstanden haben, ist das kein Problem. Im weiteren Verlauf des Buches werden diese Begriffe nur immer wieder auftauchen. Dann lohnt es sich eventuell, an dieser Stelle den Begriff noch einmal nachzulesen.

Professioneller Ansatz beim Pokern

Wenn Sie vorhaben, Ihr Pokerspiel zu professionalisieren, sollten Sie sich folgende Fragen stellen: Wieso spiele ich Poker? Überwiegt für mich der Entertainment-Faktor oder reizt mich die mathematische Herausforderung? Geld machen möchte natürlich jeder, aber die Art und Weise, wie das Geld den Weg zu Ihnen (oder von Ihnen) nimmt, wird davon bestimmt, welche Einstellung Sie zum Pokern haben. Kommen Sie mit der psychologischen Anforderung durch Hochs und Tiefs beim Pokern klar? Haben Sie genügend Geduld für dieses Spiel? Haben Sie auch genügend Wissensdurst, um sich jede Woche über neue Theorien, Techniken und mathematischen Grundsätze zu informieren?

Ich nehme einmal an, dass Sie ein Interesse daran haben, Ihr Spiel zu verbessern und professioneller anzugehen, sonst hätten Sie sich wahrscheinlich auch nicht dieses Buch gekauft. Aber überstürzen Sie nichts! Professionell zu pokern bedeutet, eine Menge Energie in dieses Hobby zu investieren.

Ich spreche hier absichtlich von „professionellem Poker“ und nicht vom „Pokerprofi“. Denn das ist ein Spieler, der seinen Lebensunterhalt mit Pokern alleine bestreiten kann. Das können aber nur sehr wenige. Und der Beruf des Pokerprofis ist wesentlich anstrengender, nervenaufreibender, schlafraubender und riskanter, als sich viele Anfänger das vorstellen können. Viele Spieler, die ein paar gute Pokersitzungen hatten, träumen deshalb schnell vom Dasein als Pokerprofi, aber es ist ein sehr anstrengender Beruf.

Aber selbst zum „professionellen Spiel“ ist es normalerweise ein sehr langer Weg und man sollte niemals versuchen, diesen Weg mit wenigen Schritten oder über Nacht zu erreichen. Man wird garantiert kläglich (und pleite) scheitern. Rom wurde auch nicht an einem Tag gebaut, also lassen Sie sich und Ihrem Pokerspiel ausreichend Zeit. Und damit meine ich nicht Tage, sondern eher Jahre! Als ambitionierter Pokerspieler auf dem Weg zum Experten sollten Sie sich in jedem Fall schon mal ein paar Dinge angewöhnen:

1.) Spielen Sie immer nur nüchtern, ausgeruht und konzentriert

Wenn es Ihr Ziel ist, mit dem Pokern Geld zu verdienen, sollten Sie topfit und zu 100 % aufmerksam sein. Wenn Sie bisher in den Mikrolimits stetig gewonnen haben, werden Sie sich wundern, welche Anforderungen in den höheren Limits auf Sie warten. Poker ist ein Spiel der täglich neuen Herausforderungen. Wenn Sie sich eine Umgebung und Umstände fürs Spielen schaffen, sollten diese so optimal wie möglich sein.

2.) Sehen Sie Poker nicht als Glückspiel und jammern Sie nicht über Bad Beats!

Sie werden Pechsträhnen wie auch Glückssträhnen beim Pokern haben, das ist ganz normal. Aber wenn Sie Ihre Mitmenschen mit Bad Beat-Stories am Stammtisch langweilen, sich regelmäßig über das Ass auf dem River aufregen und an Ihre Glücksfee beim Pokern glauben, sind Sie definitiv auf dem falschen Weg. Sehen Sie Pokern als Investition in positive Erwartungswerte, ähnlich wie an der Börse. Man kann nicht immer gewinnen, Profis erwarten von 5 Sessions, dass sie 3 davon positiv beenden. Das ist ein langfristig positives Ergebnis. Das reicht aus, um für einige Spieler einen Millionengewinn im Monat auszumachen. Sie planen die Verluste eben genauso mit ein.

3.) Kritisieren Sie sich in jeder Hand aufs Neue

Damit meine ich nicht, dass Sie sich selber ständig schlechtmachen sollen. Setzen Sie sich mit jeder Entscheidung, die Sie treffen, auseinander – auch rückwirkend. Fühlen Sie sich verantwortlich für Ihr Spiel und sehen Sie jeden Spielzug in einem langfristigen Zusammenhang: „War der Call korrekt, den ich in Anbetracht der Informationen da gemacht habe, die mir vorlagen?“ Nur so werden Sie auf Dauer ein besserer Pokerspieler

4.) Gehen Sie es ein wenig kontrollierter an

Natürlich kann man ein riskantes Bankroll Management irgendwie rechtfertigen, sich für einen knappen Call noch irgendwo Extra-Backdoor-Outs zusammensuchen oder auf einen Read, den man zu haben glaubt, alle seine Chips setzen. Aber Sie schonen Ihre Nerven, ihre Bankroll und besonders Ihre Spielqualität, wenn Sie sich in knappen Fragen für den konservativeren Weg entscheiden. Einige Profis versuchen z.B. beim No-Limit, nicht mehr als 30 BB in eine einzelne Hand zu investieren, egal, was sie haben. Es geht natürlich immer um eine Gewinnmaximierung, aber psychologisch kann der Wiederaufbau einer Bankroll manchmal mehr Schaden anrichten als eine einzelne, gewonnene Hand nützen kann.

5.) Führen Sie ein Pokertagebuch, machen Sie sich Notizen

Wie bereits erwähnt, halte ich es für absolut notwendig, sich für seine Ergebnisse selbst verantwortlich zu fühlen. Es ist definitiv nicht so, dass alle anderen mehr Glück haben als man selbst oder dass man der Bad Beat-König aller Zeiten ist. Alle bekommen dieselben Chancen (in Form von Karten) und werten diese nur unterschiedlich aus. Indem Sie ein Pokertagebuch führen, bewahren Sie sich selbst vor größeren, finanziellen Schäden und vor einer Selbstlüge, zu der quasi jeder Mensch nur allzu gerne zu neigen scheint, wenn es um Verluste geht. Es geht bei einem Tagebuch auch nicht nur um eine statistische Gewinnauswertung, sondern auch um die Selbstkontrolle. Habe ich vielleicht einen großen Pot gewonnen, die Hand aber schlecht gespielt? Habe ich einen Read auf einen Spieler bekommen (z.B. im Casino), den ich mir merken muss, oder den ich über einen längeren Zeitraum einmal beobachten möchte, weil wir öfters zusammen spielen? Online bieten eigentlich alle Pokeranbieter die Möglichkeit, Spielernotizen direkt am Tisch zu machen, die man jederzeit wieder einsehen kann. Nutzen Sie diese Möglichkeit für alles Mögliche: „NL50: limp-callt AA UTG", „Turnier: Calling Station", „55 $-SNG: Fisch, callt QQ auf AK2 Board bis zum River für 1/3 seines Stacks", „2 $/4 $: check-raist immer TPTK am Flop" usw.

6.) Nutzen Sie zusätzliche Pokersoftware

Für Notizen und Statistiken sind Excel-Tabellen oder Notizblöcke beim Live-Poker unerlässlich. Aber für das Spiel im Netz gibt es mittlerweile für diverse Anwendungsgebiete Helfer in Form von kleinen Zusatzprogrammen, die einem die Arbeit abnehmen. Ich werde in der *Lektion 46 – Der Einsatz von Zusatzsoftware* – ab S. 145 noch etwas genauer darauf eingehen. Welche Software Sie nutzen, sollten Sie dabei selber entscheiden, es kommt ja auch ständig neue dazu. Der wichtigste Effekt dabei ist aber vor allem, dass Sie Ihre Analyse verbessern, automatisch Statistiken über sich und Ihre Gegner führen und vor allem Hände im Rückblick gut Revue passieren lassen und analysieren können. Ihr Spiel wird sich dadurch signifikant verbessern und Ihnen häufig einen Vorteil am Pokertisch gegenüber denjenigen verschaffen, die ohne Zusatzsoftware pokern.

7.) Bilden Sie sich ständig weiter

Poker steht nicht still. Es kommen ständig neue Erkenntnisse hinzu und das Spiel verändert sich rasant. Vor 10 Jahren wäre die heutige Form des Online-Pokers noch vollkommen undenkbar gewesen. Sie sollten als professionell ambitionierter Spieler nie aufhören, sich weiterzubilden, sich und andere zu analysieren und sich auch darüber hinaus Ihre eigenen Gedanken zu machen.

8.) Bankroll Management, Bankroll Management, Bankroll Management

Man kann nicht häufig genug erwähnen, wie wichtig ein gutes Bankroll Management (BRM) ist. Ein professionell ambitionierter Spieler sollte ständig sein zur Verfügung stehendes Geld planen und kalkulieren können. Er sollte in der Lage sein, nach einem Limitaufstieg wieder abzusteigen, ohne dass es ihm oder seinem Ego wehtut. Schaden erleidet sonst ausschließlich die Bankroll, nichts anderes. Das gilt insbesondere nicht nur für das Cashgame, sondern auch für Turniere und Sit'n Gos. Ich habe diesem Thema deshalb auch im zweiten Band zwei Kapitel gewidmet. Zum einen geht es um das fortgeschrittene BRM bei Cashgames in höheren Limits bzw. mit wenigen Gegnern, zum anderen um das BRM bei Sit'n Gos.

Umstieg auf Shorthanded

Je höher Sie in den Limits steigen, desto häufiger werden Sie so genannte *Shorthanded*-Tische (SH) antreffen, also Tische mit maximal 6 Plätzen. Viele gute Spieler wechseln ab einem bestimmten Zeitpunkt von voll besetzten 10er-Tischen (Fullring/FR) auf diese kleineren Tische, und das hat seine Gründe. Diese Spielform hat besonders beim Texas Hold'em für fortgeschrittene Spieler einige Vorteile:

1.) Man spielt mehr Hände pro Stunde. Dadurch erhöht sich die Auswirkung der Edge eines guten Spielers an einem SH-Tisch im Vergleich zum FR-Tisch, und somit auch seine „hourly rate" (also der theoretische Stundenlohn).

2.) Die Hände sind schneller und aktionsreicher. Es wird an SH-Tischen seltener eine Hand bis zum River gespielt. Somit erhöht sich ebenfalls die Edge, die aggressive Spieler haben, die gleichzeitig ein gutes Postflop-Spiel beherrschen.

3.) Starthände werden unwichtiger. Die fortgeschrittenen Fähigkeiten wie Reads, das Führen von Spielerstatistiken und das Ausnutzen der Schwächen des Gegners werden dafür wesentlich bedeutender. Auch das kommt den aggressiven und guten Spielern zu Gute, denn diese Fähigkeiten erfordern fortgeschrittene Kenntnis, Erfahrung und Geschick.

4.) Die Gegner sind häufig schlechter als an FR-Tischen. Viele Spieler passen ihre Taktik nicht der SH-Situation an, sondern spielen einen 6er Tisch genauso wie einen Tisch mit 10 Spielern. Außerdem tummeln sich an SH-Tischen sehr häufig Fische, denen FR zu langweilig ist. Sie suchen Action und die bekommen sie am ehesten an einem Tisch mit wenigen Spielern, wo alles schnell geht und viel gefeuert wird.

Für einen professionell denkenden Spieler ist der Umstieg von FR zu SH also eine Gewinnmaximierung. An einem FR-Tisch spielt er online ca. 60 Hände pro Stunde, an einem SH-Tisch eher 80. Wenn er durchschnittlich 1 BB/100 Hände macht und 4 Tische gleichzeitig spielt, erhöht er seine „hourly rate" mit diesem

Umstieg von 2,4 BB auf 3,2 BB. In einem Limit wie 5 $/10 $ sind das immerhin 8 $ mehr, die er in der Stunde durchschnittlich verdient.

Aber wie genau stelle ich mich jetzt auf SH um, wenn ich vorher FR gespielt habe?

Nun, dafür müssen wir uns erst einmal genau vor Augen führen, was sich überhaupt bei diesem Umstieg verändert. Dazu hier ein paar theoretische Grundlagen:

Wenn man an einem FR-Tisch mit 10 Spielern in jeder Runde alle Hände offen legen würde und sämtliche Gemeinschaftskarten ausspielt, um zu schauen, wer am Ende vorne ist, dann gewinnt (rein mathematisch betrachtet) jeder Spieler 10 % der Spiele. Macht man dasselbe SH mit 6 Spielern, gewinnt jeder 1/6 der Spiele, also ca. 17 %. Das bedeutet im Umkehrschluss, dass jeder Spieler 7 % mehr Starthände spielen kann bzw. sollte, was ungefähr 75 % mehr Hände bedeutet. Denn man gewinnt ja auch dementsprechend mehr Hände. Die Frage, die sich dabei natürlich stellt, ist, *welche* Hände das unter *welchen* Umständen sind. Nun, dazu kommen wir noch.

Ein weiteres, sehr wichtiges Kriterium ist die Auswirkung der Blinds. Denn diese werden für jeden Spieler teurer, je weniger Spieler am Tisch sitzen, weil man sie ja durchschnittlich häufiger bezahlt als mit 10 Gegnern. Das bedeutet ebenfalls, dass man looser spielen muss: spiele ich z.B. von 21 Spielrunden genau eine Runde mit, dann zahle ich an einem FR-Tisch dafür im Schnitt 2,1-mal den BB und 2,1-mal den SB in Form der Blinds als quasi Gebühr. An einem SH-Tisch aber zahle ich für diese eine Hand insgesamt 3,5-mal den BB und 3,5-mal den SB in 21 Spielen. Das macht in einem Spiel mit 10 $ als Big Blind immerhin einen Unterschied von 21 $ aus. Mit anderen Worten: die Blinds werden teurer, je weniger Spieler im Spiel sind, weil man sie häufiger bezahlt. Das ist ein weiterer Grund dafür, mehr Hände zu spielen.

Eine weitere Änderung zum FR-Tisch ist die Position. Am FR-Tisch sind die ersten 3-4 Positionen wirklich schlecht, weil es gut sein kann, dass man z.B. in erster Position mit einem Raise vor dem Flop von 3 Spielern gecallt wird. Dann muss man nach dem Flop als Erster agieren und hat noch 3 Spieler hinter sich sitzen. Aus dem Grund sind ja – wie Sie hoffentlich wissen – die Anforderungen an die Starthände in früher Position an einem FR-Tisch sehr hoch. An einem SH-Tisch ist die erste Position allerdings bei Weitem nicht so schlecht wie an einem FR-Tisch. Denn im Grunde startet man ja nicht in Position 1 (UTG), sondern in Position 5 (MP2). Theoretisch kann man SH also so spielen wie einen FR-Tisch in MP2, an dem alle zu einem gefoldet haben.

Auch hier gilt wieder, dass Aggressivität eine große Edge darstellt: Raisen und Reraisen ist wesentlich profitabler als Callen oder Folden, da die Monsterhände wesentlich unwahrscheinlicher im Umlauf sind. Dasselbe gilt für den Positionsvorteil, der sich mit wenigen Gegnern noch stärker auswirkt. Durch die gesunkene Wahrscheinlichkeit, dass meine Gegner eine starke Hand haben, mit der sie profitabel callen können (speziell nach dem Gap-Konzept), steigt wiederum meine Fold Equity. Außerdem schauen sich durchschnittlich weniger Spieler den Flop an, was wiederum bedeutet, dass die Position wichtiger wird. Denn der Vorteil des Buttons wirkt sich Heads-Up maximal aus, während ich mit 7 Limpern im Pot am Flop kaum alle Spieler aus der Hand drängen kann, nur weil ich in der spätesten Position sitze.

Allerdings ist im Umkehrschluss natürlich das Gap-Konzept auch nach unten an einem SH-Tisch anpassbar. Das bedeutet, dass man gegen einen aggressiven Spieler, der das SH Konzept verstanden hat und vor dem Flop sehr viel raist und reraist, wesentlich mehr Hände callen oder reraisen kann als gegen einen tighten Spieler an einem 10er-Tisch.

Sie merken schon, dass das Spiel mit wenigen Gegnern nicht ganz so einfach in Kategorien und einfache Spielzüge zu verpacken ist, wie noch das Spiel mit vielen Gegnern. Aber je tiefer Sie in die Materie eindringen, desto wichtiger wird es, dass Sie die Dinge nicht nur theoretisch verstanden, sondern auch praktisch umgesetzt haben. Deshalb wird es auch in *Band 2* wieder nach den wichtigen Abschnitten Übungsanleitungen geben, die Sie durchführen sollten, um das Thema wirklich nachvollziehen zu können.

Fassen wir also zusammen, welche Änderungen sich für Sie durch die Struktur von SH-Tischen ergeben. Sie sollten:

a) Ihre Starthände auflockern

b) die Position stärker gewichten

c) häufiger in Position raisen und vor allem reraisen als FR (eigentlich NIE limpen). Wenn viel geraist wird und man selber nur callt, lässt man die anderen Spieler den Tisch dominieren. Das bringt einen selber in eine sehr schlechte Situation auf jedem Flop. Wenn man das nicht in den Griff bekommt, sollte man eventuell lieber den Tisch wechseln. Dominanz und Position plus Geduld sind vor dem Flop wichtige Voraussetzungen, ganz besonders SH.

d) nach dem Flop ebenfalls aggressiver spielen als FR, weil Sie häufig Heads-Up sind.

e) in den Blinds sehr tight spielen! Viele Spieler callen zu viel aus den Blinds. Aber Sie spielen Out Of Position (OOP) und sind meistens in einer passiven Rolle gegen einen Raiser. *Es ist sehr leicht, in den Blinds loose zu spielen, aber nur schwer tight zu spielen.*

Das Spiel OOP (z.B. mit einer Hand wie 99 im SB) erfordert auch einiges an Anpassung. Man sollte hier eigentlich so gut wie nie callen, sondern etwas stärker als normal raisen (um den Positionsnachteil auszugleichen) oder folden. Die meisten Hände kann man nach dem Flop OOP nur sehr schwer weiter spielen. Das sollten Sie also vermeiden. Auf das Spiel von speziellen Händen wie kleinen Paaren, kleinen Assen usw. gehe ich später noch genauer ein.

Sie sollten ihre Anforderungen an die Starthände allgemein etwas auflockern, aber nicht alles Mögliche spielen. Wenn Sie auch mit 92o vom Button raisen, raisen Sie so häufig, dass Ihre Gegner Ihnen irgendwann nicht mehr glauben und ständig reraisen werden. Und mit 92o lässt es sich schwer weiterspielen.

Wichtig ist auch die Höhe des Gebots: genauso wie FR sollten Sie einen guten Kompromiss zwischen Fold Equity und Call Equity schaffen. Sie dürfen Ihrem Gegner nicht die nötigen Odds für marginale Calls geben, mit denen er z.B. am River seine Straße machen könnte. Das bedeutet, dass Sie z.B. niemals nur einen Minimum-Raise von 2 BB machen sollten, sondern immer mindestens 3 BB. Der Spieler im Big Blind kann dadurch sehr günstig den Flop sehen. Gleichzeitig ist mehr als das Vierfache des BB zu hoch, es sei denn, es sind Limper dabei. 3 BB +1 BB pro Limper ist gut, SH tendieren viele Spieler dazu, in Höhe des Pots vor dem Flop zu betten, was 3,5 BB entspricht. Hier werden Sie ein wenig herumprobieren müssen. Wenn Sie mit 3,5 BB grundsätzlich überhaupt keine Caller bekommen, gehen Sie auf 3 BB oder sogar nur 2,5 BB herunter. Wenn Sie aber mit einem 4-BB-Raise mit meinem Paar 99 auch noch einen Call von K9 bekommen, dann sollten Sie die Höhe der Raises weiter nach oben korrigieren. Hier ist auch wieder Anpassung an den Tisch gefragt. Eine gute Faustregel ist und bleibt: 3 BB +1 BB pro Limper und nach einem Raise auch nach wie vor das 3-Fache des Raises bzw. in Höhe des Pots.

Multitabling

Viele fortgeschrittene Spiele fangen irgendwann in ihrer Online-Pokerkarriere an, Multitabling zu betreiben, sprich: an mehreren Tischen gleichzeitig zu spielen. Von 3 Tischen bis zu 54 Tischen parallel ist alles schon da gewesen und viele der älteren Pokerspieler der „alten Schule" wundern sich, wie leicht die junge Generation zum Teil diese Reizüberflutung bewältigt.

Multitabling hat ein paar entscheidende Vorteile; ab einem bestimmten Grad aber auch gewisse Nachteile.

Wenn ich an mehreren Tischen gleichzeitig spiele, kann ich:

- mehr Hände pro Stunde spielen
- die „hourly rate" dadurch erhöhen
- mich schneller von marginalen Händen trennen, ich habe ja ausreichend Action
- mehr Rake beim Pokeranbieter produzieren, um z.B. einen Bonus freizuspielen oder mich für Promotion-Aktionen zu qualifizieren

Die Nachteile des Multitablings sind allerdings nicht wegzudiskutieren. Wenn ich mich auf mehr als einen Tisch konzentrieren muss, kann ich:

- weniger überlegen und tendiere dadurch zu übereilten Entscheidungen
- weniger Tells von meinen Gegnern aufschnappen
- weniger pro Tisch verdienen, da ich nicht so optimal spielen kann wie an einem einzelnen Tisch
- mich schlechter auf ein neues Limit einspielen
- kaum mein Spiel weiter entwickeln, da Multitabling ein gewisses ABC-Standardspiel hervorruft

Jeder Spieler hat unterschiedliche Stärken und Schwächen. Dadurch wirken sich die Vor- und Nachteile des Multitablings auch unterschiedlich stark auf jeden einzelnen Spieler aus.

Man sollte Multitabling auf jeden Fall ausprobieren und für sich selbst entscheiden, ob man lieber mit 4 Tischen und einer Gewinnrate von 1 BB/100 Hände bei quasi null Lerneffekt spielt oder an einem Tisch mit einer Gewinnrate von 2 BB/100 Hände zwar weniger Geld pro Stunde macht, aber dafür sein Spiel optimieren kann.

Ich würde Ihnen empfehlen, in einem neuen Level bzw. Limit erst einmal nur an einem oder maximal an zwei Tischen zu spielen, um das Spiel den neuen Anforderungen anzupassen. Und das gilt auch bei einem Limit Abstieg. Denn wenn Sie zuvor 2 $/4 $ Limit gespielt, einen Teil Ihrer Bankroll verloren oder sich ausbezahlt haben, und dann mit einem Mal auf 0.50 $/1 $ spielen, werden Sie feststellen, dass die Spieler hier einfach anders spielen. Vergessen Sie nie, dass es kein universell gutes Spiel gibt, sondern nur ein optimales Spiel gegen einen bestimmten Gegner. Ein Bluff, der auf 2 $/4 $ immer funktioniert hat, kann auf 0.50 $/1 $ auch 10-mal hintereinander gnadenlos in die Hose gehen.

Sobald Sie sich auf zwei Tischen sicher fühlen und deutliche Gewinne einfahren, nehmen Sie erst einen dritten und dann einen vierten dazu. Nach meiner Erfahrung ist das die gesündeste Herangehensweise ans Multitabling.

Die Schwächen von Multitabling-Spielern

Wenn Sie an einem Tisch sitzen und merken, dass ein Spieler immer eine gewisse Zeit braucht, um seinen Spielzug zu machen, liegt das nicht selten daran, dass er an mehreren Tischen gleichzeitig spielt. Viele Online-Pokerräume bieten an, nach Spielern zu suchen. Wenn Sie vermuten, dass ein Spieler Multitabling betreibt, lohnt es sich, dies einmal zu überprüfen. Und falls er wirklich an mindestens 4 Tischen parallel spielt, sollten Sie sich dazu definitiv eine Spielernotiz machen.

Denn: Multitabling-Spieler haben aufgrund ihrer verkürzten Reaktionszeit und der erhöhten Action an mehreren Tischen gewisse Verhaltensmuster, die man sehr gut ausnutzen kann.

Ein Multitabling-Spieler ist erst einmal grundsätzlich dazu in der Lage, an mehreren Tischen gleichzeitig zu spielen, was schon ein gewisses strategisches Vermögen voraussetzt. Sie können davon ausgehen, dass er keine Liste mit den besten Starthänden mehr neben der Tastatur benötigt, sondern weiß, welche Hände vor dem Flop stark sind und welche nicht. Das grenzt seine Handrange in der Regel relativ klar ein. Als Multitabling-Spieler kann er es gar nicht bewältigen, an jedem Tisch eine neue Technik auszuprobieren und hier mit J7 und T3 zu erhöhen und an einem anderen Tisch nur auf die Asse zu warten. Er hat sein Spiel ansatzweise gefunden und spielt das ziemlich 1:1 runter. Darin besteht schließlich seine Edge, damit macht er langfristig sein Geld. Aber er hat dadurch auch ein gewisses standardisiertes Muster in seiner Spielweise, in seinen Eröffnungsgeboten und vor allem in seinen Anforderungen an den Verlauf einer Hand. Kein Multitabling-Spieler kann auf Dauer profitabel loose-passiv spielen und immer nur limpen bzw. callen. Die meisten dieser Spieler kennen die Vorteile von Aggressivität und Position und werden demnach immer versuchen, als Aggressor in späten Positionen Druck auszuüben. Gleichzeitig vermeiden Sie aber auch selber Calls bzw. Situationen, in denen sie Draws hinterherlaufen und große Pots, in denen sie selber nicht die Initiative haben.

Und genau da liegt die Schwäche vieler Spieler, die parallel an mehreren Tischen gleichzeitig pokern. Ihr Spiel ist vorhersehbar und sie haben sehr hohe Anforderungen an Ihre Calling-Range. Das bedeutet, dass sie – wenn sie z.B. in später Position raisen – nur mit ganz wenigen Händen einen Reraise (z.B. aus dem BB) auch callen würden. Sie wissen, dass es sich auf Dauer nicht lohnt, mit AJ einen Reraise zu callen, und sind recht schnell bereit, diese Hände aufzugeben. Deshalb sollten Sie Ihre eigene Spielweise ein wenig anpassen, wenn Sie wissen, dass Sie gegen einen Multitabler spielen. Sie sollten mit mehr Händen reraisen und auf ungefährlichen Flops Stärke zeigen (dazu kommen wir noch in der *Lektion 35 – Flop-Struktur* ab S. 71), aber mit weniger Händen selber callen. AT im BB z.B. wird eher zu einer Hand zum Reraisen, weil der Gegner durchaus in der Lage ist, AJ oder sogar AQ noch vor dem Flop zu folden. Er hat einfach viel zu viel Action auf allen anderen Tischen, als dass es sich für ihn lohnt, sich selbst in schwierige Entscheidungen zu manövrieren oder lange darüber nachzudenken, ob er an einem der Tische jetzt gerade aus einem Pot geblufft wurde.

Sie sollten diese Art von Spielern aber nicht unterschätzen bzw. sie in ähnlichen Situationen nicht allzu häufig reraisen. Denn die meisten nutzen beim Spielen auch Statistiksoftware, um ihre mangelnden Reads auszugleichen. Und die wird irgendwann anzeigen, dass Sie einen bestimmten Move etwas häufiger als normal machen. Variieren Sie also gegen einen Multitabler, aber nutzen Sie seine Schwäche, sich nicht allzu viel Zeit mit einer einzelnen Situation zu lassen und spielen sie aggressiver gegen ihn, als Sie gegen einige andere Spieler spielen würden.

Fortgeschrittenes Bankroll Management

Sie sollten eine Pokerkarriere um echtes Geld – egal, mit wie viel Geld Sie gestartet sind oder in welchem Limit Sie gerade spielen – niemals ohne ein solides Bankroll Management (BRM) bestreiten. Der Grund für die größten Verluste vieler Spieler ist Ihre mangelnde Geduld und das damit verbundene, schlechte Bankroll Management. Ich gehe davon aus, dass Sie den Absatz über dieses Thema im ersten Band von *Texas Hold'em - Poker mit System* bereits verinnerlicht haben.

Ich werde Ihnen an dieser Stelle noch einmal kurz das BRM erklären bzw. die wichtigsten Grundsätze eines guten Bankroll Managements aufführen. Sobald Sie in etwas höhere Bereiche gelangen, sollten Sie ein relativ konservatives BRM betreiben. Das gilt besonders, wenn Sie an mehreren Tischen gleichzeitig spielen. Shorthanded sollten Sie außerdem mit mehr Geld am Tisch sitzen, um die Swings auszugleichen. Wenn Sie z.B. beim Fixed Limit FR noch mit 300 BB gut hinkommen, sollten Sie an einen SH-Tisch eher 450-500 BB mitnehmen. Beim No-Limit sollten Sie sich möglichst immer mit 100 BB an den Tisch einkaufen.

Fixed Limit:

- **FR 300 BB Minimum für ein Limit**
- **SH 500 BB Minimum für ein Limit**

No-Limit:

- **FR 25 Buy-Ins (bzw. 2500 BB) Minimum für ein Limit**
- **SH 40 Buy-Ins (bzw. 4000 BB) Minimum für ein Limit**

Das Spiel an SH-Tischen hat aufgrund der geringeren Qualität und der größeren Anzahl an Händen, die man pro Durchgang spielt, eine wesentlich höhere Varianz als an FR-Tischen. Deshalb ist dafür auch ein strengeres BRM notwendig, um nicht allzu häufig in den Limits hin- und her zu springen. Je höher man in den Limits steigt, desto stärker werden auch die Gegner. Deshalb wird die Edge, die man als einzelner guter Spieler hat, auch immer kleiner. Gleichzeitig wird das Thema BRM mit steigenden Limits auch immer mehr zur Anpassungssache. Wenn man merkt, dass man zwar die Bankroll für 2 $/4 $ hat, aber dieses Limit noch nicht solide schlagen kann, sollte man etwas länger 1 $/2 $ spielen und sich ein größeres Polster für die ersten Gehversuche auf dem höheren Limit verschaffen, als das vielleicht noch im Limit zuvor der Fall war. Anders herum kann man durchaus einen etwas früheren Aufstieg in ein höheres Limit wagen, wenn man nachhaltig in der Lage ist oder war, das niedrigere Limit zu schlagen. Das kann z.B. der Fall sein, wenn man auscashen musste und deshalb wieder vier Limits niedriger anfangen muss. Ziel des BRM sollte es immer sein, gleichzeitig Verluste zu vermeiden und einen optimalen Stundenlohn zu garantieren. Deshalb sollten Sie sich zu jedem Zeitpunkt fragen, ob es profitabler für Sie ist, ein Limit höher oder ein Limit niedriger zu spielen. Ihr Ego sollten Sie dabei nach Möglichkeit völlig aus dem Spiel lassen. Auch ein Phil Ivey hat auf den Microlimits angefangen und ist nicht über Nacht zum High Stakes-Pokerprofi geworden.

Eine professionelle Einstellung besteht in der Gewinnmaximierung, nicht im Kräftemessen. Ein Versuch der Selbstbestätigung, was für ein hohes Limit man doch schon spielt, obwohl man es sich laut BRM eigentlich gar nicht leisten kann, endet meist unweigerlich im Bankrott. *Sie wollen ein professioneller Spieler sein? Starten Sie mit einem professionellen BRM!* Wenn Sie das solide und selbstkritisch befolgen, gehören Sie meistens schon zu den obersten und besten 10 % der Spieler in Ihrer Preisklasse.

Psychologie eines Experten

Um ein Pokerexperte zu werden, müssen Sie nicht nur gutes Pokerspiel lernen. Sie müssen auch eine professionelle Einstellung zum Pokern bekommen, was das Wegstecken von Bad Beats, Downswings und kurzfristigen Misserfolgen anbelangt. Bessere Spieler erleiden häufiger Bad Beats. Wieso? Weil sie häufiger mit einem Vorteil alle ihre Chips in die Mitte schieben.

Dazu ein Beispiel:

Ein guter Spieler würde ohne Chipnot seine JJ weg werfen, wenn er zu 70 % wüsste, dass er gegen KK oder AA spielt. Ein schlechter Spieler callt trotzdem, weil er ja die letzten 10 Hände nicht gewonnen hat und JJ eine so gute Hand ist.

Demnach verteilen häufig schlechtere Spieler Bad Beats und bessere Spieler kassieren sie. Das heißt nicht, dass schlechte Spieler nicht auch mal mit ihren Assen gegen QJ verlieren können. Schließlich erzählen sie es in der Kneipe täglich jedem, der es nicht hören will.

Ein guter Spieler denkt aber nicht in Bad Beats, in verlorenem Geld oder einer schlechten Session: Ein guter Spieler sieht den langfristigen Erfolg und sucht die Fehler in den Situationen, in denen er Calls, Pushes oder Raises gemacht hat, die einen negativen Erwartungswert hatten. Oder er analysiert die Limits, in denen er die Fehler gemacht hat und entscheidet selbstkritisch, ob er wirklich in der Lage ist, dieses Limit zu schlagen.

Einen Anfänger interessiert das nicht. Natürlich: Mit AA ein All-In vor dem Flop zu callen, ist nie ein Fehler, selbst wenn man 10-mal hintereinander damit verliert (was mathematisch unwahrscheinlich, aber ja möglich ist). Man geht fast immer mit einem Vorteil von z.B. 80 % in die Hand.

Aber auch nach dem Flop warten psychologische Fallen, über die es sich lohnt, ein wenig nachzudenken: Denken Sie nicht in Chips, in Geld, in eigenen Karten, sondern auf Dauer in Gewinnerwartungen gegen die Handranges Ihrer Gegner. Wenn Sie nach dem Flop All-In gehen in der festen Überzeugung, vorne zu liegen und dann in ein Monster laufen, ist das kein Beinbruch, sondern ein Analyseansatz.

Ich verdeutliche das einmal an einem Beispiel: Wenn Sie nach dem Flop mit zwei Paar All-In gehen, weil Sie wissen, dass Ihr Gegner immer mit einem Set, zwei schlechteren Paaren, einem einzelnen Paar (z.B. TPTK) oder zu 50 % auch mit dem Flush Draw callt, dann ist das ist in erster Linie ein mathematischer Ansatz! Wenn die Einschätzung der Range Ihres Gegners richtig ist, dann war der Push auch richtig. Schließlich Sind Sie gegen die meisten Hände Ihres

Gegners vorne, mit denen er callt. Dabei ist es egal, ob Sie diese eine Hand dann trotzdem verlieren, weil er wirklich das Set hatte.

Im Laufe dieses Buches werden Sie lernen, in diesen Kategorien zu denken und nicht mehr ausschließlich das einzelne Ergebnis zu sehen.

Der Unterschied zwischen Online- und Live-Poker

Ich werde in diesem Buch sowohl auf das Spiel im Internet als auch im echten Casino eingehen, z.B. wenn es um Tells oder Turniere geht. Die meisten Überlegungen gelten theoretisch natürlich für beide Seiten. Dennoch möchte ich ein paar grundlegende Dinge zum Live-Spiel in einem echten Casino erwähnen, besonders wenn Sie dort Cashgame spielen möchten.

1) Bluffen Sie so gut wie niemals in einem Live-Spiel!
2) Spielen Sie Standard-ABC-Poker: tight-aggressive!

Fast alle Gegner in Casinos haben nicht die Geduld, auf gute Hände zu warten und nicht das Selbstvertrauen, ihre guten Karten oder Draws aggressiv zu spielen. Mit anderen Worten: Sie werden sich bei Cashgames in Casinos zu 90 % an einem Tisch mit jeder Menge passiver Calling Stations wiederfinden. Und die einzig profitable Spielweise gegen diese Gegner ist ein tight-aggressiver Spielstil.

Sie werden es viel zu häufig erleben, dass Ihre Gegner mit den wildesten Draws bis zum River callen. Da macht es wenig Sinn zu bluffen. Die meisten Spieler in Casinos haben in Ihrem Leben noch nie ein Pokerbuch gelesen, geschweige denn sich ansatzweise mit den etwas weiterführenden Theorien des Spiels auseinandergesetzt. Und das ist keine Arroganz der Online-Kultur, sondern eine von vielen Spielern weltweit beobachtete Tatsache.

Wenn z.B. auf einem Board drei Kreuz und ein Paar liegen, wissen die meisten Spieler in einem Casino nicht, dass ihr Flush durch das Paar an Value verliert oder dass Ihr Paar Asse auf der Hand vielleicht doch nicht mehr so gut ist. Deshalb ist es auch sinnlos, einen Flush oder ein Full House mit einem Bluff zu repräsentieren, weil in der Regel niemand da ist, der das überhaupt sieht. Sie werden – wenn Sie das erste Mal in einem Casino spielen – nicht selten Sätze hören wie „Ach, die Straße habe ich ja gar nicht gesehen" oder „Was? Ich hab doch gewonnen, ich habe 'nen Drilling! Ach nein, der Flush ist ja höher…"

Sollte umgekehrt ein Spieler, der die letzten Hände ständig nur limp/check/call gespielt hat, plötzlich anfangen zu raisen oder von sich aus auf dem Flop zu betten, dann können Sie zu 99 % davon ausgehen, dass er ein Monster auf der Hand hat. In *Lektion 43 – Physische Tells* ab S. 119 werde ich noch etwas genauer darauf eingehen, womit einige Spieler am Pokertisch ihre starken Hände verraten. Aber eine solche, plötzlich veränderte Setzstruktur eines offensichtlichen Anfängers sollte bei Ihnen sämtliche Alarmglocken läuten lassen.

Wie bereits anfangs erwähnt: Sie sollten immer versuchen, sich eine Stufe über Ihren Gegner zu platzieren, dann werden Sie die maximale Edge am Tisch bekommen. Und in Casinos ist diese Stufe meistens die niedrigste.

Fazit Grundlagen

Dies sind – zugegebenermaßen – etwas sehr theoretische Grundlagen für den Anfang. Aber keine Sorge, die folgenden Kapitel werden nah am Pokertisch und mit praktischen Beispielen gespickt sein. Im Gegensatz zu *Band 1* von *Texas Hold'em - Poker mit System* wird es in diesem Band in einigen Bereichen auf der spieltheoretischen Seite allerdings sehr ans Eingemachte gehen. Daher sollten Sie sich dieses erste Kapitel im Laufe des Buches immer mal wieder anschauen. Sie werden mit den kommenden Kapiteln Ihren Horizont immer mehr erweitern. Und dadurch werden Ihnen die Grundlagen des professionellen Spiels auch immer geläufiger werden.

Kapitel 11

Poker Strategie III

„Nobody is always a winner, and anybody who says he is, is either a liar or doesn't play poker."

-- Amarillo Slim Preston

Los geht's!

Wie versprochen geht es – nachdem ein paar grundlegende Dinge im Kapitel zuvor angeschnitten wurden – jetzt also in die Praxis des zweiten Teils. Im Gegensatz zum ersten Band werden wir uns allerdings vorab ein wenig Gedanken darüber machen müssen, an welchen Tischen wir allgemein überhaupt spielen möchten und gegen wen. Wenn Sie sich an einen Anfängertisch in den kleinsten Limits setzen möchten, spielt es kaum eine Rolle, welchen Tisch Sie nehmen. Es sind überall nur Anfänger unterwegs und die optimale Taktik ist gegen alle mehr oder weniger die gleiche. Aber je höher Sie kommen, desto häufiger werden Sie auf ähnlich gute Spieler treffen. Deshalb wird die Auswahl eines guten Tisches, eines guten Gegners von Limit zu Limit immer wichtiger. Beginnen wir mit den Tischen.

Lektion 27 – Table Selection

Das Thema „Table Selection", also die gezielte Auswahl der Tische, an die ich mich setze, wird auch von guten Spielern noch zu häufig unterschätzt. Die Suche nach dem profitabelsten Tisch ist ein sehr wichtiger Faktor, wenn man einen maximalen Stundenlohn erzielen möchte.

Welches sind also die profitabelsten Tische?

Jetzt könnte man meinen, die Tische mit den meisten Fischen müssten die profitabelsten sein. Das ist aber absolut falsch. Diese Tische sind von der Struktur her homogen. Das bedeutet, dass alle Spieler den gleichen (oder ähnlichen) Stil spielen. Das ist aber ungefähr genauso schlecht, als würden nur tighte Rocks oder nur Profis am Tisch sitzen. Als fortgeschrittener Spieler habe ich immer die größte Edge, wenn ich einen Fisch mit meinen Aktionen vor dem Flop isolieren kann und ihn dann nach dem Flop mit meinem Können ausspiele.

Wenn aber am Tisch nur Fische sitzen, habe ich schnell das Problem, dass in jeder Hand mindestens 4-5 Spieler den Flop zu sehen bekommen. Dann callt mich eigentlich fast immer mindestens einer der Spieler bis zum River runter, weil er ein mittleres Paar hat. Sitzen auf der anderen Seite am Tisch nur die allertightesten Rocks, dann kann ich zwar viele Blinds klauen, aber bekomme nur sehr wenig Action und renne, *wenn* dann in AA oder KK, die von den Spielern nach dem Flop auch selten gefoldet werden. Das schlechteste Szenario ist sicherlich, wenn nur tight-aggressive (oder loose-aggressive) Profis am Tisch sitzen. Jeder versucht, mit der aktuellen Hand der Schlaueste, Trickreicheste und Beste zu sein. Die Chips wandern einmal reihum und Sieger ist ausschließlich die Bank, die in jeder Runde das kleine, aber stetige Rake einkassiert.

Sie sollten also in erster Linie nach heterogenen (sprich gut gemischten) Tischen suchen, die loose und passiv sind. Ihre Vorgehensweise sollte dabei folgendermaßen aussehen:

1.) Finden Sie als Erstes einen loosen Tisch

Wenn ich in ein großes Casino mit vielen Pokertischen komme (z.B. in Las Vegas), dann suche ich mir dort den lautesten Tisch. Hier wird nicht nach System oder hyperaggressiv gespielt, sondern die Spieler an einem solchen Tisch möchten Spaß haben, trinken vielleicht auch noch Alkohol und haben meistens wenig Ahnung vom Pokern. Da prägt der Charakter die Spielweise und der Macho der Runde blufft ein wenig mehr, während die Schwiegermutter bloß auf die Monsterkarten wartet (übertrieben dargestellt). Solche Tische sind meistens sehr heterogen und von loose-passiver Action geprägt. Die Chips am Tisch warten nur auf den netten Jäger und Sammler von nebenan, der mit einem Lächeln das Spielgeschehen in die Hand nimmt.

Online hilft Ihnen bei den meisten Anbietern schon die Lobby der Software bei einer groben Auswahl. Dort gibt es neben den meisten Cashgame-Tischen z.B. Angaben über die Anzahl an Spielern, die den Flop sehen und die durchschnittliche Potgröße. Hier suchen Sie sich die Tische aus, die jeweils die höchsten Werte haben. Je größer durchschnittlich die Pots, desto mehr Spieler investieren in der Regel ihr Geld in Hände, in denen sie nichts verloren haben. Das ist super, genau danach suchen wir!

Aber Vorsicht: Manchmal entstehen diese Werte auch durch wenige, aggressive Spieler oder Maniacs, die mit ihren Chips herumballern wie im wilden Westen.

In solchen Schießereien möchten Sie sich natürlich nicht mitten ins Kreuzfeuer setzen. Ihr Ziel sind die wandelnden Geldautomaten, die in vielen kleinen Dosen nach und nach ihre Taschen entleeren.

2.) Finden Sie große Stacks

Wenn Sie einen loosen Tisch mit vielen, recht großen Pots gefunden haben, kann es aber sein, dass die meisten Spieler an diesem Tisch mit nur 15 BB sitzen und ständig All-In sind. Hier sollten Sie sich nicht hinsetzen. Wenn Sie ihr Spiel durch viel Aggressivität und das Spiel von teilweise marginalen Händen aufbauen möchten, brauchen Sie mehrere Gegner mit mindestens 80 BB, damit Sie ausreichend Profit bekommen. Sie benötigen große Stacks bei Ihren Gegnern, u.a. auch wegen der Implied Odds, die Ihnen sonst fehlen. Wenn Sie z.B. mit einem kleinen Paar auf ein Set spielen, dann möchten Sie ja nicht auf jedem Flop in ein All-In blicken müssen, nur weil der Shortstack seinen Flush Draw mit seinen restlichen paar Chips pusht… (Auf das Thema Implied Odds für ein Set gehe ich noch genauer in *Lektion 31 – Das Spiel von Pocketpaaren* ab S. 50 ein.).

Sitzen an einem Tisch also nur Shortstacks, sollten Sie sich einen anderen suchen.

3.) Seat-Selection: Setzen Sie sich (wenn möglich) links neben das Geld

Sobald die ersten beiden Punkte vom Tisch Ihrer Wahl erfüllt werden, geht es von der *Table Selection* zur *Seat Selection*. Manchmal ist nur ein Platz frei, dann erübrigt sich diese Frage. Aber wenn Sie die Wahl haben, platzieren Sie sich immer links vom Geld. Mit anderen Worten: Wenn zwei Plätze frei sind und bei dem einen würde rechts von Ihnen ein Shortstack sitzen, dann nehmen Sie den anderen Platz. Das Geld kommt immer von rechts an einem Pokertisch! Sie möchten schließlich keine All-Ins vom SB callen müssen, sondern den Limpern *rechts* von Ihnen (die es sich erlauben können zu folden) mit vielen kleinen Raises langsam das Geld abnehmen. Außerdem ist es immer besser, Position auf einen Bigstack zu haben als auf einen Shortstack.

Sie haben sich also für einen Tisch und einen Platz entschieden. Jetzt ist es an der Zeit, sich seinen Geldautomaten für den Abend bzw. die Session zu suchen.

Lektion 28 – Find the Fish

Wenn Sie an einen Tisch mit dem Ziel gehen, alle Gegner zu schlagen, werden Sie sehr schnell pleite gehen. Sie sollten auch nicht pauschal davon ausgehen, automatisch der beste Spieler an jedem Tisch zu sein. Das brauchen Sie auch überhaupt nicht. Ihnen genügen ein bis zwei Spieler, die bereit sind, all ihre Chips für einen Gutshot oder ein kleines Pocketpaar zu riskieren. Diese Spieler sollten Sie aktiv suchen und gezielt ausnehmen, denn da kommt Ihr Geld her.

Ihr Profit kommt auf Dauer nicht von den soliden TAGs am Tisch, mit denen Sie sich per Steals, Resteals und ganz besonders cleveren Contibets einen verbitterten Kampf liefern, sondern von den Fischen!

Gehen Sie den soliden Spielern beim Cashgame einfach aus dem Weg. Es lohnt sich nicht, mit denen zu kämpfen. Sie wollen schließlich Chips einsammeln, Geld verdienen bzw. Ihren Stundenlohn maximieren und keinen virtuellen Ritterorden erlangen.

Um die Fische am Tisch zu identifizieren, müssen Sie entweder schon einmal mit ihnen gespielt haben und sie demnach kennen, oder sich eine Zeit lang an den Tisch setzen, um sie beobachten zu können. Diese Beobachtung kann online z.B. eine Pokersoftware (wie Pokertracker, Pokeroffice oder der PokerReader) für Sie übernehmen. Sie läuft während des Spiels im Hintergrund mit und projiziert Ihnen nach einer Handvoll Händen eine grobe Ausrichtung Ihrer Gegner auf den Tisch.

Wenn Sie live in einem Casino spielen oder diese Software (noch) nicht nutzen, müssen Sie diese Aufgabe selbst übernehmen, und Ihre Gegner aktiv beobachten. Die gute Nachricht dabei ist, dass es nicht allzu schwer ist, Fische als Fische zu identifizieren. Denn sie sind sehr leicht zu lesen, wenn man weiß, worauf man achten muss. Sie verteilen Tells ohne Ende und im *Kapitel 13 – Gegner lesen* ab S. 111 bringe ich Ihnen bei, wie Sie diese Tells lesen und einordnen können.

In der Anfangsphase an einem neuen Tisch sollten Sie absolut klassisches ABC-Poker spielen und ihr Augenmerk darauf richten, wer potenziell ihr Fisch sein könnte. Machen Sie keine wilden Steals, verwickeln Sie sich nicht unnötig in allzu große Pots und vermeiden Sie marginale Situationen. Das Geld können Sie noch früh genug verdienen. Sie sollten Ihre Zeit und Chips aber nicht damit vergeuden, gleich zu Anfang den neuen Helden am Tisch zu spielen, um dann 30 Hände und 2 Rebuys später festzustellen, dass Sie selber der Fisch am Tisch sind und es hier von Anfang an nichts zu holen gab.

Spätestens nach 15-20 Händen lässt sich eine grobe Tendenz feststellen.

Wenn Sie über Statistiksoftware verfügen, dann lassen Sie sich auf jeden Fall die Werte „VP$IP“ (aktive Spielteilname), „PFR“ (Preflop-Raise) und „AF“ (Aggressions-Faktor) anzeigen. Spieler mit einem VP$IP größer als 35 % und einem PFR-Wert kleiner als 10 % sind potenzielle Ziele. Natürlich lassen sich da noch nicht sonderlich genaue Aussagen machen, aber wenn ein Spieler von 20 Händen in 16 verwickelt ist und die meisten davon vor dem Flop gecallt und nicht geraist hat, ist er mit großer Wahrscheinlichkeit ein Fisch. Sie können mit diesen Werten gerade noch nichts anfangen? Kein Problem. Auf die genauen Einschätzungen von Spielern anhand Ihrer statistischen Werte gehe ich noch genauer im Kapitel über Pokersoftware ein, in der *Lektion 46 – Der Einsatz von Zusatzsoftware* ab S. 145.

Wenn Sie ohne Statistiksoftware arbeiten, dann müssen Sie den Job dieser Programme selbst übernehmen. Beobachten Sie, wie viele Hände Ihre Gegner tendenziell mitspielen. Wenn Sie jemanden entdecken, der annähernd 1/3 der Runden mit von der Partie ist und der gleichzeitig einen auffälligen Hang zum Callen statt zum Raisen hat, dann haben Sie bereits Ihren potenziellen Fisch…

Wenn Sie nur einen Spieler am Tisch mit solchen Werten bzw. Eigenschaften haben, dann hängt es davon ab, wie viel Geld der Fisch gerade hat, ob es sich lohnt, am Tisch zu bleiben oder wieder aufzustehen und sich einen zu neuen suchen.

Hat der Fisch genügend Geld (am besten einen kompletten Stack mit 100 BB aufwärts) am Tisch, müssen Sie nur noch zusehen, dass Sie sein Geld vor den anderen, hungrigen Haien in der Runde bekommen. Deshalb ist es wichtig, die Limps und Raises des Fisches vor dem Flop häufig zu (re)raisen: Sie möchten ihn isolieren und nach dem Flop Heads-Up gegen ihn spielen. Die größte Edge an diesem Tisch haben Sie, wenn Sie ihr Spielvermögen nach dem Flop gegen einen einzelnen, schwachen und leicht lesbaren Spieler ausnutzen. Genau in dieser Situation und Konstellation verdienen Sie Ihr Geld.

Sie sollten umgekehrt aber den Tisch relativ schnell wieder verlassen, wenn entweder alle Fische pleite sind, nur noch wenig Geld haben oder die anderen Gegner Ihr Spiel gegen den Fisch stark erschweren.

Das könnte z.B. durch eine notorische Calling Station links von Ihnen passieren. Wenn Sie sich in einer solchen Position wiederfinden, sollten Sie eventuell nach einem besseren Tisch Ausschau halten. Zu häufig wird der „Polizist" neben Ihnen ihre Bluffs bis zum River kontrollieren wollen und zu selten können Sie mit einem solchen Mitstreiter in der Runde erfolgreich z.B. Contibets, Semi-Bluffs und Value Bets gegen den Fisch einsetzen.

Gute „Table Selection", „Seat Selection" und „Fish Selection" sind elementare Grundvoraussetzungen, um maximal erfolgreich Cashgame spielen zu können.

Lektion 29 – SH Preflop-Strategie

O.K., wenn Sie die Voraussetzungen im vorherigen Abschnitt geschaffen haben, sitzen Sie jetzt vielleicht mit ein paar mittelmäßigen bis guten Spielern und (hoffentlich) mit ein bis zwei Fischen am Tisch. In diesem Buch soll es aber ja vor allem um das Spiel mit wenigen Gegnern gehen, also müssen wir uns im folgenden Abschnitt mit den Anpassungen Ihres Spiels an diese neue Situation beschäftigen. Wie im Kapitel über die Grundlagen ja bereits erwähnt, müssen Sie SH mehr Hände spielen und allgemein stärker und häufiger raisen, als das noch an einem FR-Tisch der Fall war. Schauen wir uns also jetzt im Detail an, wie Sie Ihr Spiel an einem solchen Tisch anpassen könnten.

Die Hände an Shorthanded-Tischen sind in der Regel sehr kurz, schnell und werden aggressiv vor dem Flop gespielt. Es gibt viele Raises, Reraises und recht häufig wird die Hand bereits entschieden, bevor der Flop überhaupt ausgelegt wird.

Die Position ist SH wie bereits erwähnt besonders wichtig, da ja noch weniger Hände zum Showdown kommen als FR. Demnach ist das Spiel nach dem Flop von Aggressivität und Positionsvorteil geprägt.

Die erste Änderung Ihres Spiels, die ich Ihnen empfehlen kann:

Limpen Sie so gut wie nie an einem Shorthanded-Tisch!

Anders als bei konservativen FR-Tischen gibt es für das SH Spiel kaum eine sinnvolle Konstellation, in der sich das Limpen lohnt. Wenn Sie in früher Position sind, haben Sie einen sehr starken Positionsnachteil. Da spielen Sie nur starke Hände, und diese sollten Sie nicht limpen. In später Position haben Sie nur selten genügen andere Limper (so wie teilweise FR), sodass sich das „Mitlimpen" lohnen würde. Wenn Sie also in später Position (oder im SB) eine spielbare, marginale Hand wie Suited Connectors haben, dann raisen Sie!

Damit kommen wir auch schon allgemein zu den Starthänden: Eine generelle Einteilung der Starthände in Kategorien, spielbare und unspielbare Hände o.Ä. ist an einem Tisch mit maximal 6 Gegnern etwas komplizierter. Zu vieles ist situations- bzw. gegnerabhängig. In den folgenden Kapiteln werde ich Ihnen erläutern, wie Sie ihr Spiel an den Tisch anpassen, welche Gegner welches Konzept erfordern und wie Sie – auch völlig unabhängig von Ihren Startkarten – einen Tisch dominieren können.

Aber für den Anfang können Sie sich an die Preflop-Strategie aus dem ersten Band von *Texas Hold'em - Poker mit System* halten. Sie fangen hier einfach in mittlerer Position an, die entspricht der ersten Position beim SH. Die Tabelle finden Sie auch im Anhang am Ende dieses Buches.

Sobald Sie sich ein wenig an das Spiel mit maximal 6 Spielern gewöhnt haben, müssen Sie allerdings Ihre Anforderungen an die Starthände etwas anpassen. Pocketpaare und niedrige Karten nehmen an einem SH-Tisch deutlich an Wert zu, während marginale, hohe Karten an Wert abnehmen.

Der Grund dafür ist recht simpel. An einem Fullring-Tisch können Sie eine Edge daraus generieren, dass Sie z.B. mit AK gegen AQ vorne liegen, auf einem Ass-Hoch-Board Action bekommen und dem Gegner sehr viele Chips abnehmen. Shorthanded kommt das aber nur selten vor.

Da die größten Vorteile am SH-Tisch sich aus Aggressivität und Position ergeben, ist die zweite Anpassung die folgende:

Wenn Sie im Cutoff oder im Button sitzen, dann ziehen Sie in erster Linie einen *Raise* oder einen *Fold* und dann einen *Call* in Betracht!

Auch kleine Paare können mal eine gute Hand für einen Reraise sein, schließlich kommen die wenigsten Runden überhaupt bis zum Showdown. Und auch 44 hat ein gutes Showdown-Potenzial gegen Hände wie AK oder AQ.

An einem Shorthanded-Tisch sind diese starken Hände seltener unterwegs. Demnach bekommen Sie auch häufig mit Händen wie AK auf einem Ass-Hoch-Board so gut wie keine Action, wenn der Gegner nicht mindestens ein Paar getroffen hat: der Gegner foldet auf Ihre Contibet, und Sie sammeln den kleinen Pot ein. Somit spielt es quasi keine Rolle, ob Sie in dieser Hand AK, AT oder 72 spielen. AQ ist viel zu selten unterwegs, als dass es sich lohnt, auf diese Edge zu bauen oder an einem 6er Tisch zu warten.

Daraus die Schlussfolgerung zu ziehen, dass AT also doch eine gute Starthand sein muss, ist allerdings ein Fehler. Denn wenn Sie dann mal in einen großen Pot geraten, sollten Sie vermeiden, eine potenziell dominierte Hand wie AT zu spielen.

Und das ist genau der Grund, weshalb sich niedrige Karten, die das Potenzial zu einem Monster haben, bei wenigen Gegnern sehr gut spielen lassen. Nehmen wir einmal 45s als Beispiel. Mit dieser Hand sind Sie schließlich auch nur zu 40 % Außenseiter gegen AKo. Zum einen können Sie im Gegensatz zu ihrem Gegner ein Paar treffen und mit einer Bet am Flop den Pot direkt mitnehmen. Shorthanded sind die Spieler häufig viel eher dazu bereit, eine Hand am Flop aufzugeben, weil sie sowieso bei dieser Spielart viel Action bekommen und die Hände allgemein so schnell sind. Zum anderen haben Sie die Chance, mit dieser Hand ein Monster zu floppen, während gleichzeitig der Gegner z.B. sein Ass trifft. Und genau dies sind die Situationen, in die Sie geraten möchten, wenn ein Pot groß wird.

Wenn die innere Stärke der Pocketkarten vor dem Flop unwichtiger wird, wird aber gleichzeitig die Bedeutung der Position umso wichtiger. Aggressivität zahlt sich SH wie gesagt noch mehr aus als FR und in später Position kann man wesentlich mehr und besseren Druck ausüben als z.B. in den Blinds.

Aber damit Sie für den Anfang eine grobe Linie haben, an der Sie entlanggehen können, hier ein paar grundlegende Überlegungen zu den Starthänden vor dem Flop.

Grundsätzlich sollten Sie „First-In" (also wenn noch niemand vor Ihnen Stärke gezeigt hat) mit folgenden Händen vor dem Flop immer erhöhen:

- AK, AQ (suited und offsuit)
- alle Pocketpaare 22+
- Suited Connectors 45s+ (im Cutoff und im Button)

Mit diesen Händen können Sie auch durchaus reraisen bzw. notfalls einen Raise callen. Voraussetzung dafür ist, dass Sie Position auf den Raiser haben. Diese Hände sind in jedem Fall gut nach dem Flop zu spielen, denn man weiß häufig, wo man mit ihnen steht.

Reraisen (3-Betten) können Sie außerdem immer mit folgenden Karten:

- AK (suited und offsuit)
- Pocketpaare TT+

Alles dazwischen, darunter und darüber ist vom Tisch und von den Gegnern abhängig und muss pro Runde neu angepasst werden.

Sie werden sich jetzt sicherlich fragen, wo die Hände wie KJ, KQo, KT, QJ, AT oder sogar AJ in dieser Aufstellung bleiben. Weshalb sollen Sie 56s immer raisen, aber nicht AT. Beim SH soll man doch schließlich mehr Starthände spielen als FR...

Nun, das hat unterschiedliche Gründe.

Viele der Spieler, die sich an den SH-Tischen tummeln, suchen Action, möchten nicht den ganzen Tag ihre Hände folden und sind bereit, gewisse Risiken einzugehen. Diese Spieler spielen sehr häufig hohe Karten und Pocketpaare. Wenn ich mich z.B. mit KJ in einen geraisten Pot begebe oder selber damit raise, habe ich das gleiche Problem mit dieser Hand wie an einem voll besetzten

FR-Tisch: Wenn ich den K oder den J treffe, gewinne ich meistens entweder einen kleinen Pot, weil mein Gegner nichts getroffen hat oder ich verliere einen großen. Ich habe mit diesen Händen fast immer schwierige Entscheidungen, weil ich entweder dominiert werde oder in zwei Paare bzw. ein Set laufe. Dieses Problem habe ich z.B. nicht mit niedrigen Suited Connectors wie 45s! Damit würde ich niemals meinen kompletten Stack mit bloß einem Paar riskieren, sondern diese Hände spielen sich entweder als Monster, als Monster-Draw, als Bluff oder sind nach dem Flop sofort vorbei.

Sogar 69s spielt sich besser gegen AK als KJ, denn ich weiß eben relativ schnell, wo ich in der Hand stehe. Und ich habe mit großer Wahrscheinlichkeit zwei Livekarten gegen AK, AQ, AJ, KQ, KJ usw. Mit KJ kann ich mir da immer nicht ganz sicher sein.

Dazu kommt, dass ich mit Händen wie AT, KJ, QT o.Ä. einen Reraise vor dem Flop nicht wirklich profitabel callen kann. Und aufgrund der starken Action bei SH-Tischen muss ich demnach viel zu häufig eine solche Hand folden, wenn ich einen Reraise bekomme.

Mit 78s oder 44 kann ich aber einen Reraise sehr gut callen, besonders dann, wenn ich Position auf meinen Gegner habe. Ich hoffe damit natürlich, ein Monster zu floppen und die absolute Stärke meines Gegners vor dem Flop in relative Schwäche nach dem Flop zu verwandeln. Das ist mit KT wesentlich schwieriger.

Natürlich bedeutet das nicht, dass Sie nicht ab und zu profitabel mit KTs einen Pot holen können, weil Sie vom Button geraist haben, einen Call bekamen und eine gute Hand gefloppt haben. Die Anregungen, die ich Ihnen gegeben habe, lauten aber ja auch auf „Raisen Sie IMMER mit folgenden Karten: …“ Und in diese Kategorie fällt weder KJ noch QT.

Das Spiel von kleinen Karten an einem SH-Tisch ist vielleicht vergleichbar mit bestimmten Kampfsport-Techniken, in denen der Schwung des Gegners ausgenutzt und wieder gegen ihn verwendet wird. Das geht (z.B. beim *Wing Tsung Kung Fu*, falls Ihnen das etwas sagt) aber nur mit einer *weichen* Bewegung. Wenn ich selber halbstark dagegen halte, verliere ich meistens, weil mein Gegner häufig einfach stärker ist und die Initiative auf seiner Seite hat.

Aus diesem Grund sollten Sie beim Auflockern Ihrer Starthände nicht bei den hohen Karten anfangen, sondern bei den niedrigen. Wenn ein Tisch besonders tight ist, kann auch 68o oder T7s zu einer starken Hand werden, mit der man profitabel vom Button aus raisen kann, wenn niemand anders Stärke gezeigt hat.

Wann raise ich und wann calle ich nur?

Wenn Sie gegen einen soliden, aggressiven Spieler spielen, sollten Sie ihn z.B. auf dem Button mit 99 oder mit KQ besser reraisen anstatt zu callen, weil er durchaus in der Lage ist, A9, AT, KQ oder sogar AJ an der Stelle zu folden. Selbst wenn er mit einem Pocketpaar callt, können Sie nicht selten nach dem Flop mit einer Contibet den Pot mitnehmen. Der Gegner muss schließlich meistens selber noch treffen, um in der Hand zu bleiben. Und häufig flößt ein Reraise vor dem Flop dem Gegner bereits ausreichend Respekt ein, sodass er am Flop die Hand aufgibt.

Gegen eine notorische Calling Station sollten Sie allerdings nicht versuchen, den Pot vorzeitig an sich zu nehmen, weil er einen Reraise wahrscheinlich sowieso callen wird, auch mit AT. Dann kann es Sinn machen, durch einen Call den Pot vorerst klein zu halten. Wenn Sie dann treffen, z.B. auf einem Q92 Board, wird er Sie trotzdem ausbezahlen. Und wenn Sie nicht treffen, bekommen Sie ihn in der Regel auch nicht mit einer Contibet von einer besseren Hand weg. Demnach ist gegen eine Calling Station eher „*Pot Control*" angesagt, auch bereits vor dem Flop. Auf dieses Prinzip gehe ich genauer in *Lektion 39 – Pot Control* ab S. 95 ein. Voraussetzung für beides ist natürlich, dass ich Position auf den Spieler habe.

Wie genau sind Reraises (auch 3-Bets genannt) zu spielen bzw. anzupassen, und wie reagiere ich, wenn ich an einem SH-Tisch selber gereraist werde?

Das hängt auch wiederum von Ihrer Position ab. Ihr oberstes Ziel ist es ja, an einem SH-Tisch die Initiative zu besitzen und Position zu haben. Deshalb sollten Sie einen Reraise in den Blinds (also OOP) wesentlich tighter machen und wenn, dann etwas mehr als den Pot (im NL) reraisen. Schließlich geben Sie den Positionsvorteil auf. Sie erhöhen dadurch gleichzeitig Ihre Fold Equity. *In Position* können Sie speziell gegen einen späten Raiser z.B. aus dem Cutoff aber relativ loose reraisen, weil Sie in der gesamten Hand Position auf den ursprünglichen Raiser haben. Außerdem hat ein Spieler im Cutoff eine recht weite Range, mit der er raist, um die Blinds zu stehlen. Mit vielen dieser Hände kann er einen Reraise aber nicht profitabel callen und weiterspielen (z.B. AT, KQ, KJ, 9T, 55, 66 usw.).

Wenn man selber viele Reraises bzw. 3-Bets bekommt und dadurch viele kleine Pots verliert oder z.B. häufig Raises auf seine Contibets bekommt, dann ist das eigene Image zu loose bzw. dann glauben die Gegner Ihnen Ihre Aktionen nicht. Demnach sollten Sie die Anforderungen an Ihre Starthände etwas erhöhen und tighter raisen. Gleichzeitig sollten Sie aber die Anforderungen an Ihre Starthände für 3-Bets lockern, wenn Sie Position haben, da 3-Bets wesentlich mehr respektiert werden. Das gilt generell, wenn Sie sonst tighter spielen.

Ein anderer Vorteil von etwas looseren Reraises ist die Tatsache, dass man dadurch nicht so leicht durchschaubar wird. In kleineren Limits wird meistens nur mit AA-JJ und AK gereraist. Wenn man dies aber häufiger macht, bekommt man ein looseres Image auf seine Reraises, was gleichzeitig dazu führt, dass man seine Premiumhände, mit denen man ja genauso reraist, besser ausbezahlt bekommt. Sie sollten aber damit aufpassen, sonst bekommen Sie irgendwann ständig 4-Bets (also Re-Reraises), was Sie natürlich nicht möchten, besonders nicht mit marginalen Händen. Und wenn die Gegner einem nichts mehr glauben, verliert man sämtliche Fold Equity vor und nach dem Flop. Ein looses Image ist nicht so schlecht, aber ein Maniac-Image ist besonders an Cashgame-Tischen nur selten profitabel, es sei denn, man beherrscht diese Taktik. Darauf gehe ich in den Lektionen über das Spiel als LAG ab S. 157 noch etwas genauer ein.

Ein besonderes Augenmerk gilt noch den Limpern an einem SH-Tisch: Am FR-Tisch sind dies recht häufig Suited Connectors oder kleine Paare. SH verhalten sich die Spieler aber anders. Einige Gegner limpen immer, z.B. mit QT, J2s. Diese Spieler möchten Action am Tisch und würden am liebsten in jeder Hand dabei sein und im Showdown Karten vergleichen. Daher sollten Sie sich limpende Gegner genau anschauen und sich Notizen zu Ihnen machen, sobald diese in einem Showdown Ihre Karten zeigen mussten. Denn nur so können Sie Ihren Gegner erfolgreich auf eine Range an möglichen Händen setzen, wenn er in einem Pot mit Ihnen plötzlich Stärke zeigt.

Diese Grundüberlegungen sollten Sie verinnerlichen und an unterschiedlichen Tischen ausprobieren. Sie werden irgendwann ein Gefühl dafür entwickeln, welche Gegner Sie gut unter Druck setzen können und wie Sie wann selber am besten auf diesen Druck reagieren.

Bevor ich Sie an die Tische zum Ausprobieren schicke, sollten Sie allerdings noch ein paar Anpassungen Ihres Postflop-Spiels vornehmen.

Lektion 30 – Das Spiel von Draws

In *Band 1* habe ich bereits beschrieben, wie man Outs & Pot Odds berechnet, um auf Dauer seine Draws profitabel spielen oder nicht spielen zu können. Und besonders beim Limit Hold'em ist die Einbeziehung der Implied Odds sehr wichtig für das Spiel von Draws, da man die Gebotshöhe aller Bietrunden kennt und ansatzweise weiß, was auf einen zukommt, wenn man callt.

Bei der No-Limit- oder Pot-Limit-Variante ist das natürlich ein wenig anders, aber wenn man sich ein wenig im Lesen der gegnerischen Hände geübt hat, ist man irgendwann auch in der Lage zu erkennen, welche Action man von welchem Gegner auf welchem Board noch zu erwarten hat, wenn man im Spiel bleibt. Darauf werde ich im Laufe dieses Buches noch genauer eingehen.

Aber zurück zum Spiel der Draws an einem SH-Tisch. Je weniger Spieler am Tisch sitzen, desto wichtiger wird Aggressivität, das wissen Sie ja mittlerweile. Da an einem SH-Tisch auch weniger gute Hände unterwegs sind, werden die eigenen Karten auch immer unwichtiger und man spielt mehr und mehr die Stärke bzw. Schwäche der Gegner. Damit man aber nicht zum absoluten Maniac wird und jeden Flop bettet bzw. raist, sollten Sie sich Ihre Draws als Entscheidungshilfe nehmen, wie und ob Sie in der Hand bleiben.

Beispiel: Auf einem AQ2 Flop, den der Gegner zu Ihnen checkt, sollten Sie mit 78 checken, aber mit TJ betten. Sie haben natürlich „nur" einen Gutshot an dieser Stelle. Aber dieser Draw gibt Ihnen eine Hintertür, einen Notfallplan, falls der Gegner im Spiel bleibt. Rein mathematische betrachtet haben Sie, wenn Ihr Gegner hier z.B. AQ oder A2 Slowplay spielt, natürlich nur 4 echte Outs: Die 4 Könige zur Straße. Aber in den meisten Fällen hat Ihr Gegner den Flop verpasst und callt hier vielleicht selber nur mit einem Draw oder mit einer Dame, bei der er noch auf eine Wunderkarte hofft, weil er Ihnen das Ass nicht glaubt, das Sie repräsentieren.

Ich werde in der Lektion über die Flop-Struktur noch genauer darauf eingehen, wann es sich lohnt, eine Contibet zu machen und wann nicht. Die *Lektion 36 – Gute Bluffsituationen* ab S. 76 wird Ihnen vermitteln, wann und wie Sie Bluffs profitabel spielen können und wann es sich eher lohnt, eine Hand aufzugeben anstatt zu bluffen.

Aber behalten Sie an dieser Stelle im Hinterkopf, dass Sie Shorthanded einen Draw eher als Notfallplan bzw. als entscheidendes Argument in Grenzsituationen benutzen. Allgemein sollten Sie jede Hand versuchen, aggressiv weiterzuspielen, wenn Sie sich vor dem Flop dazu entschieden haben, diese Hand überhaupt zu spielen.

Spielen Sie so aggressiv wie möglich an einem SH-Tisch, also *raisen* Sie oder *folden* Sie – und *callen* Sie nur in Ausnahmefällen.

Das gilt auch insbesondere für Draws.

Natürlich gibt es Situationen, in denen Sie wissen oder vermuten, dass Sie hinten liegen. Dann kann ein Call aufgrund von Pot Odds korrekt sein. Aber wie gesagt, beim Umstieg von Fullring auf Shorthanded ist eine der wichtigsten Anpassungen das noch aggressivere Spiel von mittelguten Händen.

Lektion 31 – Das Spiel von Pocketpaaren

Viele Spieler haben Probleme mit Pocketpaaren (PP). Besonders Anfänger callen mit 77 bis zum River alle Gebote und ärgern sich dann darüber, dass sie die Hand verloren haben.

Wie spielt man Pocketpaare profitabel?

Dazu muss man erstens zwischen der Größe der PP unterscheiden und sich zweitens anschauen, wie die Wahrscheinlichkeiten für das Spiel mit PP aussehen.

1) Große PP (AA-JJ)

Mit den großen Pocketpaaren kann man aus jeder Position profitabel raisen und meistens auch reraisen. Um Pre-Flop JJ zu folden, müssen die Gegner schon ziemlich viel Stärke gezeigt haben.

Hier ist man vor dem Flop häufig vorne bzw. in einem Coinflip.

Nach dem Flop ist man mit hohen Pocketpaaren fast immer in einer „Way Ahead – Way Behind"-Situation. Wenn ich mit KK einen 972 Flop habe, kann ich fast immer bedenkenlos den Pot groß machen, wenn ich mit KK aber auf einen A72 Flop treffe, ist meine Action davon geprägt herauszufinden, ob mein Gegner das Ass hat oder nicht. Mit großen Pocketpaaren weiß man aber in der Regel sehr gut, wo man steht. (Die meisten Spieler müssen nur noch lernen, sich früher von Karten wie QQ, KK oder auch AA zu trennen, wenn alle Indizien dafür sprechen, dass sie geschlagen sind.)

2) Mittlere PP (TT-88)

Die mittleren Pocketpaare stellen aber für sehr viele Spieler grenzwertige Entscheidungen dar: mal raisen sie damit, mal callen sie bloß auf „Set Value" (s.u.). Für diese Hände ist es sehr wichtig, die Gegner zu kennen und die Position den Einfluss nehmen zu lassen. Diese Hände sollte man in seiner Spielweise variieren, aber auch niemals überbewerten. Je weniger Spieler am Tisch sitzen, desto wertvoller werden mittlere Pocketpaare. In erster Position an einem Tisch mit 10 Spielern ist 88 jedoch keine so großartige Hand und man sollte maximal auf ein Set hoffen, wenn man sie spielt (Es gibt natürlich Ausnahmen, aber meistens dann eher in Turnieren…).

3) Kleine PP (22-77)

Die kleinen Pocketpaare kann man an einem Shorthanded Cashgame-Tisch oder in einem Turnier bei hohen Blinds auf jeden Fall auch raisen, wenn niemand vorher geraist hat. Fullring ist allerdings ein Call bzw. Limp vor dem Flop profitabler, dies mit dem Ziel, ein Set zu treffen und den Gegner zu stacken (also ihm all seine Chips abzunehmen). Aber dieser Call auf „Set Value" ist nicht immer gleich profitabel und hier verlieren die meisten Spieler unnötiges Geld bzw. in Turnieren unnötige Spielchips. Daher hierzu ein paar Faustregeln bzw. mathematische Überlegungen.

Der Call auf „Set Value"

Jeder Spieler kennt diese Situation am Pokertisch: Man bekommt 66 in mittlerer Position, freut sich über ein Pocketpaar und der Spieler in erster Position raist. Sobald man dann an der Reihe ist, fängt die Grübelei an, ob man diesen Raise noch callen kann, reraisen sollte oder folden muss.

Zu selten bekommt man eine dritte 6 und zu häufig wird man am Flop mit jeder Menge Overcards und einer starken Contibet konfrontiert, bei der man dann sowieso folden muss. Wie also ist die korrekte Spielweise von kleinen (oder auch mittleren) Pocketpaaren?

Dazu folgende Überlegung:

Ein Pocketpaar trifft die verbleibenden zwei Karten zum Drilling alle 7,5-mal. Wenn ich also mein Set treffe, muss ich mindestens das 7,5-Fache des Raises gewinnen, damit ich meinen Einsatz wieder raus bekomme.

Um das überhaupt theoretisch zu gewährleisten, müssten sowohl ich als auch mein Gegner jeweils mindestens das 7,5-Fache des Raises noch an Chips besitzen: Wenn ich aber z.B. nach dem Call nur noch 2 BB übrig habe, werde ich natürlich kaum ausreichend ausbezahlt, wenn ich mein Set treffe.

Dazu kommt noch, dass ich natürlich nicht immer die volle Action von meinem Gegner bekomme und dieser all seine Chips riskiert. Daher hat sich als Faustregel etabliert, dass beide Spieler mindestens das 15-Fache des zu callenden Betrages haben sollten, damit der Call auf Dauer profitabel ist.

Das schauen wir uns einmal in ein paar Beispiele an:

1) SNG, passiver Tisch, 10 Spieler sind noch am Tisch, Blinds: t50/t100

Position	Chips	Karten	Aktion
SIE (MP3)	t1.800	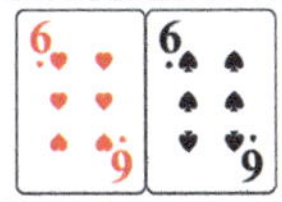	***Call oder Fold?***
Cutoff	t2.000		*??*
Button	t4.100		*??*
SB	t1.900		*??*
BB	t2.850		*??*

Hier können Sie durchaus auf Set Value callen. Die Gegner, mit denen Sie am wahrscheinlichsten spielen werden (SB und BB) und von denen Sie hoffen, Sie mit einem Set zu stacken, haben genügend Chips - über 15 BB - also genauso viel wie Sie. Nach einem Raise müssten Sie aber wahrscheinlich folden.

2) SNG, passiver Tisch, 10 Spieler sind noch am Tisch, Blinds: t100/t200

Position	Chips	Karten	Aktion
SIE (MP3)	t1.800	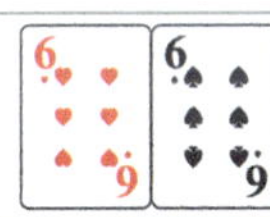	***Call oder Fold?***
Cutoff	t2.000		*??*
Button	t4.100		*??*
SB	t1.900		*??*
BB	t2.850		*??*

Gleiche Situation, aber andere Blindhöhe. Hier können Sie nicht profitabel auf Set Value callen und sollten überlegen, ob Sie mit dem Paar raisen, um den Pot vor oder nach dem Flop zu stehlen oder ob Sie sonst besser folden. Da Sie selber nur noch 9 BB haben, sollten Sie hier eher überlegen, All-In zu gehen (dazu mehr in *Lektion 52 – SNG-Strategie „Push oder Fold“* ab S. 176).

3) SNG, passiver Tisch, 10 Spieler sind noch am Tisch, Blinds: t25/t50

Position	Chips	Karten	Aktion
MP3	t2.200		*Raist auf t150*
SIE (Cutoff)	t1.800	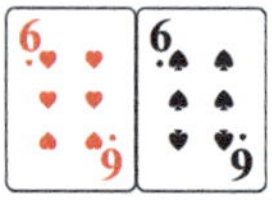	***Call, Raise oder Fold?***
Button	t3.000		*??*
SB	t4.000		*??*
BB	t3.900		*??*

In diesem Beispiel müssen Sie t150 zahlen, haben aber nur noch t1.800 in Chips insgesamt. Wenn Sie Ihr Set treffen und nach dem Flop mit allen Chips in der Mitte gewinnen, können Sie bei einem Einsatz von t150 Chips maximal t1.800 Chips gewinnen. Das entspricht nur dem 12-Fachen Ihre Einsatzes (oder einem Verhältnis von 1 zu 11).

Dieses Ereignis tritt aber leider nicht so häufig genug ein, als dass es sich lohnt. Besonders bei dieser niedrigen Blindhöhe ist hier ein Fold die bessere Entscheidung.

Ein Reraise wäre hier ein sehr aggressiver und ebenfalls möglicher Move. Aber wenn mein Gegner dann All-In pusht, kann ich im Grunde nicht callen und habe unnötig t450 in Chips riskiert. Außerdem kommen noch drei weitere Spieler nach Ihnen, die noch nicht gesprochen haben und ebenfalls für Ihr Paar 66 gefährlich werden könnten. Sie haben in der Hand nicht mehr die Chance der ersten Initiative. All diese Punkte sprechen für einen Fold.

Die einfache 5/10-Faustregel

Um diese mathematische Überlegung in eine noch einfachere, kleine Faustregel zu verpacken, hat *Bob Ciaffone* in seinem Buch *Pot Limit & No-Limit Poker* die 5/10-Regel aufgestellt. Mit dieser Regel lässt sich sofort und sehr einfach erkennen, ob ein Call auf Set Value profitabel ist oder nicht:

- Wenn das Gebot, das Sie callen sollen, *5 % oder weniger Ihres Stacks* ausmacht, sollten Sie immer *callen.*
- Wenn das Gebot, das Sie callen sollen, *10 % oder mehr Ihres Stacks* ausmacht, sollten Sie immer *folden.*
- Alles dazwischen liegt in Ihrem Ermessen

Die 5/10-Regel gilt natürlich auch für den Stack Ihres Gegners.

Lektion 32 – Das Spiel von kleinen Assen

In diesem Buch geht es darum, von den grundlegenden Strategien aus Band 1 abzuweichen und z.B. das Spektrum der spielbaren Hände zu erweitern. Viele Spieler erweitern ihre Starthände allerdings als Erstes um die so genannten Baby-Asse und deshalb möchte ich hierauf gesondert eingehen. Denn zu häufig sehe ich selbst noch fortgeschrittene Spieler, die diese Hände falsch bzw. überhaupt spielen.

„Kleine Asse“, „Baby-Asse“, „Ace-Rag“ oder kurz „Ax“ sind die Asse mit kleiner Beikarte, die nicht von der gleichen Farbe sind: Also A2o, A7o, A5o oder auch A9o.

Diese Starthände sind nach dem Flop sehr schwer zu spielen, besonders Out Of Position (OOP). Und damit meine ich nicht, dass nur Profis sie besonders gut spielen können, sondern Profis spielen sie einfach gar nicht. Sie werden einen Daniel Negreanu im TV eher mit 57o als mit A7o raisen sehen und das hat definitiv seine Gründe. Heads-Up kann diese Hand zwar vielleicht auch mal einen Turniersieg ausmachen, aber wenn man an einem 10er- oder 6er-Tisch kleine Asse spielt, wird man damit auf Dauer selten wenig gewinnen, aber häufig viel verlieren. Einige Profis vermeiden sogar AT, AJ und AQ an einem Cashgame-Tisch, da sie bereits zu häufig große Pots damit verloren haben. Das bloße Nennen dieser Tatsache scheint viele der sonst sehr aufmerksamen Spieler nicht davon abzuhalten, immer mal wieder auch A7o zu spielen. Deshalb möchte ich an dieser Stelle mit Ihnen einmal die möglichen Aussichten dieser Hand durchspielen, um Ihnen vor Augen zu halten, womit man sich nach dem Flop mit diesem Blatt in der Regel auseinandersetzen muss.

Schauen wir uns dafür einmal die klassischen Flops an, die Sie mit A7o bekommen können:

1.) Sie treffen den Flop sehr gut: Zwei Paar oder besser.

- AA7
- A77
- A7x
- 77x

Hier werden Sie in den ersten beiden Beispielen eventuell maximale Auszahlung von AK bekommen. Das ist aber auch schon Ihr bestes Szenario. Dann können Sie aber auch 72 spielen und damit auf ein Set oder zwei Paar spekulieren, um z.B. KK auszunehmen. Dafür benötigen Sie kein Ass. Die Wahrscheinlichkeit für einen solchen Flop ist aber auch viel zu klein, um darauf ernsthaft mit einem Raise oder Call vor dem Flop zu spekulieren.

2.) Sie treffen den Flop gut: Top Paar oder Top Trips.

- AAx
- Axx

Sie haben hier gut getroffen, aber eben einen schlechten Kicker. Asse werden häufig auch von Ihren Gegnern gespielt. Deshalb müssen Sie erwarten, hier von einem besseren Kicker dominiert zu werden, wenn Sie Gegenwehr bekommen.

Sobald ein Ass auf dem Tisch liegt, entgeht das auch dem blutigsten Anfänger nicht. Entweder hat er selbst ein Ass oder er hat Angst davor. Und das bedeutet, dass Sie a) entweder einen kleinen Pot gewinnen, z.B. gegen KK, der Ihnen das Ass auf dem Flop nicht glaubt; gegen A2-A6, die aber eventuell nicht all ihre Chips damit riskieren oder z.B. gegen einen Draw, der noch ein wenig bezahlt. Oder b) Sie verlieren einen großen Pot, z.B. gegen A8-AK sowie gegen alle anderen Hände, von denen Sie geschlagen werden (Full House, Straße, Flush). Die Aussicht, mit A7o auf diesem Board einen großen Pot zu gewinnen, ist sehr gering. Um das nachvollziehen zu können, stellen Sie sich einfach die Frage, welche *schlechtere* Hand Sie *immer* in voller Höher auf einem AT2 Board ausbezahlen würde? KT? A5? QQ? KQ?

3.) Sie treffen nur ihren Kicker.

- 257
- 227
- 27T
- 7TQ

Auch Ihr Kicker hat alleine keinerlei Chancen darauf, von einer zweitbesten Hand volle Auszahlung zu bekommen. Welche schlechtere Hand gibt Ihnen all ihre Chips bei einem dieser drei Beispiele? Ihr Kicker ist im Grunde wertlos, es sei denn, Sie bauen z.B. damit eine Straße. Aber dann benötigen Sie dafür wiederum kein Ass als Beikarte. Und Straßen bauen sich viel besser mit mittleren Karten, nicht mit Ass-X.

4.) Sie verpassen den Flop komplett.

- KT2
- J88
- 943
- Q86
- 236

Diese Art von Flops werden Sie ja in den meisten Fällen (in über 60 %) vorfinden. Und auf jedem dieser Flops würde Ihnen AKo, AQo oder auch AJo bessere Outs bieten als A7. Und selbst auf dem Flop mit 236, bei dem Sie zwei Overcards haben, gibt es zu viele Karten, die Sie nach dem Flop nicht sehen möchten. Und selbst wenn Sie dann die 7 auf dem Turn bekommen, stellt sich wieder die Frage: Welche schlechtere Hand soll Sie hier voll ausbezahlen?

Sie merken: Sie können kleine Asse im Grunde nur dann weiterspielen, wenn Sie damit extrem gut getroffen haben. Und das passiert zu selten, als dass es sich lohnt. Genau das ist der Grund, weshalb kleine Asse so schlecht nach dem Flop spielbar sind.

Die einzigen Situationen, in denen ein kleines Ass eine spielbare Hand darstellt, wären folgende:

a) Sie möchten damit in einem Turnier die Blinds stehlen, benötigen eine Hand mit noch brauchbarer Showdown-Value und Sie oder Ihr Gegner wäre bei einem Call All-In. Darauf gehe ich noch genauer in Kapitel 15 ein.

b) Sie befinden sich in einem Heads-Up-Match. Hier sind beide Gegner ja in jede Hand durch die Blinds aktiv verwickelt. Und im Heads-Up gewinnt nicht selten „Ass hoch" alleine einen größeren Pot, ohne dass die Beikarte dabei von Bedeutung ist, denn beide Spieler sind durch die Struktur gezwungen, schlechte Hände zu spielen. Aber zum Spiel „Heads-Up" komme ich genauer in der *Lektion 54* ab S. 197.

Also, um es noch einmal zusammenzufassen: Sie treffen mit Ax fast immer schlecht oder gar nicht; wissen nicht wo Sie stehen und gewinnen entweder klein oder verlieren groß. Die einzig sinnvolle Konsequenz daraus muss für Sie lauten:

Wenn Sie nicht unbedingt die Blinds stehlen <u>müssen</u> oder sich in einem Heads-Up-Match befinden, dann VERMEIDEN SIE KLEINE ASSE!

Lektion 33 – SH Post-Flop-Strategie

Die Strategie nach dem Flop unterscheidet sich an einem SH-Tisch eigentlich nicht sonderlich stark von der Strategie, die Sie auch an einem FR-Tisch anwenden, wenn Sie mit wenigen Spielern auf dem Flop sind.

Da SH aber grundsätzlich looser ist und wesentlich häufiger marginale Hände unterwegs sind, ist es hier besonders wichtig, die Postflop-Entscheidungen nicht nur von den eigenen Karten abhängig zu machen, sondern zu einem wesentlichen Anteil von der Flop-Struktur und der Handrange, auf die Sie Ihren Gegner setzen. Laufen Sie nicht in allen Bietrunden mit Calls einem Flush Draw hinterher, sondern repräsentieren Sie lieber den fertigen Flush, auch wenn Sie ihn gar nicht haben. Entscheidend können dabei vor allem Reads bzw. Tells sein, die Sie von ihrem Gegner haben. Wenn er auf dem Flop z.B. ein kleines Gebot macht, weil drei Kreuz oder ein Blatt wie QQ2 offen liegt, dann machen Sie einen starken Raise, um die gemachte Hand zu repräsentieren. Das wird viel eher Ihr Werkzeug an einem Tisch mit wenigen Gegnern werden, als wenn Sie nur Ihre eigenen Karten spielen würden.

Wenn Sie vor dem Flop erhöht haben, sollten Sie grundsätzlich auch nach dem Flop eine Contibet machen. Das gilt für SH genauso wie für FR, besonders weil man SH meistens auch Heads-Up auf dem Flop ist.

In *Band 1* habe ich Ihnen die grundlegenden Spielweisen vermittelt und wie Sie in welchen Situationen mit einer guten Basisstrategie recht weit kommen können. Diese Strategien stoßen natürlich irgendwann an ihre Grenzen. Deshalb ist es wichtig, auf Dauer das Postflop-Spiel zu erweitern, zu variieren und die Strategie nicht nur auf die eigenen Karten, sondern vielmehr auf die möglichen Karten des Gegners auszuweiten. Das oberste Ziel einer guten Postflop-Strategie besteht immer darin, die verlorenen Pots klein zu halten und die gewonnenen Pots zu maximieren.

Darauf werde ich besonders in den Kapiteln über „Pot Commitment“ eingehen. Aber damit Sie ein erstes Gespür für das Spiel mit maximal 6 Gegnern bekommen, geht es jetzt an die Tische…

Übungen Teil 5 – Shorthanded spielen

Übung 9)

Begeben Sie sich online in den Pokerraum Ihres Vertrauens und suchen Sie sich einen Tisch mit maximal 6 Spielern. Achten Sie dabei auf Table Selection und Seat Selection (wenn möglich). Auch wenn Sie bereits im Multitabling an Fullring-Tischen geübt sind, so sollten Sie nicht an mehr als einem Tisch beginnen, denn die Action ist schon eine deutlich andere. Achten Sie einmal darauf, wie sich die Stärke Ihrer Hände verändert, weil Sie mit einem Mal weniger Spieler am Tisch sind.

Werfen Sie dabei ein besonderes Augenmerk auf das Spiel in später Position: Spielen Sie aus der Cutoff-Position und vom Button so gut wie jeden Suited Connector und jedes Pocketpaar, wenn noch niemand vor Ihnen Stärke gezeigt hat. Und versuchen Sie auch an einem SH-Tisch, eher zu erhöhen und zu bieten anstatt zu checken oder zu callen. Aggressivität wird immer wichtiger, je weniger Spieler im Spiel sind.

Wenn Sie die ersten Gehversuche beim Shorthanded Poker machen, dann erwarten Sie nicht allzu viel von sich. Sie sollten sich das Buy-In am Tisch von Ihrer Bankroll her gut leisten können. Beachten Sie unbedingt das veränderte Bankroll Management und spielen Sie nicht allzu überdreht. SH-Tische haben in der Regel wesentlich mehr Action und verleiten viele Spieler dazu, so gut wie jede Hand zu spielen, weil QT ja auch mal sehr gut treffen und gewinnen kann. Bleiben Sie auch Shorthanded bei einer soliden Strategie und nutzen Sie ihre mathemantischen und systematischen Vorteile gegenüber den schwächeren Gegnern. Sobald Sie über einen bestimmten Zeitraum hinaus Shorthanded gespielt haben und in der Lage sind, diese Spielweise zu überblicken und Gewinne zu erzielen, nehmen Sie einen zweiten Tisch dazu. Bauen Sie sich aber nicht allzu schnell zu viele Tische nebeneinander, denn der Lerneffekt leidet wie gesagt sehr stark unter dem Multitabling. Erst wenn Sie in der Lage sind, nachhaltig ein bestimmtes Limit zu schlagen, können Sie intensiveres Multitabling (3 Tische oder mehr) betreiben.

Kapitel 12

Poker Theorie III

„Losing is like smoking. It's habit forming."

-- Puggy Pearson

Lektion 34 – Erwartungswert/EV

Der Erwartungswert einer Handlung ist das Ergebnis, das ich anhand der Wahrscheinlichkeiten und gegebenen Pot Odds erwarten kann. Dieser Terminus wird in der Poker Theorie sehr häufig benutzt und als Expected Value oder kurz „*EV*“ bezeichnet. Eine Handlung mit einem positiven Erwartungswert ist „*+EV*“, eine Handlung mit einem negativen Erwartungswert dementsprechend „*-EV*“. Ich werde im Laufe dieses Buches mehrfach vom *EV* einer Handlung sprechen, deshalb ist es wichtig, dass Sie dieses Konzept verstanden haben.

Um den EV einer Aktion ermitteln zu können, muss ich wissen, wie hoch seine Wahrscheinlichkeit ist und wie hoch der Gewinn bzw. Verlust der Handlung ist. Das klingt ein wenig nach Pot Odds, und das kommt nicht von ungefähr: Ein Call nach Pot Odds ist immer ein Call, der einen positiven Erwartungswert hat. Aber eins nach dem anderen...

Schauen wir uns dazu erneut – wie im Beispiel der Pot Odds aus *Band 1* – den Münzwurf an:

Angenommen, ich spiele mit einem Freund „Kopf-oder-Zahl“ und bekomme von ihm 1 $, wenn „Kopf“ kommt und zahle ihm 1 $, wenn „Zahl“ kommt... Dann habe ich - das wissen wir noch von den Pot Odds - ein ausgeglichenes Spiel. In 50 % der Fälle gewinne ich 1 $, in den anderen 50 % verliere ich 1 $. Wenn wir das 100.000-mal machen, haben wir sehr wahrscheinlich beide genauso viel Geld wie vorher.

Der Gewinn, den ich bei diesem Spiel erwarten kann, ist also 0 $. Dementsprechend spricht man hierbei auch von einem Erwartungswert bzw. EV von 0 $.

Wenn ich aber 2 $ von ihm bekomme, wenn „Kopf“ kommt und er 1 $ von mir, wenn „Zahl“ kommt, ist das Ganze für mich ein profitables Spiel. Und um das einmal mathematisch auszudrücken, berechnen wir diesen Erwartungswert einmal ganz genau.

Zuerst betrachten wir dafür die möglichen Ereignisse, die eintreffen können.

1) Es kommt „Kopf", ich gewinne:

- Wahrscheinlichkeit für „Kopf": 50 %
- Gewinn bei „Kopf": 2 $
- Erwartungswert: Zu 50 % gewinne ich 2 $, also
  *EV(1)= 0,5*2 $= +1 $*

2) Es kommt „Zahl", ich verliere:

- Wahrscheinlichkeit für „Zahl": 50 %
- Verlust bei „Zahl": 1 $
- Erwartungswert: Zu 50 % verliere ich $ 1, also
  EV(2)= 0,5(-1 $)= -0,50 $*

(Falls es nicht klar sein sollte: 50 % berechnet man als Faktor 0,5. Denn 50 % entsprechen 50 von 100 oder auch 50 geteilt durch 100. Und das sind 0,5. 32 % wären demnach Faktor 0,32, da dies 32/100 entspricht.)

Nun muss ich noch die Erwartungswerte der einzelnen, möglichen Ergebnisse addieren und erhalte meinen gesamten Erwartungswert.

EV= (Wahrscheinlichkeit zu gewinnen) * (gewonnenes Geld) + (Wahrscheinlichkeit zu verlieren) * (verlorenes Geld)

In unserem Beispiel:

EV= 0,5*2 $ + 0,5*(-1 $) = +0,5 $

Wenn wir jetzt von diesem recht simplen Beispiel zurück zum Pokern wechseln, wird es natürlich ein wenig komplizierter, wie Sie sich denken können.

Der Erwartungswert einer Aktion beim Pokern ist nicht immer so einfach zu ermitteln, da jede Entscheidung auf unvollständigen Informationen beruht. Aber man kann Aktionen durch die Berechnung des EV besser einschätzen bzw. die langfristige Aussicht auf Erfolg mit einer bestimmten Spielweise herausfinden.

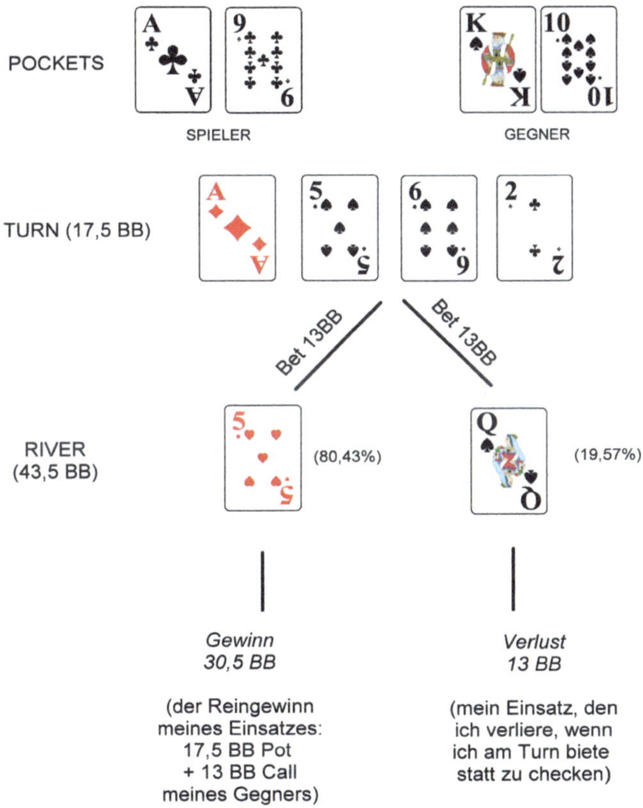

Schauen wir uns dafür einmal diese klassische Beispielhand an.

Ich habe in dem Beispiel das Top Paar gefloppt, setze meinen Gegner hier ausschließlich in der Hand auf den Flush Draw und möchte nun wissen, wie ich am besten gegen ihn bieten kann. Der Pot ist am Turn 17,5 BB groß und ich biete standardmäßig 13 BB. Dazu jetzt die Frage:

Ist das wirklich „+EV"?

Was, wenn der Flush kommt? Sollte ich nicht lieber weniger bieten, damit ich nicht so viel verliere, falls der Flush wirklich kommt? Im Grunde kennen Sie natürlich die Antwort, aber durchleuchten wir das doch einmal von der mathematischen Seite.

Mein Erwartungswert setzt sich in diesem Fall wie folgt zusammen.

Fall I)

Pot: 17,5 BB
Einsatz: 13 BB

1) Es kommt kein Pik, ich gewinne:

- Wahrscheinlichkeit: 80,43 %
- Gewinn: 30,5 BB (die 17,5 BB im Pot + sein 13 BB-Call)
- Erwartungswert: Zu 80,43 % gewinne ich mit dem Einsatz 30,5 BB, also: *EV(1)= 0,8043*(30,5)=* ***+24,53***

2) Es kommt ein Pik, ich verliere:

- Wahrscheinlichkeit: 19,57 %
- Verlust: 13 BB (mein Einsatz bei dieser Aktion)
- Erwartungswert: Zu 19,57 % verliere ich den Einsatz von 13 BB, also *EV(2)= 0,1957*(-13)=* ***-2,54***

EV= 0,8043*(30,5) + 0,1957*(-13) = +21,99 BB

Auf dem Turn habe ich sehr gute Chancen zu gewinnen, genauer gesagt: ca. 80 %. Wenn ich 13 BB darauf wette, habe ich eine 80 %ige Chance, mit dieser Wette einen 30,5 BB Pot zu gewinnen. Da ich aber eben nicht immer gewinne, hat diese Wette einen durchschnittlichen Erwartungswert von ca. 22 BB.

Wie ist das jetzt aber, wenn ich wesentlich weniger bette, sagen wir 5 BB? Hierzu stellen wir die gleiche Rechnung auf.

Fall II)

Pot: 17,5 BB
Einsatz: 5 BB

1) Es kommt kein Pik, ich gewinne:

- Wahrscheinlichkeit: 80,43 %
- Gewinn: 22,5 BB
- Erwartungswert: Zu 80,43 % gewinne ich 22,5 BB, also
  EV(1)= 0,8043(22,5)=* ***+18,10***

2) Es kommt ein Pik, ich verliere:

- Wahrscheinlichkeit: 19,57 %
- Verlust: 5 BB
- Erwartungswert: Zu 19,57 % verliere ich den Einsatz von 5 BB, also
  EV(2)= 0,1957(-5)=* ***-0,98***

EV= 0,8043*(22,5) + 0,1957*(-5) = +17,12 BB

Jetzt werden vielleicht einige von Ihnen sagen: „Hey, diese Variante hat doch auch einen positiven Erwartungswert, oder? Immer noch mehr, als würde ich checken…“

Das ist richtig.

Aber ich bin in diesem Fall auch sehr großer Favorit, die Hand zu gewinnen. Es geht dabei eigentlich nicht um *meinen* Erwartungswert, sondern eher um den EV, den *mein Gegner* mit seinem Call hat. Nach dem „zentralen Pokerlehrsatz“ von Sklansky möchte ich meinem Gegner ja nur die Möglichkeit geben, mich mit einem Fehler zu schlagen. Denn dann profitiere ich langfristig.

Interessant wird diese Überlegung also erst, wenn ich mir anschaue, wie die beiden Situationen aus der Sicht meines Gegners ausschauen und welcher Erwartungswert der 13 BB bzw. der 5 BB Call für ihn hätte. *Für ihn* sieht das Ganze nämlich so aus:

Fall Ib)

Pot: 17,5 BB
Einsatz: 13 BB

1) Es kommt kein Pik, Gegner verliert:

- Wahrscheinlichkeit: 80,43 %
- Verlust: 13 BB
- Erwartungswert: Zu 80,43 % verliert Gegner den 13 BB-Einsatz, also *EV(1)= 0,8043*(-13)=* ***-10,46***

2) Es kommt ein Pik, Gegner gewinnt:

- Wahrscheinlichkeit: 19,57 %
- Gewinn: 30,5 BB
- Erwartungswert: zu 19,57 % gewinnt Gegner 30,5 BB, also *EV(2)= 0,1957*(30,5)=* ***+5,97***

EV= 0,8043*(-13) + 0,1957*(30,5) = -4,49 BB

Ein Call wäre hier also für meinen Gegner eine Aktion mit *-EV*.

Wenn ich aber jetzt nur 5 BB in den 17,5 BB Pot biete, bekommt mein Gegner die im Folgenden dargestellte Rechnung.

Fall IIb)

Pot: 17,5 BB
Einsatz: 5 BB

1) Es kommt kein Pik, Gegner verliert:

- Wahrscheinlichkeit: 80,43 %
- Verlust: 5 BB
- Erwartungswert: Zu 80,43 % verliert Gegner den 5 BB-Einsatz, also *EV(1)= 0,8043*(-5)=* ***-4,02.***

2) Es kommt ein Pik, Gegner gewinnt:

- Wahrscheinlichkeit: 19,57 %
- Gewinn: 22,5 BB
- Erwartungswert: Zu 19,57 % gewinnt Gegner 22,5 BB, also *EV(2)= 0,1957*(22,5)= +****4,40.***

EV= 0,8043*(-5) + 0,1957*(22,5) = +0,38 BB

Plötzlich rechnet sich dieser Call für meinen Gegner. Wenn ich ihm also mit meinem kleinen Einsatz einen +EV Call ermögliche, mache ich nach dem „zentralen Pokerlehrsatz“ einen Fehler und dauerhaft Verlust, denn ich ermögliche meinem Gegner einen korrekten Call.

Vielleicht fragen Sic sich jetzt: „Moment, beim 5 BB Einsatz ist es für beide positiv, wie kann das sein?“ Stimmt, aber vergessen Sie nicht: Der Pot gehörte am Turn zu 80 % mir!

Ich bin der deutliche Favorit, diesen Pot zu gewinnen. Das bleibe ich natürlich auch noch, wenn ich am Turn bloß checke oder 5 BB setze. Aber ich erlaube damit einem 20 %igen Außenseiter in der Hand, mir quasi einen mathematisch korrekten Bad Beat in der Situation zu verpassen. Und genau damit würde ich langfristig Verlust machen. Denn dadurch verteile ich kostenlos Stücke des Kuchens, der eigentlich mir gehört.

Oder um es mit einem Beispiel aus der Tierwelt zu verdeutlichen: Ich haben als Löwe gerade die Antilope erlegt und erlaube jetzt der Hyäne durch ein kleines Mittagschläfchen, sich einen großen Anteil Ihrer Beute zu nehmen, ohne dass sie selbst großartig etwas dafür tun müsste. Es ist aber ganz klar *meine* Beute und so sollte ich sie auch verteidigen!

Das ist der Grund, weshalb es so wichtig ist, einem Gegner nie die korrekten Odds zu geben, wenn man ansatzweise weiß, womit er callt. Wenn er Sie dann auf dem River mit seinen 20 % schlägt, gewinnen Sie nur langfristig, wenn er dabei einen Fehler gemacht hat. Haben Sie ihm aber die korrekten Pot Odds mit ihrem kleinen 5 BB Einsatz gegeben, hat er eine +EV Handlung gemacht und Sie haben doppelt verloren (auf kurze und auf lange Sicht).

Ich habe das absichtlich in dieser Ausführlichkeit ausgeführt, damit Sie verstehen, wie man mit Wahrscheinlichkeiten im Pokern umgehen muss. Beim Pokern investiert man in Chancen. Und das Ziel eines guten Spielers sollte es sein, möglichst viel in profitable Chancen (+EV) zu investieren und gleichzeitig möglichst wenig in Situationen zu investieren, deren Gewinnwahrscheinlichkeit unprofitabel ist (-EV). Gleichzeitig sollte man seinen Gegner permanent in Situationen mit einem negativen Erwartungswert versetzen, damit dieser einen Fehler begeht, wenn er callt.

Im Laufe dieses Buches werden noch verschiedene Situationen aufkommen, in denen der Erwartungswert einer Handlung errechnet wird. Wenn Sie die mathematischen Gleichungen dort nicht zu 100 % verstehen sollten, lesen Sie sich dieses Kapitel erneut durch. Es ist eines der elementarsten und wichtigsten Konzepte beim Pokern.

Lektion 35 – Flop-Struktur

Die Struktur des Flops ist ein entscheidender Faktor für Bluffs oder Semi-Bluffs. Diese ist abhängig von folgenden Faktoren:

1) Anzahl der gleichen Farben (für mögliche Flush Draws)

2) Nähe der Karten zueinander (für mögliche Straight Draws)

3) Höhe der Karten

Man sagt, dass ein Flop eine ausgeprägte Struktur (auf Englisch „Texture") hat, wenn er sich gut mit den am häufigsten gespielten Drawing Hands ergänzt. Einen solchen Flop bezeichnet man als „drawheavy" oder auch als ***„drawlastig"***. Wenn er keine Struktur hat, also nur zusammenhangslose Karten beinhaltet, dann bezeichnet man den Flop als „***dry***" (=trocken).

Hierfür ein paar Beispiele:

Q72o = sehr dry. Diesen Flop haben eigentlich die meisten Hände verpasst.

789s = sehr drawlastig. Bei diesem Flop sind viele Hände am Spiel interessiert: Straight Draws, Flush Draws und natürlich kann beides auch schon angekommen sein.

AT2o = eher drawlastig. Auch wenn die Karten weit von einander entfernt scheinen und nicht die gleiche Farbe haben, ist dies ein recht drawlastiger Flop. Hände wie 34, 35, 45 sind an der möglichen, kleinen Straße interessiert. KQ oder KJ könnten für ihren Gutshot bei diesem Flop weiterspielen und sowohl das Ass als auch die Zehn sind im Allgemeinen Karten, die in die Range der meisten Spieler fallen.

Wozu ist diese Erkenntnis jetzt wichtig?

Es gibt ja immer wieder die Standardsituation, in der man als Preflop-Aggressor z.B. mit AK erhöht hat, einen Call bekommt und sich dann am Flop eigentlich auf eine Continuation Bet einstellt, auch wenn man den Flop verpasst hat. Wenn der Flop allerdings sehr drawlastig ist, muss ich erwarten, dass mein Gegner mit allen möglichen Draws callen kann, sodass die Hauptfunktion der Contibet, den Pot direkt mitzunehmen, stark gemindert ist. Deshalb ist es wichtig, die Struktur des Boards zu lesen: Bei einem Q72 Board werde ich eigentlich nur von Pocketpaaren oder AQ/KQ gecallt, alles andere wird hier höchstwahrscheinlich folden.

Und daraus ergibt sich auch schon der zweite Vorteil, sich die Struktur des Flops sehr gut anzuschauen: Je trockener der Flop, desto einfacher kann ich meinen Gegner auf eine bestimmte Range an Händen setzen. Das Lesen des Gegners ist hier wesentlich einfacher. Wenn ich auf einem J73o Board einen starken Reraise bekomme, kann ich Hände wie AK, AQ, AT, KQ, KT, QT und meistens auch 44, 55, 66, 88, 99 ausschließen. Bei einem großen Reraise hat mein Gegner hier relativ sicher 33, 77, QQ, KK oder AA. Wenn er ein sehr aggressiver Spieler ist, vielleicht auch noch AJ, KJ.

Bekomme ich allerdings auf einem 89Ts Board einen starken Reraise, ist die Handrange meines Gegners wesentlich weiter. Die Schlussfolgerung daraus ist relativ simpel:

> **Je drawlastiger und zusammenhängender ein Flop ist, desto weniger sollten Sie eine Contibet machen, wenn Sie den Flop verpasst haben.**

Umgekehrt gilt das Gleiche für Value Bets. Wenn Sie z.B. mit AK vor dem Flop geraist haben und es kommt A66 auf dem Flop, dann sollten Sie in der Regel nicht betten. A66 ist ebenfalls ein sehr trockenes Board, das nicht von Flush- oder Straight Draws gecallt wird.

Auf diesem Flop müssen Sie sich aber Folgendes überlegen: Sie sind gegen 90 % der Hände vorne und bleiben es auch. Deshalb stellen Sie sich hier die Frage: Welche Hände callen mich auf diesem Board? Gecallt werden Sie – wenn überhaupt von einem schlechteren Ass oder einem Pocketpaar (gegen die sie jeweils vorne sind). Die 6 schlägt Sie hier natürlich, nur ist diese nach Ihrem Raise vor dem Flop nicht allzu wahrscheinlich. Wenn Sie hier also betten, werden Sie nur von diesen Händen gecallt, alle anderen Hände folden. Und Hände wie A7 oder JJ müssen aufgrund Ihrer Gebote vor und nach dem Flop in Betracht ziehen, z.B. gegen ein AK hinten zu liegen.

Diese Hände werden nach Ihrer Flop-Bet quasi nie sämtliche Chips riskieren (es sei denn, sie haben Sie in den letzten Händen ständig beim Bluffen erwischt).

Wenn Sie aber hier nur check/call spielen, könnten Sie entweder einen Bluffversuch beim Gegner auf dem Turn provozieren, da er Sie dann auch eher auf eine schwächere Hand setzt. Oder Ihr Gegner verbessert sich auf dem Turn (z.B. durch einen K) und glaubt, jetzt selber vorne zu sein. Slowplay ist natürlich immer eine etwas riskantere Angelegenheit, als einen Pot direkt klar zu machen. Aber diese beiden Beispiele sollen verdeutlichen, dass man sich auch immer die Frage stellen sollte:

Inwiefern hat der Flop die Handrange meines Gegners getroffen?

Liegt der Flop in seinem Bereich? Wenn er callt, womit callt er mich hier? Die Struktur des Flops ist beim Hand-Reading des Gegners und bei der Entscheidung, ob eine Contibet angebracht ist oder nicht, eine äußerst wichtiges Kriterium.

Das Spiel „Out of Position" (OOP)

Eine weitere Situation, in der die Flop-Struktur wichtig ist, findet sich beim Spiel OOP gegen TAGs. Ein tight-aggressiver Spieler hat gelernt, in Position ansatzweise starke, showdownfähige Hände zu spielen. Das ist auch grundsätzlich eine gute Herangehensweise, schließlich birgt diese Spielweise die meisten mathematischen Vorteile vor dem Flop.

Wenn man also selber im Big Blind sitzt und einen Raise von einem TAG im Button bekommt, braucht man in der Regel (von der mathematischen Seite her) eine extrem starke Hand, um hier callen oder reraisen zu können. Da man aber in der Praxis nicht ständig alles unter AKs folden möchte, wird man sich hier und dort gerne einmal einen Flop mit Suited Connectors, kleinen Pocketpaaren, Offsuited Connectors, Gap Connectors, mittelstarken Händen, kleinen Suited Assen o.Ä. anschauen wollen. Schließlich könnte der Gegner auch nur bluffen und man möchte selber ja auch nicht allzu durchschaubar sein.

Die klassische Herangehensweise sieht hier natürlich als Erstes einen klaren Nachteil: Man muss OOP eine Hand spielen, die in den meisten Fällen Außenseiter ist. Man hat aber OOP auch einen psychologischen Vorteil: Man kann bei einem dry Flop als Erstes feuern!

Wenn ich also davon ausgehe, dass mein Gegner gerne grundsätzlich mit Ax, Kx und jedem Pocketpaar vom Button raist, kann ich auf einem Flop 962o mit einem Gebot von 1/2 Potgröße oder einem Check-Raise gegen seine Contibet relativ häufig direkt den Flop mitnehmen. Es spielt dabei keine Rolle, was ich selber halte, und ob ich den Flop getroffen habe oder nicht. Ich plane ja mit der Hand überhaupt nicht, in den Showdown zu gehen.

Schauen wir uns dafür einmal etwas genauer an, wie die Handrange meines Gegners diesen Flop getroffen hat und wie mein Erwartungswert gegenüber diesem Gebot ist. Die Handrange, auf die ich meinen Gegner setze, ist Ax, Kx und jedes Paar. Das sind insgesamt 446 Kartenkombinationen:

- 78 Paarkombinationen
- 192 Ax-Kombinationen
- 176 Kx-Kombinationen

Wenn also 962o auf dem Flop kommt und ich als Erstes biete, wird er

- mit A9, K9, A6, K6 callen (oder reraisen),
- mit 22, 66, 77, 88, 99, TT, JJ, QQ, KK, AA reraisen (oder callen).

Von den 446 möglichen Händen, die in seiner Range liegen, sind das bloß 124. Ich kann also bei einem solchen Flop davon ausgehen, dass nur 28 % seiner Hände getroffen haben.

Selbst wenn ich mit einbeziehe, dass er in 1 von 4 Fällen auch noch mit 2 Overcards (z.B. AK, KQ, usw.) callt, bleibt er bei diesem Flop trotzdem zu weniger als 30 % in der Hand, wenn ich als Erstes biete.

Errechne ich den Erwartungswert eines „First-In-Bets" in diesem Beispiel, komme ich zu dem Schluss, dass diese Spielweise grundsätzlich +EV ist:

Hand: ??

Position: BB
Situation: NL Cashgame, Button ist ein klassischer TAG.

Preflop-Action: Alle folden, Button raist auf 3 BB, SB foldet, SPIELER callt.

Pot: 6,5 BB

Flop: 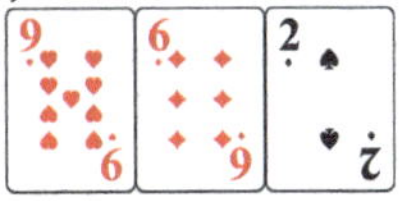

SPIELER bettet 3 BB.

Der Einfachheit halber betrachten wir nur die Situation, in der ich nichts getroffen habe und sich meine Hand auch nicht verbessert.

a) Gegner callt oder raist in 30 % der Fälle, ich gebe die Hand danach auf.
b) Gegner foldet in 70 % der Fälle, ich gewinne.

EV(a)= 0,3*(-3)= -0,9
EV(b)= 0,7*(6,5)= 4,55

EV= 0,3*(-3) + 0,7*(6,5) = +3,65 BB

Ich habe bei dieser Spielweise also einen sehr hohen, positiven Erwartungswert. Der ist sogar größer als das, was ich vor dem Flop investieren musste.

In dem Beispiel ist die eigene Hand natürlich vollkommen egal. Und man könnte den Flop ja auch selber getroffen haben. Aber vom Prinzip her ist dieser Move hauptsächlich ein Bluff. Und dieser Bluff ergibt sich einzig und allein aus der Einschätzung des Gegners und aus der Struktur des Flops. Auf einem „AK9“-Flop funktioniert das selbstverständlich nicht. Und natürlich gibt es auch kritische Situationen, in denen mein Gegner und ich einen Teil des Flops getroffen haben. Dann beginnt das übliche Spiel nach dem Flop mit Reading, Draws, Outs, Pot Odds usw.

Ich möchte Ihnen mit diesem Beispiel verdeutlichen, dass das Spiel OOP auch von Vorteil sein kann, wenn niemand etwas getroffen hat. Denn häufig nimmt in einer solchen Situation derjenige Spieler den Pot mit, der als Erster bietet. Und unter den Voraussetzungen wäre die frühe Position sogar ein Vorteil. Denn wenn ich checke und mein Gegner bietet, bin ich umgekehrt in derselben schwierigen Lage: Ich weiß nicht, ob er den Flop getroffen hat und muss in den meisten Fällen folden. Aus diesen Erkenntnissen ergibt sich die Frage, wann es eigentlich überhaupt angebracht ist zu bluffen und wann nicht…

Lektion 36 – Gute Bluffsituationen

Wieso muss man beim Pokern eigentlich bluffen? Und wie häufig?

Karten alleine gewinnen kein Spiel! Wenn ich mit AK mein Ass treffe, möchte ich von AT ausbezahlt werden. Wenn ich immer nur biete, wenn ich auch etwas getroffen habe, wird der Spieler mit AT das wissen und wahrscheinlich folden. Ich benötige Kundschaft für meine großen Hände…

Die gilt besonders für sehr tighte Tische: Zum einen können viele Bluffs hier viele Pots ohne die entsprechenden Hände stehlen, zum anderen bekomme ich nur so meine großen Hände auch groß ausbezahlt.

An loosen Tischen brauche ich quasi gar nicht bluffen. Wieso nicht? Die zahlungswillige Kundschaft ist bereits im Überfluss vorhanden! Ein looser Tisch bedeutet IMMER, dass schlechte Hände gespielt werden (wie AT, KT o.Ä.), denn so häufig kommen die Pocket Rockets bei den Gegnern nicht. Ich brauche mir also keine Gedanken machen, ob ich mit AK auf einem Flop A52 Auszahlung bekomme, denn die loosen Spieler werden mich hier auch mit AT wunderbar ausbezahlen.

Viele Spieler zeigen bei einem erfolgreichen Bluff ihre Karten. Ich halte grundsätzlich reichlich wenig davon, seine Karten überhaupt zu zeigen, egal, ob nach einem Bluff oder dem dritten Reraise in Folge. Ich möchte doch, dass meine Gegner ihr Spiel zum Negativen hin verändern. Wenn ich ihnen zeige, dass ich mit KK vom Button aus geraist habe, gebe ich ihnen ein gutes Gefühl, dass sie ihr KJ weggeworfen haben und sie werden es wieder tun. Das möchte ich aber ja nicht. Ich hätte einen Call ja mehr als begrüßt mit meinen Kings.

Also vermeiden Sie es so gut es geht, jemals Ihre Karten zu zeigen!

So werden immer Informationen preisgegeben, die aufmerksame Gegner gegen Sie verwenden können. Außerdem möchte ich doch, dass die Polizisten am Tisch sich gegen mich zur Wehr setzen, wenn ich gute Karten spiele. Deshalb sollen sie mich doch gerne auf dem River mit ihrem mittleren Paar „kontrollieren“. Nur so komme ich an große Pots heran. Ständig nur die Blinds einsammeln bringt auf Dauer keinen Blumentopf.

Das gilt genauso für Bluffs. Wenn ich gegen einen Maniac spiele, der voll „on Tilt“ ist und ihm dann meinen 72o Bluff zeige, mag ihn das noch 10 % weiter auf die Palme bringen. Aber sonderlich tricky ist das nicht. Außerdem sollte jeder Spieler seine Kundschaft immer freundlich und mit Respekt behandeln. Sie bezahlen einem schließlich die Miete und man will sie ja nicht verlieren. Einige Anfänger zeigen auch ganz gerne ihre Karten, wenn sie mal einen Profi geblufft haben. Na herzlichen Glückwunsch, das kommt dann ins Familienalbum. Mehr aber auch nicht. Ein Profi sammelt nach einem erfolgreichen Bluff klammheimlich seine Chips ein oder klopft seinem Gegner nach einem Bad Beat auf die Schulter mit „Nice Hand“. Er weiß, dass das Geld nur dann zurückkommt, wenn der Fisch auch am Tisch bleibt. *Ein Profi hat verstanden, dass er niemals seine Kundschaft vergrault.*

Einzige Ausnahme auch hier: Wenn Sie mit dem Vorzeigen Ihrer Karten die Calling-Range Ihres Gegners (z.B. im Heads-Up) ein wenig lockern wollen, um ihre großen Hände besser ausbezahlt zu bekommen, kann das unter bestimmten Umständen eine gute Waffe sein. Aber auch hier halte ich Undurchsichtigkeit für das effektivere Mittel.

Was aber genau sind die besten Situationen für einen Bluff?

Wieso fliegen bestimmte Bluffs auf und andere nicht? Für die Beantwortung dieser Fragen ist es äußerst wichtig, das Konzept der Flop-Struktur verstanden zu haben (vgl. Lektion zuvor). Viele Spieler verlieren sehr viel Geld bzw. Spielchips in einem Turnier, indem sie in der falschen Situation die falschen Hände bluffen. „Ach, und dann hat der auch noch die Straße! Mist... na das war ja klar...“, hört man immer wieder. Aber in der Regel liegt es nicht am Glück des Gegners, dann genau die Hand zu haben, die man nicht sehen wollte, sondern am eigenen Unvermögen, die richtige Situation zum Bluffen zu finden. Außerdem bluffen die meisten Anfänger zu viel. Aber das ist eigentlich super, denn dadurch kann man sich sehr gut z.B. an diesen Spielern in einem Turnier immer wieder „gesund callen“, auch mit mittelmäßigen Händen. Aber eins nach dem anderen.

Viele Spieler versuchen, einen Bluff ausschließlich aufgrund der Karten zu spielen, die man nicht hat, die man aber repräsentieren möchte. Das ist nur zur Hälfte korrekt. Viel wichtiger ist die Tatsache, dass man eine Hand repräsentiert, die der Gegner nicht hat bzw. nicht schlagen kann.

Dazu ein Beispiel: Angenommen, mein Gegner hat eine Contibet auf dem Flop gemacht, die ich ihm mit meinem kleinen Pocketpaar zunächst nicht glaube und ich calle sein Gebot. Wenn dann z.B. der Flush Draw auf dem Turn ankommt, und mein Gegner nach seiner bisherigen Spielweise TPTK zu repräsentieren versucht, macht es absolut Sinn, den nun angekommenen Flush mit einem Bluff zu repräsentieren. Hat mein Gegner aber *meine* Contibet auf dem Flop schnell gecallt und dann kommt der Flush an, kann es sehr gut sein, dass mein Gegner selber den Flush bekommen und deshalb gecallt hat. Dann ist das eine ziemlich schlechte Situation, plötzlich den Flush zu repräsentieren. Hier kommt es ebenfalls wieder sehr stark darauf an, wie gut ich meinen Gegner lesen kann bzw. auf welche Handrange ich ihn setze.

Wie bereits eingangs erwähnt, ist es die beste Strategie, sich genau einen Skill-Level über den Gegner zu setzen und dessen Schwachpunkte auszunutzen. Spiele ich also in niedrigen Limits und meine Gegner bieten auf dem Flop in der Regel nur, wenn sie etwas getroffen haben, dann ist eine Contibet eine profitable Waffe. Das ist der Grund, weshalb ich Ihnen im ersten Teil empfohlen habe, dies in ca. 60 % der Fälle auf dem Flop einzusetzen.

Steigt man in den Limits ein wenig auf, wird man gegen immer mehr Spieler spielen, die aber selber contibetten, was wiederum ein wenig Anpassung erfordert: Wenn mein Gegner ständig Contibets macht, dann ist das eine Schwachstelle bei ihm, die ich ausnutzen möchte. Dann *check-raise* ich ihn auf 60 % aller Flops, wenn wir zu zweit im Pot sind und entscheide erst dann anhand seiner Reaktion (Reraise oder call-bet / call-check), wie ich die Hand weiterspiele.

Jetzt werden Sie sich vielleicht fragen: „Wieso Schwachstelle? Im ersten Band haben Sie doch empfohlen, in 60 % der Fälle eine Contibet zu machen!“ Das stimmt. Aber Schwachstellen sind beim Poker immer relativ. In niedrigen

Limits ist die Schwachstelle der meisten Spieler, dass sie nur ihre Karten spielen und entweder auf jedem Flop folden, wenn sie nichts getroffen haben oder *gegen* die Odds callen. Die beste Waffe dagegen sind Contibets, die den Gegner z.B. aufgrund von Pot Odds zu Fehlern zwingen (die diese ja auch ständig machen). Auf niedrigen Limits ist diese Spielweise auf Dauer äußerst profitabel.

Aber es geht eben immer darum, die potenziellen Schwächen des Gegners zu erkennen und sich genau eine Stufe darüberzusetzen. Deshalb kann die starke Waffe des Contibets der niedrigen Limits eine Schwachstelle in den höheren Limits werden.

Je höher man also steigt, desto mehr Spieler kennen die Contibet und benutzen sie bzw. kontern dagegen, auch wenn sie nichts getroffen haben, weil sie das nicht mehr als Stärke respektieren. Diese Gegner lesen *Ihr* Spiel, benutzen eventuell Software, die Ihre Spielart dokumentiert und spielen selber besser. Daraus ergibt sich erneut eine Notwendigkeit, sein Spiel anzupassen.

Die perfekte Beherrschung des Bluffs erfordert immer wieder die perfekte Situation und den passenden Gegner. Um zu wissen, wann diese Situation eingetreten ist und um welche Gegner es sich handelt, müssen wir zunächst ein paar grundlegende Überlegungen anstellen. Bevor ich also einen Bluff erfolgreich planen kann, sollte ich mir ein paar Umstände anschauen:

a. **Gegen wen bluffe ich?** Gegen eine Calling Station, einen tight-soliden Spieler oder eher gegen einen Maniac?

b. **Welches Table Image habe ich am Tisch?** Habe ich in den letzten Händen loose gespielt oder tight, musste ich Bluffs oder marginale Hände zeigen?

c. **Wie viele Chips haben wir beide noch bzw. ist einer von uns Pot-Committed?** Falls ein Spieler nur noch so wenige Chips übrig hat, dass er automatisch All-In ist, sollte man auf keinen Fall bluffen, wenn man nicht einen absolut triftigen Grund dazu hat.

d. **Ist er in der Lage zu folden?** Das resultiert zum einen aus seiner (oder meiner) Anzahl an Chips und zum anderen aus seinem Spiel bisher.

e. **Welche Umstände haben ihn in der Vergangenheit zum Folden gebracht** (Gebotshöhe, Scarecards?)? Hier sind Reads, Spielernotizen und das

Erinnerungsvermögen an vorangegangene Hände von entscheidender Bedeutung.

f. **Welche Struktur hat das Board?** Die Flop-Struktur ist wichtig für Bluff-Situationen. Je trockener der Flop ist, je weniger er sich also mit den möglichen Karten des Gegners ergänzt, desto besser eignet er sich für einen Bluff. Die Flop-Struktur ist allerdings auch wiederum relativ zum Gegner: Gegen einen sehr tighten Spieler ist 247 ein besserer Flop als gegen Daniel Negreanu, der sehr gerne niedrige Karten spielt.

Wenn Sie diese Fragen schon vor dem Auslegen des Flops beantworten konnten, ergibt sich für Sie automatisch eine Route für Ihr eigenes Verhalten nach dem Flop, egal, welche Karten kommen.

Hier sämtliche möglichen Kombinationen aufzuführen, würde sicherlich etwas zu weit gehen, aber ich möchte einmal ein Beispiel aufzeigen, wie so etwas aussehen könnte.

Beispiel:

Hand: 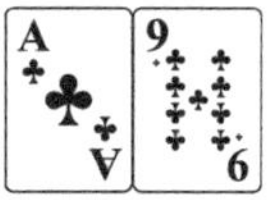

Position: BUTTON
Situation: NL Turnier, passiver Anfängertisch, SB ist eine Calling Station, SB und SPIELER haben beide 40 BB.

Preflop-Action: alle folden, SPIELER raist auf 3,5 BB, SB callt, BB foldet.
Pot: 8 BB

Frage a) Wen bluffe ich?

Mein Gegner hat in der Vergangenheit sehr loose Calls gemacht und z.B. Gutshots oder niedrigen Paare – auch entgegen aller Pot Odds – bis zum River gecallt, um seinen Gegner beim Bluffen zu erwischen oder die Wunderkarten zu treffen. Er raist nur mit absoluten Monstern, nie mit Draws. Tendenz: passive Calling Station.

Frage b) Welches Table Image habe ich am Tisch?

Ich war bisher eher TAG, erwarte aber nicht, dass die Anfänger das wirklich beobachtet haben.

Frage c) Wie viele Chips haben wir beide noch bzw. ist einer von uns Pot-Committed?

Wir haben beide ca. 40 BB, sind also nicht sonderlich stark unter Druck zu diesem Zeitpunkt.

Frage d) Ist er in der Lage zu folden?

Als Calling Station wird er keine starken Laydowns machen.

Frage e) Welche Umstände haben ihn in der Vergangenheit zum Folden gebracht?

Er foldet, wenn er gar nichts getroffen hat. Wenn er auch nur ansatzweise eine Chance in seiner Hand sieht, callt er bis zum bitteren Ende. Bei diesem Spieler regiert stets die Hoffnung.

O.K., diese Ausgangssituation kennt jeder von uns nur zu gut! Man erinnert sich an die großen Pots, die man gegen diese Calling Stations verloren hat, weil man selber TPTK getroffen hat, der Fisch mit seinem niedrigen Paar aber bis zum River die potgroßen Bets runtergecallt hat, nur um dann am River z.B. seinen Drilling zu bekommen oder die Runner-Runner-Straße zu machen. Als Anfänger oder mittelmäßig fortgeschrittener Spieler hat man sie schon 1000-mal verflucht, weil sie ja „keine Ahnung von Poker haben". Aber als professionell denkender Spieler sollte man sie zu ihrer tollen Hand jedes Mal gratulieren und sich über seine langfristig profitable Edge gegen sie freuen, denn eigentlich sind sie ja in 90 % der Fälle wandelnde Geldautomaten.

Die Ausgangssituation ist also klar. Auch wenn man sicher diskutieren könnte, ob der Steal mit A9s gegen eine Calling Station am Button zu 100 % sinnvoll ist, gehen wir für dieses Beispiel einmal davon aus. Schließlich geht es besonders um das korrekte Spiel von schwierigen Situationen. Bleibt also noch eine Frage übrig. Dafür schauen wir uns einmal die verschiedenen Flops an, die man in der Regel vorfindet sowie die entsprechenden, möglichen Spielweisen gegen diesen Gegner.

Frage f) Welche Struktur hat das Board?

Flop I) 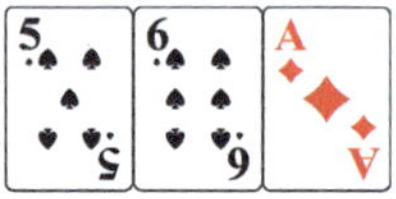

Ich treffe mittelmäßig auf einem drawlastigen Flop.

Wenn mein konservativer Gegner checkt, sollte ich hier häufig 2/3 Potgröße betten, um meine Hand zu schützen. Gegen eine Calling Station muss ich aber sehr viele mögliche Hände in Betracht ziehen, da er in der Regel auch mit dem größten Mist auf diesem Board callen wird, egal, wie hoch ich bette.

An dieser Stelle machen viele auch fortgeschrittene Spieler zwei Fehler:

EntweDie Betten sie zu niedrig, weil sie davon ausgehen, dass eine Calling Station Pot Odds sowieso ignoriert und bis zum River callt und versuchen damit, die Pots und das Risiko klein halten.

Oder sie „überprotecten“ ihr Top Paar z.B. mit einem All-In Push. Wir schauen uns alle Spielweisen einmal im Detail an.

Ich möchte die Calling Station ja in jedem Fall dazu bekommen, dass er einen Fehler macht und ich dadurch auf lange Sicht von ihm profitiere.

Schauen wir uns also dazu zunächst einmal die möglichen Hände meines Gegners und seine Gewinnchancen* an:

Ich liege aktuell noch vorne gegen:

- nichts: z.B. KhJd (3 %)
- Pocketpaar: z.B. TT (9 %)
- schlechteres Ass: z.B. Ah7h (15 %)
- niedrigeres Paar: z.B. Kd5h (19 %)
- Gutshot (GS): z.B. 7d9d (21 %)
- OESD: z.B. 7d8d (31 %)
- Flush Draw (FD): z.B. KsTs (38 %)
- FD+GS: z.B. 7s9s (46 %)
- schlechteres Ass+FD: As7s (47 %)
- Straight Flush Draw: 7s8s (52 %)

Ich liege bereits hinten gegen:

- 2 Paar: As5d (73 %)
- besseres Ass: z.B. AhTd (77 %)
- Set: 5d5h (97 %)

* Die Gewinnchancen in dieser Tabelle sind konkret auf die Beispiele bezogen. Ein Flush Draw allgemein hat eine Gewinnchance von 35 % von Flop bis River. Die 38 % beinhalten hierbei auch die Extraouts der Hand KsTs gegen Ac9c (also den Backdoor Straight Draw und die Möglichkeit, noch einen Drilling oder zwei Paar auf Turn und River zu machen).

Wenn ich sicher weiß, dass mein Gegner z.B. einen Flush Draw hat und diesen bis zum River callen wird, kann ich mit dieser Information Geld verdienen. Das ist bekannt. Den Großteil meiner Value bekomme ich daher, dass er callt, auch wenn er hinten liegt, ich aber in der Lage bin zu folden, wenn ER trifft.

Um das noch ein wenig zu genauer zu durchleuchten, schauen wir uns einmal die drei Möglichkeiten von der mathematischen Seite an.

1) EV des All-In Pushes mit 36,5 BB

Eine Calling Station wird diesen extremen Move auch nicht immer mit einem Flush Draw callen, aber immer noch häufig genug, daher nehmen wir das einmal zu 60 % an.

Wenn er mit KsTs seinen Flush Draw plus Backdoor Straight Draw callt, gewinnt er mit 37,68 % Wahrscheinlichkeit und ich in 62,32 % der Fälle.

Ich kann also mit diesem Push folgendes Ergebnis erwarten:

Er foldet in 40 % der Fälle und ich gewinne den 8 BB Pot. Wenn er callt, gewinne ich in 62,32 % der Fälle den Pot von 44,5 BB (8 BB plus seinen Call von 36,5 BB). Ich verliere in 37,68 % der Fälle meinen 36,5 BB Push. Insgesamt hat diese Aktion also folgenden Erwartungswert:

$$\mathbf{EV= 0{,}6*[0{,}3768*(-36{,}5)+0{,}6232*(+44{,}5)]+0{,}4*(+8) = +11{,}59}$$

Wenn ich allerdings in einem Turnier bin, möchte ich bestimmt nicht mit 40 BB meine Turnierexistenz auf eine 62 %ige Chance setzen, wenn ich es nicht unbedingt muss. Daher sind in dieser Phase für mich immer grundsätzlich viele kleine Fehler meiner Gegner besser als die Chance auf einen großen. Dieses Argument spricht allgemein gegen den Push. Aber wie ist der EV der anderen klassischen Gebotsfolgen?

2) EV der klassischen Gebotsfolge mit 2/3 Flop Bet und 3/4 Turn Bet

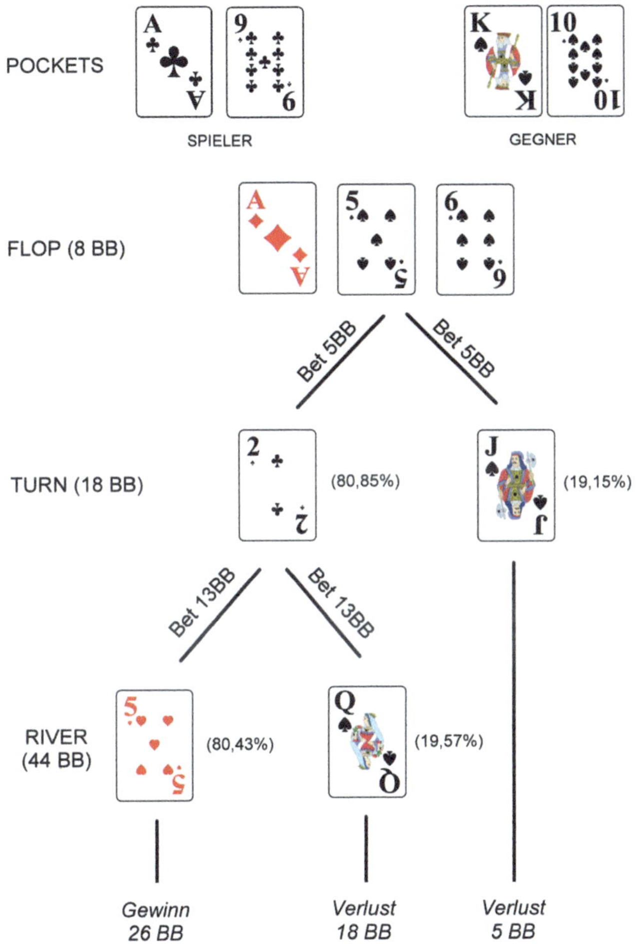

EV= 0,1915*(-5) + 0,8085* [0,1957*(-18) + 0,8043*(+26)] = +13,10

Hierbei mache ich im Schnitt auch ca. 13 BB Gewinn. In dieser Rechnung ist noch nicht berücksichtigt, ob der Gegner eventuell noch eine Value Bet am

River callt, weil er z.B. noch zusätzlich den König getroffen hat, sich Pot-Committed fühlt o.Ä. Ich denke, man kann das aus der Rechnung herausnehmen, weil gleichzeitig seine Extra Outs ja auch nicht berücksichtigt sind. Das dürfte sich ungefähr die Waage halten.

Aber in jedem Fall ist der Erwartungswert genauso groß wie der des Pushes. Das Risiko, das ich eingehe, ist aber wesentlich geringer, besonders in einem Turnier, in dem ich Gefahr laufe herauszufliegen.

3) EV einer kleineren Gebotsfolge mit 1/2 Flop Bet und 1/2 Turn Bet

Das Schaubild oben kann man hier genauso zur Hand nehmen, aber ich biete in diesem Fall am Flop nur 4 BB und am Turn 8 BB, also jeweils halbe Potgröße. Mein Gegner bekommt immer noch nicht die Odds für seinen Call, aber der Pot bleibt kleiner.

$$EV= 0{,}1915*(-4) + 0{,}8085* [0{,}1957*(-12) + 0{,}8043*(+20)] = +10{,}34$$

Wenn ich meinen Gegner wirklich zu 100 % auf den Flush Draw setze, ist diese Gebotsfolge definitiv die schlechteste von allen! Wenn ich allerdings auf dem Flop aufgrund von irgendwelchen Reads das Gefühl habe, zu über 30 % bereits hinten zu liegen (z.B. gegen ein Set), ist diese Folge eventuell ein passabler Mittelweg. Die Schwierigkeit beim Spiel gegen Calling Stations ist, dass man an ihrem Setzverhalten recht wenig ablesen kann: *Sie callen.*

Als Zusammenfassung sollten Sie sich aber zwei Dinge in jedem Fall merken:

1.) Ein Push ist an dieser Stelle nicht so profitabel, wie er aussieht. Selbst wenn ich annehme, dass man Gegner zu 60% callt mit seinem Flush Draw.

2.) Gegen eine Calling Station sollte man dauerhaft für Value betten - je höher, desto profitabler.

Flop II) 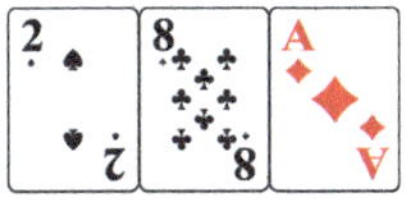

Ich treffe mittelmäßig auf einem ziemlich trockenen Flop.

Hier habe ich auch das Top-Paar getroffen. Die möglichen Hände meines Gegners, mit denen er mich callt, sind aber weniger geworden. Daher muss ich hier nicht nach maximaler Value schauen, sondern nach minimalem Risiko. Ich habe ja eine recht gute Hand, aber eben auch kein Monster. Und ich möchte meinen potenziellen Kunden ja nicht mit einer zu großen Bet direkt am Flop verjagen.

Das Problem ist, dass die Hände, die ich zurzeit schlage, nicht mehr so hohe Bets bezahlen wie im vorherigen Beispiel; die Hände, gegen die ich hinten bin, aber schon!

Daraus resultiert, dass ich weniger betten muss, um mehr Value zu bekommen. Hierbei ist die Beantwortung der Frage d) entscheidend: Gegen welche Bets hat mein Gegner in der Vergangenheit gefoldet? Wenn ich bei diesem Flop dann knapp darunter bette, bekomme ich maximale Value von schlechteren Händen (z.B. 77, K8, eventuell sogar KQ, usw.) und riskiere gleichzeitig nur einen minimalen Anteil meiner Chips gegen die besseren Hände.

Flop III) 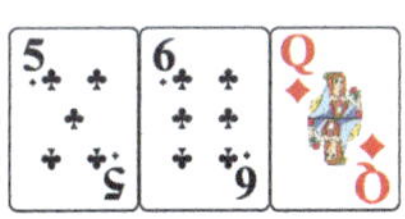

Ich habe selber einen Draw.

Mit meinem Nut Flush Draw sollte ich hier auf jeden Fall betten, wenn mein Gegner checkt oder callen, wenn mein Gegner bettet. Ich möchte die maximale Auszahlung, wenn ich treffe und die Implied Odds gegen Calling Stations sind von Natur aus natürlich immer ziemlich groß. Zudem könnte ich mit Ass hoch auch noch vorne liegen, z.B. gegen einen niedrigeren Flush Draw oder einen Straight Draw. Wenn er am Flop bettet, ist ein Semi-Bluff-Raise (um z.B. eine Freecard zu bekommen) hier nur selten sinnvoll, denn mein Call schüchtert diesen Gegner meistens schon zur Genüge ein. Wenn ich treffe, wird er mich sowieso fast immer ausbezahlen, weil er mir den Flush nicht glaubt, sodass ich lieber dann mit Value Bets als mit allzu großen Semi-Bluffs die Auszahlung maximieren sollte. Falls ich nicht treffe, möchte ich so wenig wie möglich riskieren; und falls ich treffe, wird er mich meistens noch ausbezahlen, wenn ich *dann* raise.

Eine Contibet – wenn er checkt – ist hier aber immer angebracht, weil er durchaus folden kann, wenn er nichts getroffen hat und ich den Pot direkt gewinnen kann, ohne treffen zu müssen.

Flop IV) 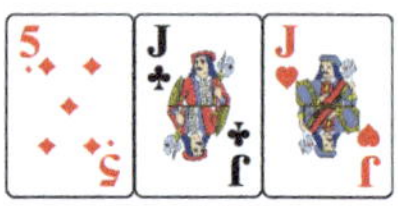

Ich treffe nicht auf einem dry Board.

Hier kann ich sehr profitabel betten, wenn er checkt, weil er fast immer folden wird. Diese Art von Flops (besonders dann, wenn ein Paar offen liegt) spielen die meisten dieser Gegner absolut ehrlich. Sie haben Angst vor dem Buben und checken oder folden, wenn sie nicht getroffen haben. Wenn mein Gegner hier selber bettet oder raist, kann ich ihn zu 70 % auf den Buben und zu 29,99 % auf die 5 setzen und direkt folden. Bluffen ist sinnlos gegen die Calling Station.

Flop V) 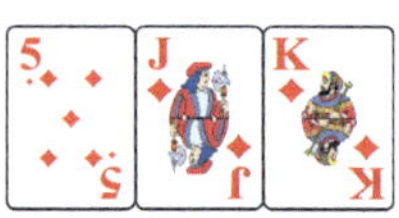

Ich treffe nicht auf einem drawlastigen Board.

Bei einem solchen Flop auch nur einen müden Chip zu investieren, ist absolut vergeudetes Geld. Mit einem reinen Bluff bekomme ich meinen Gegner in der Regel nicht von einem Draw weg, eine bessere Hand als meine (Ass hoch) bekomme ich hier niemals zum Folden, eine schlechtere wird hier nur selten bezahlen. Ich schlage hier nur Draws, die bis zum River nicht ankommen dürfen. Und selbst wenn ich selber treffe, fühle ich mich nicht wohl, weder mit der 9 noch mit dem Ass, da beide zusätzlich einen Straight Draw komplettieren.

Ein solcher Flop sollte für Sie in jedem Fall *check-fold* signalisieren: „Weg damit, nächste Hand!“

Flop VI) 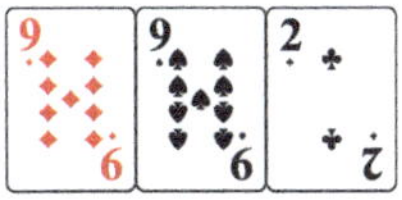

Ich treffe stark auf einem dry Board.

Wenn er die 2 hat, wird er sowieso callen. Die Frage ist nur: Wie bekomme ich noch Geld von ihm, wenn er gar nicht auf diesem Flop getroffen hat? Hier ist ein wenig psychologische Einschätzungsgabe gefordert: Tendiert mein Gegner eher zum ungläubigen Polizisten oder zum Traumtänzer? Wenn er der Typ Mensch ist, der sich ungerne herumschubsen lassen möchte und in der Vergangenheit seine Gegner auch bei Scarecards auf dem River noch „kontrolliert“ hat, dann sollte man hier betten. Die Chance ist groß, dass er z.B. mit KTs hier noch an seine Chancen glaubt und bezahlt. Ist er aber eher der ängstliche Typ, der nur callt, wenn er etwas hat, sollte man hier eher checken in der Hoffnung, dass er sich auf dem Turn verbessert und einen dann ausbezahlt.

Lektion 37 – Pot-Committed oder nicht?

Man liest immer wieder in Pokerchats, Internetforen oder sogar Büchern davon, dass ein Spieler „Pot-Committed“ gewesen sei und angeblich deshalb callen musste. Häufig hat er dann sogar gewusst, dass er geschlagen war, musste aber aus diesem *einen* Grund dennoch callen. Wenn Sie sich dabei gefragt haben, ab wann das überhaupt der Fall sein soll und weshalb man Pot-Committed ist, dann sollten wir das erst zunächst genauer definieren.

Der Begriff „Pot-Committed“ wird teilweise falsch interpretiert. Er bedeutet eigentlich, dass es sich bei den Odds, die einem der Pot und die Karten geben, in jedem Fall lohnt, All-In zu gehen bzw. einen Push zu callen. Die Entscheidung, alle Ihre Chips in eine Hand zu investieren, sollten Sie aber nicht erst fällen, wenn Sie bereits mehr als die Hälfte Ihres Stacks in den Pot geworfen haben, sondern wesentlich vorher.

Und genau hier liegt der entscheidende Fehler, den sehr viele Spieler immer wieder machen. Sie spielen eine Hand in der Art und Weise, dass sie ganz plötzlich so viele Chips investiert haben, dass es Ihnen schwerfällt, dann noch zu folden. Und dann glauben sie plötzlich an ihr Top Paar mit Top Kicker (TPTK) und wollen einfach nicht wahrhaben, dass der Gegner ein Set gefloppt hat. Hier wird häufig sehr viel Geld verschenkt. Eigentlich sind diese Spieler dann aber gar nicht wirklich „Pot-Committed", sondern „Stack-Committed"... Sie haben schon einen Großteil Ihres Stacks in den Pot geworfen, sodass sie sich verpflichtet fühlen, bis zum bitteren Showdown in der Hand zu bleiben.

Das ist natürlich ein spielerischer und mathematischer Fehler. Das Geld, das man in einen Pot investiert hat, steht einem ja nach jeder Bietrunde nicht mehr zur Verfügung, nicht mal teilweise. Es zählen bei einem Spielzug immer nur die üblichen, wichtigen Fragen:

1.) Wie viel Geld kann ich bekommen, wenn ich gewinne?

2.) Wie viel Geld muss ich dafür mit diesem Spielzug riskieren?

3.) Wie groß ist die Wahrscheinlichkeit, dass ich dieses Geld gewinne?

4.) In welchem Verhältnis stehen Gewinnwahrscheinlichkeit und Gewinnerwartung zueinander?

Die Frage, ob man zuvor schon 1 $ oder 100 $ in den Pot investiert hat, ist dabei vollkommen irrelevant, denn man bekommt sie ja nicht wieder. Das Geld ist weg und demnach ist es auch egal, ob man das Geld selber in den Pot geworfen hat oder jemand anders.

Anders ist das, wenn man „Stack-Committed" ist. Hierbei muss man sich überlegen, ob man z.B. entweder bei einem All-In aufgrund der eigenen Stackgröße bzw. der Stackgröße des Gegners so gute Pot Odds bekommt, dass sich ein Call lohnt. Und das sollte man – wie gesagt – bereits vor dem Flop planen und sich nicht erst auf dem Turn überlegen.

Hierzu schauen wir uns einmal ein Beispiel an, das man immer wieder sieht.

Hand: 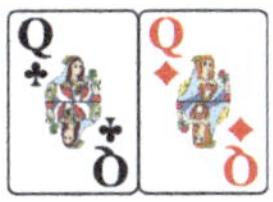
Position: SB, t14.000
Situation: NL Turnier, Blinds t500/1.000

Preflop-Action: UTG limpt, SPIELER raist auf t4.000, BB (t40.000) callt, UTG foldet.
Pot: t9.000

Flop: 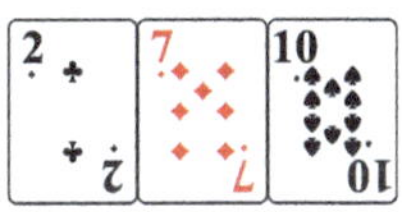

SPIELER checkt (für einen Check-Raise All-In oder um eine Falle zu stellen), BB checkt ebenfalls.

Turn: 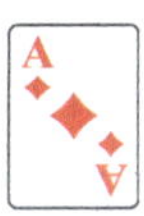

SPIELER bettet t5.000, BB pusht und setzt SPIELER mit t10.000 All-In.
Pot: t24.000, t5.000 zu callen, Pot Odds 1 zu 4,8

Was nun?

Versetzen Sie sich in die Lage des SPIELERS mit dem Paar Damen: Sie haben hier noch t5.000 in Chips übrig. Wenn Sie jetzt folden, haben Sie noch 5 Big Blinds für das Turnier und sind wahrscheinlich mit der nächsten brauchbaren Hand All-In vor dem Flop.

Können Sie hier noch folden? Hat der Gegner das Ass? Hätte er ein All-In von Ihnen auf dem Flop gecallt, z.B. mit AJ?

Genau in diese Art von Situationen manövrieren sich viele Spieler immer wieder. Sie haben sich eine schwierige Entscheidung aufgebaut, weil sie sich *nicht* vor oder direkt nach dem Flop dazu entschieden haben, mit dieser Hand alle ihre Chips zu investieren. Wenn Sie das in dieser Hand getan hätten, dann hätten Sie nach dem Flop gebettet und ein All-In mit Ihrem Overpair problemlos callen können. Wenn der Gegner mit AJ pusht, und auf dem Turn dann das Ass bekommt, ist das Pech. Aber Sie hätten ihre Chips immerhin in die Mitte gestellt, als Sie noch 70 % Favorit waren. Auf Dauer wird das einen entscheidenden Unterschied machen und Ihnen Geld bringen.

Treffen Sie also Ihre Entscheidungen, ob Sie sich und Ihren Stack „committen", so früh wie möglich. Wenn Sie eine marginale Hand haben, mit der Sie zwar nach dem Flop betten, aber nicht All-In gehen möchten, dann halten Sie den Pot von Anfang an so klein wie möglich. Beispiele hierfür sind u.a. Hände wie AJ, wenn Sie das Ass auf dem Flop treffen oder TT, wenn eine Overcard auf dem Flop kommt usw.

Die Frage, ob Sie Pot-Committed sind oder nicht, können Sie sich auch anders stellen:

„Wenn mein Gegner jetzt All-In geht, wäre ich bereit, alles zu callen und all meine Chips zu investieren?"

Wenn Sie diese Frage mit „Ja" beantworten, sind Sie Pot-Committed. Dann sollten Sie auch zusehen, einen großen Pot zu spielen und möglichst viele der gegnerischen Chips in die Mitte zu bekommen. Dafür ist natürlich absolute Voraussetzung, dass Sie auch eine wirklich starke Hand haben oder Ihren Gegner mit großer Sicherheit auf eine wesentlich schwächere Hand setzen. Wenn Sie z.B. nur ein mittleres Paar haben, Ihr Gegner Ihrer Meinung nach den Flush Draw hat, sollten Sie sich vielleicht eher nicht committen. Auch wenn Sie vorne sind, könnte Ihr Gegner schließlich gleichzeitig noch ein Paar oder eine Overcard zu Ihrem Blatt haben. Auf eine solch marginale Hand all sein Geld zu wetten, ist langfristig keine sonderlich gute Idee.

Einige Profis committen sich überhaupt nie mit nur einem Paar, sondern benötigen dafür mindestens zwei Paar, einen Drilling oder aufgrund eines Monster-Draws eine Gewinnwahrscheinlichkeit von über 50 %.

Um ein unnötiges Commitment zu vermeiden, merken Sie sich einfach die folgende Faustregel:

Entscheiden Sie sich, ob Sie sich committen möchten, sobald Sie 1/10 Ihres Stacks investieren müssen. Wenn Sie bei einer Hand nicht bereit sind, all Ihre Chips in die Mitte zu stellen, dann investieren Sie niemals mehr als 1/3 Ihre Stacks!

Dass Sie 1/10 Ihres Stacks investieren sollen, kann schon früh in einer Hand, sogar schon vor dem Flop passieren. Dann könnte Ihre Entscheidung z.B. mit KK so aussehen: „Ich bin vor dem Flop an der 1/10-Schwelle. Wenn kein Ass und kein starker Draw auf dem Flop kommt, bin ich Pot-Committed. Dann sehe ich zu, wie ich am geschicktesten sämtliche Chips in die Mitte bekomme!“ Im Laufe der Hand kann das Commitment sich natürlich auch noch wandeln. Wenn z.B. die Turn-Karte Ihre gute Hand durch einen möglichen Flush gefährdet, kann es sein, dass Sie sich die Frage erneut stellen müssen, ob Sie mit dem aktuellen Blatt Pot-Committed sind oder nicht.

Es gibt auch Umstände, unter denen man mit jeder beliebigen Hand All-In ist bzw. ein All-In callen muss. Aber das ist kein wirkliches Pot Commitment, sondern von den Stacks am Tisch abhängig. Diese Situation kommt häufig vor dem Flop in Turnieren vor, wenn einer der beiden Spieler nur noch wenige Chips im Vergleich zur Blindhöhe übrig hat. Oder man bekommt nach dem Flop so gute Pot Odds, dass sich ein Call lohnt, weil z.B. der Gegner in einem 1000 $-Pot nur noch 100 $ übrig hat, und damit auf dem Flop All-In geht. „Da kann man natürlich nicht mehr folden“, wird sich jeder Spieler schon mit gesundem Pokerverstand denken können. Aber es ist eben auch einfach eine Überlegung auf der Grundlage von einfachsten Odds. Ich bekomme in diesem Beispiel für meine 100 $ Pot Odds von 11 zu 1. Wenn ich meinem Gegner allgemein eine 10 %ige Bluff-Wahrscheinlichkeit gebe (was ein ansatzweise realistischer Wert ist), dann reicht das bereits aus, um einen Call mit quasi jeder Hand („any two cards“) an dieser Stelle zu rechtfertigen. Dass ich 45 % des Pots selber investiert habe, spielt dabei keine Rolle.

Nur wenn ein Spieler in dieser Situation mit 74 auf einem AKQ Board callt, weil er auf dem Flop Pot-Committed ist, hat er häufig diese Entscheidung schon vor dem Flop getroffen, als er gecallt hat. Er hätte *sehen müssen*, dass der Gegner quasi All-In ist und nur noch 100 $ übrig hat. Also hat der Spieler auch die All-In Entscheidung vor dem Flop gefällt, nicht hinterher.

Um also schwierige Situationen zu vermeiden, müssen Sie bereits früh in einer Hand planen, ob Sie sich committen wollen oder nicht. Das machen Sie mit der so genannten „Pot Control". Manchmal wissen Sie aber nach dem Flop nicht genau, ob Sie nun sehr stark (Way Ahead) oder sehr schwach (Way Behind) sind. Beide Überlegungen erkläre ich in den folgenden Kapiteln.

Lektion 38 – Way Ahead oder Way Behind?

Es gibt beim Poker immer wieder Situationen, in denen Sie vor dem Flop eine starke Hand hatten, der Flop Ihnen aber eine schwierige Frage stellt: Der Flop passt in die Range des Gegners. Aber hat er ihn getroffen und ich bin weit hinten mit meiner Hand, oder hat er ihn nicht getroffen und ich bin weit vorne?

Das einfachste Beispiel dafür haben Sie sicherlich auch schon mehrfach am Pokertisch erlebt.

Sie haben KK, erhöhen vor dem Flop, ein Gegner callt und es kommt AA2. Entweder sind Sie weit vorne, weil Ihr Gegner den Flop verpasst hat (z.B. mit QQ) oder Sie sind weit hinten, weil Ihr Gegner das Ass auf der Hand hat. Falls Ihr Gegner den Flop verpasst hat, aber trotzdem in der Hand bleibt (was zu QQ passen würde), dann hat er genau zwei Outs: Die beiden Damen. Falls Ihr Gegner aber wirklich das Ass haben sollte, haben *Sie* genau zwei Outs: Die beiden verbleibenden Könige.

Mit dieser Situation ist natürlich nicht die Art von Flops gemeint, bei denen Sie noch Draws haben könnten, also AQ auf einem KT2 Flop. Way Ahead/Way Behind bezieht sich auf eine Flop-Struktur, bei der Sie entweder starker Favorit (80 % und besser) oder starker Außenseiter (80 % und schlechter) sind.

In dieser Situation macht es wenig Sinn, zu betten oder zu raisen. Eine bessere Hand werden Sie niemals zum Folden bekommen. Und eine schlechtere Hand wird auf diesem Flop nicht alle seine Chips riskieren wollen – genauso wenig, wie Sie das sollten. Mit anderen Worten: Bei einem Flop dieser Art sind Sie definitiv niemals Pot-Committed! Denn wenn Ihr Gegner hier All-In geht und Sie beide noch ausreichend Chips übrigen haben, sodass Sie noch folden können, dann würden Sie diesen Push ja wahrscheinlich nicht callen, oder?

Deshalb ist der beste Umgang mit einer solchen Situation die Umschaltung auf ein passives Spiel durch *check-call*. Sie haben immer noch eine starke Hand, die Sie auch wahrscheinlich ausbezahlt bekommen werden. Aber mit einer passiven Reaktion auf diesen schwierigen Flop ermöglichen Sie Ihrem Gegner, mit einem Bluff oder einer schlechteren Hand weitere Chips in die Mitte zu bringen. Wenn Sie selber Stärke zeigen, repräsentieren Sie ja nicht die Hand, die Sie halten, sondern Sie repräsentieren das Ass! Und spätestens bei Ihrem zweiten Gebot auf dem Turn wird Ihr Gegner sich von seiner Hand verabschieden, wenn er z.B. QQ hat. Spielen Sie diese Art von Flops aber passiv und checken bzw. callen nur, dann glaubt er vielleicht am Turn plötzlich an die Stärke seiner Hand, setzt Sie vielleicht auf einen Draw und bettet stärker. Das ist auf Dauer in einer solchen Situation profitabler, als würden Sie selber die Initiative ergreifen. Denn in einem Turnier kann z.B. die falsche Einschätzung einer Way Ahead/Way Behind-Situation direkt das Aus bedeuten.

Aber diese Flops sind natürlich eher eine Seltenheit. Viel häufiger werden Sie auf die Technik der Pot-Kontrolle, der so genannten „Pot Control" zurückgreifen müssen, wenn Sie sich mit einer Hand selber nicht committen möchten.

Lektion 39 – Pot Control

Wenn Sie mit einer Hand nicht bereit sind, All-In zu gehen, sollten Sie nicht versuchen, einen allzu großen Pot aufzubauen. Das sollte die *Lektion 37 – Pot-Committed oder nicht?* ab S. 89 klargemacht haben.

Aber wie genau halte ich einen Pot klein? Wann muss ich meine Hand schützen und mit welchen Gebotsgrößen kann ich das erreichen?

Im ersten Band bin ich schon auf das Thema „die eigene Hand schützen" eingegangen. Nach den Regeln der Pot Odds ist das ein wichtiges Thema. Wenn ich z.B. AcAh auf einem 5c6dAd Board habe, habe ich zu diesem Zeitpunkt die bestmögliche Hand. Aber bei einem solchen Flop ist es auch wichtig, dass ich meine Hand vor möglichen Draws schütze und dem Gegner keine freie Turnkarte gebe. Wie also verhalte ich mich hier? Und wie würde ich mich verhalten, wenn ich stattdessen AcKc habe?

Genau hier kommt Pot Control zum Einsatz.

Schauen wir uns also einmal etwas genauer an, wie sich die oben genannte Hand entwickeln könnte:

Hand: 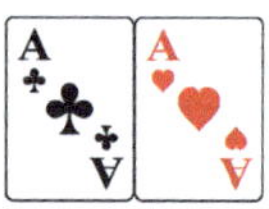
Position: Button

Situation: NL Cashgame 2 $/4 $, tight-aggressiver Tisch.
Preflop-Action: Alle folden, SPIELER (400 $) raist auf 12 $, BB (200 $) callt.

Pot: 26 $

Flop: 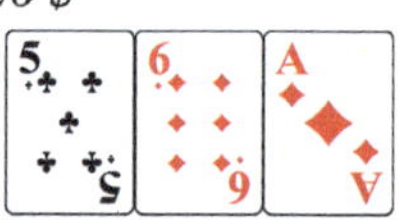

BB checkt, SPIELER bettet 13 $ (um den Gegner nicht zu verscheuchen), BB callt.

Pot: 52 $

Turn: 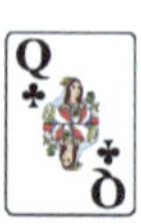

BB checkt, SPIELER bettet 28 $, BB callt.

Pot: 108 $

River: 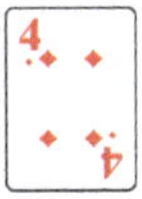

BB geht mit seinen restlichen 147 $ All-In.

Der River war natürlich die schlechteste Karte, die kommen konnte. Und diese Situation kennt jeder Pokerspieler nur allzu gut: Jetzt habe ich eine schwierige Entscheidung mit meinem Set Asse, denn mit der letzten Karte ist eine Straße genauso gut möglich geworden wie ein Flush. Kann ich meinen Drilling hier überhaupt folden? Wie wahrscheinlich ist es, dass mein Gegner diese *Scarecard* benutzt, um selber zu bluffen? Mache ich einen größeren Fehler mit einem Call oder mit einem Fold?

Beides erscheint hier eine schlechte Wahl zu sein, und es ist wirklich keine gute Ausgangslage. Der Fehler ist aber viel früher passiert.

Blicken wir noch einmal zurück: Auf dem Flop habe ich die bestmögliche Hand gehabt. Hätte ich zu diesem Zeitpunkt einen Check-Raise All-In meines Gegners gecallt? Auf jeden Fall! Also war ich hier definitiv Pot-Committed und hätte einen großen Pot aufbauen müssen.

Auf dem Turn das gleiche Spiel. Draws waren zwar möglich, aber ich hatte immer noch die bestmögliche Hand. Auch hier hätte ich einen All-In gecallt, war also definitiv Pot-Committed.

Jetzt schauen wir uns einmal an, wie die Hand verlaufen wäre, wenn ich stärker gebettet hätte in allen Bietrunden:

Hand: 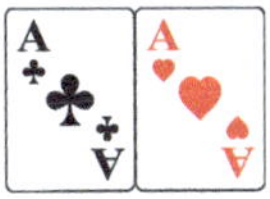
Position: Button

Situation: NL Cashgame 2 $/4 $, tight-aggressiver Tisch.
Preflop-Action: Alle folden, SPIELER (400 $) raist auf 14 $, BB (200 $) callt.

Pot: 30 $

Flop: 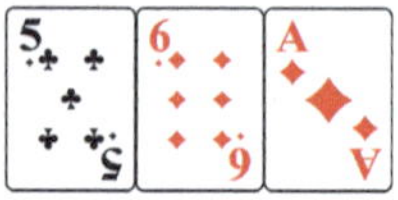

BB checkt, SPIELER bettet 28 $ (um die Hand zu schützen), BB callt.

Pot: 86 $

Turn: 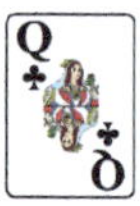

BB checkt, SPIELER bettet 80 $, BB callt.

Pot: 246 $

River: 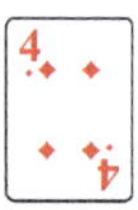

BB geht mit seinen restlichen 78 $ All-In.

In diesem Fall ist der Call keine Frage mehr. Ich habe mir durch meine Art, diese Hand zu spielen, eine einfache Entscheidung am River produziert. Denn ich habe einen großen Pot mit einer extrem starken Hand aufgebaut, schließlich war ich zu jeder Zeit bis zum River Pot-Committed.

Natürlich kann er immer noch sehr gut die Straße oder den Flush haben. Aber falls er wirklich auf dem River seine Hand gemacht hat, dann hat er in allen Bietrunden zuvor einen großen Fehler gemacht, indem er gecallt hat. Selbst wenn er den Flush hat, waren seine Chancen dafür auf dem Turn bei unter 20 %. Auf Dauer wird er mit dieser Spielweise sehr viel Geld verlieren und ich werde sehr viel gewinnen.

Und nun ändern wir die Starthand. Statt AA habe ich AK:

Hand: 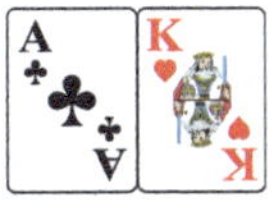
Position: Button

Situation: NL Cashgame 2 $/4 $, tight-aggressiver Tisch.
Preflop-Action: Alle folden, SPIELER (400 $) raist auf 14 $, BB (200 $) callt.

Pot: 30 $

Flop: 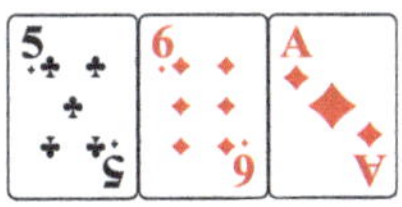

Jetzt muss ich mich bereits am Flop fragen, ob ich bereit bin, all meine Chips in die Mitte zu schieben mit Top Paar Top Kicker… Aber wir nehmen einmal an, ich bette wie in der zweiten Version knapp in Höhe des Pots.

BB checkt, SPIELER bettet 28 $ (um die Hand zu schützen), BB callt.

Pot: 86 $

Turn: 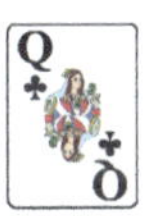

BB checkt.

Was jetzt? Mein Gegner scheint den Flop zu mögen, er hat gecallt. Mit den Assen auf der Hand habe ich Schwierigkeiten, meine Freude zu unterdrücken, dass er dabei bleibt. Aber mit AK? Ich werde bereits jetzt geschlagen von AQ, A5, A6, 56, 55, 66, QQ und AA.

Bin ich bereit, am Turn einen Check-Raise All-In von ihm zu callen, wenn ich jetzt noch einmal bette? Bin ich wirklich Pot-Committed in dieser Hand? Wohl weniger.

Ich sollte mit AK hier nicht Vollgas geben, wenn mein Gegner bereit zu sein scheint, in der Hand zu bleiben, sondern den Pot eher klein halten, da meine Hand nicht gerade unverwundbar ist.

Nach wie vor ist AK in dieser Situation ja eine gute Hand, man sollte sie aber nicht überbewerten!

Mal angenommen, mein Gegner callt hier mit 7d8d, dann hätte er einen Open-ended Straight Draw plus Flush Draw. Damit wäre er maximal ein 2:1-Außenseiter gegen meine Hand, und ich müsste definitiv mehr als Potgröße bieten, um ihm nicht die Odds für den Call zu geben. Er selber hat aber nur noch sehr wenige Chips übrig, sodass er sich sehr wohl Pot-Committed fühlen dürfte. Er hat schließlich bereits mehr als die Hälfte seinen Stacks in diesen Pot investiert. Wie gesagt, mit dem Drilling Asse wäre mir das egal, als starker Favorit in einer Hand ist es immer +EV, alle Chips in die Mitte zu bekommen. Aber mit Top Paar Top Kicker möchte ich grundsätzlich eher keinen großen Pot aufbauen.

In dieser Situation halte ich einen Check für genauso stark wie ein Gebot von maximal halber Potgröße. Mit dem 40 $-Gebot halte ich den Pot immer noch klein genug. Und falls er auf dem River mit seinen restlichen 115 $ All-In geht, kann ich abwägen, ob ich calle oder folde bei einem 172 $-Pot. Ich befinde mich mit Die Bet allerdings in einer Situation, bei der ich bereits 1/3 des Stacks meines Gegners in die Mitte befördert habe. Ich weiß also, dass er mit dieser Hand definitiv nicht mehr aus dem Pot zu drängen ist, egal wie viel ich biete. Demnach entscheide ich an diesem Turn nur noch, ob ich mich selber ebenfalls committen möchte. Das sollte ich mit meiner verwundbaren Hand aber vermeiden. Daher halte ich den Check in dieser Situation für stärker, auch wenn ich den möglichen Draws damit eine freie Karte gewähre.

Mit dem Check halte ich den Pot ebenfalls klein, bekomme aber zusätzlich eventuell noch Value von schlechteren Händen, falls mein Gegner z.B. KK oder AT hält und auf dem River noch ein kleines Gebot macht. Bettet er dann z.B. auf dem River, habe ich außerdem eine wesentlich einfachere Entscheidung. Beide Spieler haben mit dieser Hand weniger als 1/3 ihres Stacks investiert, und keiner ist wirklich Pot-Committed. Ich kann unbeschadet folden oder auch callen, je nach Einschätzung der Handrange meines Gegners. Man muss ja bedenken: ich habe hier bloß TPTK auf einem absolut drawlastigen Board. Damit möchte ich normalerweise keine Straßen, Two Pairs, Flushes oder Sets ausbezahlen müssen, nur weil einer von uns beiden am River aufgrund der bereits investierten Chips pushen musste.

Also fassen wir noch einmal zusammen: Pot Control bedeutet zum einen, dass ich mit einer sehr starken Hand versuche, so viele Chips wie möglich in die Mitte zu bekommen. Ich verschaffe mir selber damit einfache Entscheidungen, zwinge Gegner zu Fehlern und erziele eine maximale Auszahlung meiner guten Hände, wenn die Draws der Gegner nicht ankommen. Zum anderen bedeutet Pot Control, dass ich mit verwundbaren Händen versuche, den Pot kleinzuhalten und mich selber nicht allzu sehr zu committen. Das hat den zusätzlichen Vorteil, dass ich eventuell noch Value von schlechteren Händen bekomme oder sogar Bluffs auf dem River damit provoziere, falls mein Gegner seinen Draw verpassen sollte.

Vermeiden Sie es nach Möglichkeit, all Ihre Chips mit nur einem Paar oder schlechter zu riskieren!

Lektion 40 – Die fortgeschrittene Continuation Bet

Die Continuation Bet (kurz: Contibet) ist ja bekanntermaßen ein Bluff bzw. Semi-Bluff. Ich habe vor dem Flop erhöht und Stärke gezeigt, den Flop aber verpasst. Jetzt versuche ich mithilfe der Contibet nach dem Flop meine Preflop-Aggressivität weiterzuführen, indem ich z.B. 3/4 des Pots bette, auch wenn ich nichts getroffen habe. Erstes Ziel der Aktion ist es natürlich, dass mein Gegner foldet, weil er genauso nichts getroffen hat und ich den Pot direkt mitnehme, ohne die Hand weiter spielen zu müssen.

Je höher man in den Limits steigt, desto beliebter und bekannter ist die Contibet aber. Immer mehr Spieler nutzen online auch Statistiksoftware, sodass sie wissen, wie häufig ihre Gegner auf dem Flop einen Semi-Bluff machen, wenn Sie z.B. nur den Flush Draw oder ein kleines Paar haben und attackieren das dementsprechend.

Wenn mein Gegner weiß, dass ich meinen Flush Draw bette, dann wird er mich zu häufig mit seinem mittleren Paar reraisen oder runtercallen und dann z.B. auf dem River groß betten oder raisen, wenn der Flush nicht angekommen ist. Einige Profis benutzen auch folgendes Muster: Wenn ein tighter Spieler, der gerne Contibets macht, vor dem Flop erhöht, callt der Profi vor dem Flop in

Position oder in den Blinds auch mit einer mittelprächtigen Hand. Dann minraist er die Contibet des TAGs auf dem Flop und macht ein Gebot von 3/4 Potgröße auf dem Turn (in Position nach einem Check oder OOP als Erstes). Die eigene Hand ist dabei völlig sekundär. Dieser Move ist gegen einen klassischen TAG häufig genug profitabel, da auch der TAG mit seiner Range den Flop nur zu 30 % trifft, und einige TAGs hier sogar gewillt sind, die bessere Hand aufzugeben (z.B. ein hohes Paar, wenn eine Overcard auf dem Board liegt).

Sorgt die Contibet also in kleineren Limits noch dafür, dass ich nicht so gut für meine Gegner lesbar bin, ist sie in höheren Limits für die Haie am Tisch eine willkommene Schwäche, den sie nur zu gerne ausnutzen. Das bedeutet natürlich nicht, dass man die Contibet nicht profitabel in höheren Limits einsetzen kann. Es wird nur immer wichtiger, sie geschickt einzusetzen.

Dafür ist natürlich wiederum von Bedeutung, dass ich ansatzweise eine Ahnung davon habe, wo mein Gegner auf dem Flop steht und mit welchen Händen er meine Contibet callen oder raisen würde. Fortgeschrittene Spieler attackieren ihre Gegner häufig gar nicht nur, weil sie auf die Stärke der eigenen Karten setzen, sondern weil sie Schwäche beim Gegner wittern. Wenn ich also weiß, dass mein Gegner weiß, dass ich auf einem relativ ungefährlichen Flop eigentlich immer eine Contibet mache, dann sollte ich gegen diesen Gegner von Zeit zu Zeit eine *fortgeschrittene Continuation Bet* machen.

Schauen wir uns dazu einmal ein Beispiel an:

Hand: 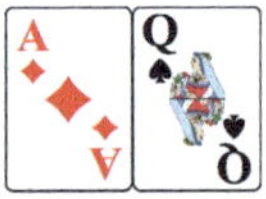

Position: Cutoff
Situation: NL Cashgame, Button ist loose-aggressiv.
Preflop-Action: Alle folden, SPIELER raist auf 3 BB, Button (LAG) callt.

Der Button hat Sie schon in einigen Händen zuvor durch seine aggressiven Moves erfolgreich aus den Pots verdrängt, wenn Sie den Flop verpasst haben.

Flop: 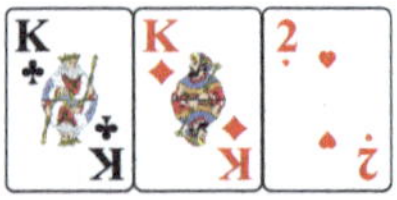

Normalerweise würden Sie hier OOP direkt betten und erwarten, den Pot mitzunehmen, weil die meisten Gegner diesen Flop verpasst haben. Aber das ist in höheren Limits nichts Neues! Und gegen diesen LAG müssen Sie erwarten, dass er raist, selbst wenn er den K gar nicht hat.

Wenn Sie auf diesem Flop nun plötzlich checken, würde ein Anfänger das überhaupt nicht registrieren und ebenfalls checken, wenn er nichts getroffen hat. Der LAG aber, der weiß, dass Sie normalerweise auf diesem Board betten würden, wird also nur hellhörig, wenn Sie gegen ihn plötzlich „nur" checken. Er wird mit großer Sicherheit selber betten, um zu schauen, wo er steht oder den Pot zu klauen. Sie checken also, er bettet halben Pot.

Jetzt haben Sie zwei Möglichkeiten gegen ihn:

a) Sie machen einen Check-Raise am Flop

Gegen einen nicht allzu starken Gegner kann das schon einschüchternd sein und dazu führen, dass er foldet. „Naja, war einen Versuch wert", liest man dann schon mal im Chat und weiter geht's zur nächsten Hand. In höheren Limits wird ein Check-Raise auf einem gepaarten Flop allerdings nicht mehr sonderlich stark respektiert, weil das schon zu häufig gemacht wurde. Dieser Move ist ein alter Hut und gegen unseren LAG in diesem Beispiel müssten Sie wahrscheinlich sogar mit einem großen Reraise rechnen. Das ist also keine sonderlich gute Idee.

b) Sie callen am Flop und betten bzw. check-raisen am Turn

Diese Form der Contibet ist noch nicht so sehr abgenutzt und wird auch bei vielen fortgeschrittenen Spielern noch für Respekt sorgen. Wenn ich als aggressiver Spieler auf einem gefährlichen Flop *check-call* spiele und dann auf dem Turn Stärke zeige, gibt eigentlich fast jeder Profi seine Hand auf, wenn er nicht gerade einen sehr starken Read auf seinen Gegner hat oder zu einer noch stärkeren Hand drawen könnte. Dieser Spielzug kann sehr profitabel funktionieren, ist aber auch wesentlich riskanter.

Ich nehme mit dieser verzögerten Contibet entweder einen großen Pot mit oder bin in echten Schwierigkeiten, wenn mein Gegner auch am Turn callt. Denn in diesem Fall sollte ich auch den River betten, um den König auch wirklich ernsthaft repräsentieren zu können. Raist mein Gegner mich auf dem Turn oder auf dem River, muss ich natürlich die Hand aufgeben.

Aber zu häufig hat mein Gegner dieses Board verpasst und muss sich hier selber fragen, ob ich nicht eventuell auch wirklich den König habe. Wenn man diesen Spielzug nicht allzu häufig macht, sondern ihn gezielt einsetzt, kann er äußerst effektiv und profitabel sein. Wichtig bei dieser Spiellinie ist natürlich, dass man seinen Gegner als recht fortgeschritten einschätzt. Gegen einen Anfänger ist diese Art der Contibet absolut sinnlos und nicht profitabel.

Die Contibet ist ja eine Waffe, die ich einsetze, wenn ich vor dem Flop erhöht habe. Was aber, wenn ich vor dem Flop nicht der Aggressor war, sondern nur gecallt habe (z.B. mit AQ, 9Ts o.Ä.)?

Auch in dieser Situation muss man die Hand nicht immer direkt aufgeben, wenn man am Flop vorbeigerauscht ist. Man kann ab und zu einen Spielzug benutzen, der bei vielen fortgeschrittenen Spielern sehr gut funktioniert: den Float.

Lektion 41 – Der Float

Der Float ist ein ähnlicher Spielzug wie die verzögerte Contibet, nur ist es eher ein Move *gegen* eine Contibet. Man nutzt die Tatsache aus, dass die normale Contibet in bestimmten Limits weit verbreitet ist und dass sie von vielen Spielern auf den Turn nicht fortgeführt wird.

Die meisten Spieler, die den Flop mit ihrer Hand verpasst haben, werden zwar noch eine Contibet machen. Aber nur wenige Spieler feuern ein zweites Mal auf dem Turn ohne nennenswerte Verbesserung ihres Blattes. Und genau das nutzt der Float aus.

Wenn man den Float einsetzen möchte, callt man den Preflop-Raise des Gegners, callt auch die Contibet und bettet dann stark auf dem Turn, falls der Gegner dort checkt. Das ist im Grunde schon der Float. Aber dieser Spielzug ist natürlich nicht ganz so einfach zu spielen, wie es im ersten Moment klingt, denn es sind bestimmte Voraussetzungen dafür notwendig.

1.) Ich muss gegen einen recht klassischen TAG spielen und Heads-Up nach dem Flop sein.

2.) Der TAG muss häufig Contibets gemacht, aber auf dem Turn aufgegeben haben, wenn er gecallt wurde.

3.) Ich muss Position auf meinen Gegner haben.

4.) Ich darf diesen Move nicht schon das dritte Mal in Folge gemacht haben, sonst fliegt er irgendwann auf.

Wenn Sie diesen Move einsetzen möchten, sollten Sie nach Spielern Ausschau halten, die zwar auf dem Flop anspielen, diese Stärke aber nur selten weiterführen. Gegen diese Gegner ist der Float ein sehr profitabler Move.

Ich verdeutliche das einmal erneut an einem Beispiel:

Hand: 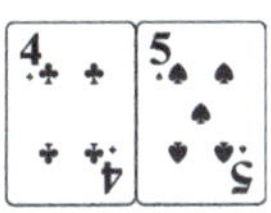
Position: Button

Situation: NL Cashgame 2 $/4 $, tight-aggressiver Tisch, SH.
Preflop-Action: MP2 bettet 12 $, MP3 und Cutoff folden, SPIELER (Button) callt, SB und BB folden.

Pot: 30 $

Flop: 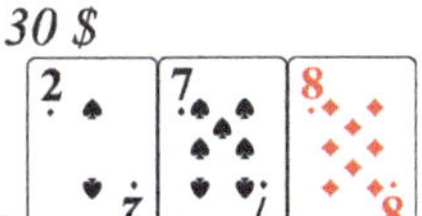

MP3 bietet 18 $.

Normalerweise ist dieser Flop nicht wirklich großartig für mich: Ich habe einen Gutshot und einen Backdoor Flush Draw, allerdings keinen sonderlich hohen. Also habe ich alles in allem eher ein schwaches Blatt und ein tighter Gegner zeigt Stärke.

Wenn ich aufgrund der vergangenen Spielweise von MP3 davon ausgehe, dass er ein TAG mit Schwächen auf dem Turn ist, dann wäre dies allerdings eine gute Chance für einen Float. Er hat mit großer Wahrscheinlichkeit entweder AK, AQ, KQ oder ein hohes Pocketpaar.

Seine Contibet ist eigentlich schlecht. Entweder hat er ein hohes Pocketpaar, dann müsste er bei diesem drawlastigen Board gegen jeder Menge Flush Draws und Straight Draws verteidigen und stärker betten. Wenn es einfach nur eine Contibet mit zwei Bildkarten ist KQ, AK oder AQ ist, dann ist der Zeitpunkt schlecht, weil ihn zu viele Draws bei diesem Flop callen werden.

Also calle ich an dieser Stelle in der Hoffnung, dass der Turn weder Ass, König noch Dame bringt und am besten noch eine *Scarecard* (jedes Pik, 2, 6, 7, 8, 9, T) für seine Handrange kommt.

Turn: 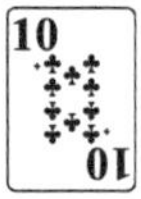

UTG checkt.

Da ist sie auch schon, die *Scarecard.* Mein Gegner hat hier nur sehr unwahrscheinlich den Flush getroffen und würde maximal mit dem Pik Ass, dem Pik König, einem Set oder der fertigen Straße eine Turn-Bet von mir callen. Eine perfekte Situation für einen Bluff also, für unseren *Float*, den wir vorbereitet haben.

Ich bette 3/4 des Pots, UTG foldet. Im Chatfenster schreibt er noch: „nh. Ich hasse AK. Flush oder Straight?“

Natürlich wird mein Gegner hier auch mal callen, einen Drilling oder AA haben, zum Flush mit AK ziehen oder mich zurückbluffen mit einem All-In.

Aber das wird so selten passieren, dass sich der Float gegen diese Art von Gegner langfristig mehr als lohnt. Besonders in der frühen Phase eines Turniers, in der sich ein tighter Spieler schnell von einer Hand lösen kann, wenn er nichts getroffen hat, ist dieser Move äußerst profitabel.

Aber auch hierbei gilt Vorsicht! Er ist riskant und wird von Zeit zu Zeit auch mal teuer bezahlt.

Übungen Teil 6 – Kontrollieren Sie den Tisch

Die vorangegangenen Lektionen sollten Ihnen vermittelt haben, weshalb ein guter Spieler meistens ein besseres Gesamtergebnis erzielen kann als ein schlechter Spieler: Er maximiert seine Gewinne und minimiert seine Verluste wesentlich besser als ein Anfänger. Genau das gilt es jetzt zu üben.

Übung 10)

Die folgende Session sollten Sie nur mit dem Ziel spielen, die Potgröße zu kontrollieren. Möchten Sie den Pot groß machen, weil Sie eine sehr starke Hand haben? Oder möchten Sie den Pot lieber klein halten, weil Ihre Hand durchaus verwundbar ist?

Konzentrieren Sie sich vor allem auf Hände wie TT, JJ, QQ, AK, AQ usw. Mit diesen Karten haben Sie häufiger nach dem Flop Situationen, in denen Sie entscheiden müssen, ob Sie sich committen möchten, oder nicht.

Auch diese Übung sollten Sie nicht unbedingt an mehreren Tischen gleichzeitig machen, wenn Sie sich nicht absolut sicher damit fühlen. Gehen Sie für diese Übung folgendermaßen vor:

1.) Spielen Sie einen Shorthanded-Tisch.

2.) Fragen Sie sich in jeder Hand, die sie spielen möchten, ob Sie zum jeweiligen Zeitpunkt Pot-Committed sind oder nicht.

3.) Versuchen Sie, mit starken Händen aktiv große Pots aufzubauen.

4.) Halten Sie Ausschau nach kritischen Situationen.

5.) Sobald eine solche Situation gekommen ist (z.B. wenn Sie bis zum Turn Pot-Committed waren, aber dann plötzlich der Flush ankam o.Ä.), unterbrechen Sie das Spiel und nehmen Sie sich die Handhistory vor, um die Hand nachzuarbeiten! Stellen Sie sich dabei die Frage, in welcher Situation Sie eine schwierige Entscheidung hatten und ob diese Entscheidung durch andere Gebote zuvor hätte vermieden werden können (z.B. durch größere oder kleinere Gebote).

Diese Übung ist eine der wichtigsten überhaupt, wenn Sie sich zu einem gewinnenden Spieler in höheren Limits entwickeln möchten. Wenn die Beherrschung von Pot Odds im niedrigen Skill-Level eine der wichtigsten Edges darstellt, so ist es sicherlich die Pot-Kontrolle im fortgeschritteneren Skill-Level.

Übung 11)

In dieser Übungseinheit soll es um das fortgeschrittene Postflop-Spiel gehen. Hauptaugenmerk ist dabei die fortgeschrittene Contibet und der Float. Für diese Übung benötigen Sie natürlich etwas fortgeschrittenere Gegner. Das setzt voraus, dass Sie nicht 0.01 $/0.02 $ No Limit spielen, sondern schon etwas höher. Für diese Übung machen Sie also das Gegenteil von dem, was Sie normalerweise tun würden: Sie suchen nicht nach Fischen, sondern nach Sharks! Es geht bei dieser Übung natürlich nicht darum, ob und wie viel Sie in der Session gewinnen können, sondern um den Lerneffekt.

Sowohl der Float als auch die fortgeschrittene Contibet funktionieren natürlich nur, wenn Ihr Gegner Sie bereits am Tisch beobachtet und Sie die klassische Contibet bereits mehrfach angewendet haben. Er muss Sie also auf einen klassischen ABC-Pokerspieler einschätzen. Demnach braucht diese Übung leider ein wenig Vorgeschichte, was Zeit in Anspruch nimmt.

Gehen Sie für diese Übung also folgendermaßen vor:

1.) Suchen Sie sich einen No Limit Shorthanded-Tisch mit möglichst starken Gegnern (erkennbar daran, dass sie mit vollen Stacks am Tisch sitzen und viel raisen, wenig callen).

2.) Spielen Sie standardmäßiges ABC-Poker mit der Anpassung an SH, wie in diesem Buch beschrieben.

3.) Bluffen Sie nicht unnötig und machen Sie keine übertriebenen Moves. Ihr Gegner sollte Sie nicht als Maniac einschätzen, sondern als soliden Spieler.

4.) Machen Sie regelmäßig die klassische Contibet auf einem Flop, auch wenn Sie ihn nicht getroffen haben. Sie brauchen hier nicht mal dringend Outs. Es geht ja nicht darum, dass Sie die Hand gewinnen, sondern ein Image aufbauen.

5.) Achten Sie auf die guten Gegner, die ebenfalls regelmäßig Contibets zu machen scheinen. Sobald Sie einen solchen Gegner an Ihrem Tisch haben (z.B. weil er im Showdown die Karten zeigen musste und Sie erkennen, dass er am Flop mit seiner AQ nicht getroffen hatte, aber trotzdem wieder geboten hat), dann machen Sie sich bei diesem Spieler eine Notiz; z.B. „macht gerne Contibets“. Jetzt beginnt die eigentliche Übung.

6.) Suchen Sie nach Situationen gegen diesen Spieler, in denen Sie die verzögerte Contibet machen können. Eine Möglichkeit wäre, wenn er im Big Blind sitzt, oder z.B. vor dem Flop nur gelimpt hat. Erhöhen Sie – egal, welche Karten Sie haben – und spielen Sie dann diese verzögerte Contibet gegen ihn. Es wird einige Versuche brauchen, bis die Voraussetzungen dafür optimal sind, aber nach einigen Händen wird es funktionieren.

7.) Beobachten Sie das Spielgeschehen und wie dieser Spieler daraufhin sein Spiel gegen Sie anpasst. Sie werden diesen Spielzug auf Dauer häufiger bringen müssen, deshalb sollten Sie ihn hier üben.

8.) Suchen Sie nach Situationen gegen diesen Spieler, in denen Sie den Float machen können. Eine Möglichkeit wäre, wenn er z.B. vom Cutoff erhöht hat und Sie im Button sitzen. Auch hier sind Ihre eigenen Karten völlig unwichtig. Es geht um die Erfahrung mit diesem Spielzug, nicht um den Einzelgewinn einer Hand! Callen Sie seinen Raise vor dem Flop und auch seine Contibet nach dem Flop. Wie verhält er sich OOP gegen Sie auf dem Turn? Wenn er checkt oder bietet, bringt Ihr Gebot oder Ihr Raise ihn zum Folden?

9.) Beobachten Sie, wie der Gegner auf diesen Move reagiert und wie sich sein Spiel dadurch verändert. Macht er deshalb in vergleichbarer Situation z.B. keine Contibet mehr gegen Sie?

Diese Übung ist sehr wichtig für Ihr Spiel. Es geht dabei auch wieder um die hautnahe Erfahrung von bestimmten Spielzügen. Es bringt Ihnen nichts, wenn Sie in der Theorie schon einmal etwas vom Float gelesen haben, ihn aber noch nie wirklich aktiv eingesetzt haben und die Konsequenzen daraus erleben konnten. Das langfristige Ziel, das hinter diesen Übungen steht, ist recht klar: Sie sollen lernen, den Tisch zu kontrollieren! Sie können durch diese Moves den Gegner dazu bringen, den Flop anders gegen Sie zu spielen als gegen die anderen Spieler am Tisch! Sie können mehr Geld mit Ihren guten Händen verdienen und weniger verlieren, wenn Sie doch mal wieder nur die zweitbeste Hand hatten. Das alles macht Tisch-Kontrolle aus. Und Sie werden im normalen Spielgeschehen kaum Möglichkeit haben, alles gleichzeitig einzusetzen und zu erlernen. Deshalb rate ich Ihnen dringend, diese isolierten Übungssessions zu machen und sich auf eine bestimmte Technik zu konzentrieren. Sie werden dadurch besser und schneller lernen. Wenn Sie durch diese Übungen Geld verlieren, sehen Sie es als Lehrgeld. Es wird schneller zu Ihnen zurückkehren, je besser Sie die jeweiligen Techniken beherrschen.

Kapitel 13

Gegner lesen

„Poker is a game of people... It's not the hand I hold, it's the people that I play with."

-- Amarillo Slim Preston

Lektion 42 – Das *Hand-Reading*

Viele Pokerspieler meinen, dass Profis in der Lage sind, in den Kopf ihrer Gegner zu schauen und dort deren Karten lesen zu können. Das ist natürlich totaler Unsinn. Die hohe Kunst des Händelesens, so wie es Spieler wie Daniel Negreanu oder Howard Lederer beherrschen, hat recht wenig mit Magie oder Hypnose zu tun. Es ist einzig und allein eine logische Verknüpfung der Informationen, die man bekommt. Schließlich agiert der Gegner ja, und zwar in jeder Hand: Er bietet, erhöht, bewegt seine Chips in die Mitte, wirft die Karten weg, kratz sich am Kopf, blinzelt, reagiert auf die Aktionen seiner Gegner oder auf bestimmte Karten und schauspielert vielleicht sogar ab und zu.

Der beste Händeleser aller Zeiten war sicherlich Stu Ungar. Und das hing nicht damit zusammen, dass er übernatürliche Kräfte besaß, er hatte einfach ein fantastisches Gedächtnis. Er konnte sich absolut gut merken, wie jeder seiner Gegner sich in welchen Situationen verhalten hat und ihm ist wenig entgangen. Er hat sich z.B. in einigen Spielen noch nach Jahren an eine bestimmte Handbewegung erinnert, die sein Gegner damals einmal bei einem Bluff gemacht hat. Und das hat ihm in der aktuellen Hand dazu verholfen, den Gegner zu durchschauen.

Phil Hellmuth hat einmal gesagt, dass er jedes Turnier gewinnen würde, wenn er die Karten all seiner Gegner sehen könnte. Deshalb sei es sein Ziel in jeder Hand, so gut wie möglich die Karten seines Gegners zu erahnen. Er kann natürlich nicht Hellsehen oder Gedanken lesen. Dazu benötigt er Hinweise, Spuren und Anhaltspunkte. Das sind die so genannten *Tells*.

Tells sind Hinweise über die Stärken bzw. Schwächen der Karten Ihres Gegners. Man kennt diesen Begriff aus diversen Pokerszenen in Kinofilmen („James Bond-Casino Royale“, „Rounders“), in denen er als *die* entscheidende Waffe am Pokertisch eingesetzt wurde. Was in den Filmen so glorifiziert dargestellt wird, gibt es aber auch wirklich im realen Pokerleben und das sogar online.

Ein Profi wird immer versuchen, die Tells seines Gegners dazu zu benutzen, um möglichst genau dessen Karten zu bestimmen. Denn dann kann er optimal gegen diesen Gegner spielen.

In den Grundlagen habe ich ja bereits das Thema Handranges angesprochen: Man setzt den Gegner vor dem Flop aufgrund der bisherigen Beobachtungen auf eine recht weite Range an möglichen Händen, mit denen er ins Spiel einsteigt und grenzt diese immer weiter ein. Das geschieht immer in Abhängigkeit der Informationen, die man bekommt. Poker ist ein Spiel, das auf der Auswertung unvollständiger Informationen beruht.

Hat er vor dem Flop erhöht? Wie häufig erhöht er vor dem Flop und wenn ja, mit welchen Händen? Passt der Flop in die Range meines Gegners, hat er den Flop eher getroffen oder verpasst?

Die Beantwortung all dieser Fragen führt zu der Einschätzung der Hand meines Gegners. Habe ich diese Hand ansatzweise eingrenzen können, kann ich mein Spiel darauf anpassen.

Beispiel: Wenn ich beobachtet habe, dass mein Gegner klassisches ABC-Poker spielt und mit starken Händen der Kategorien 1 und 2 grundsätzlich erhöht, mit Händen der Kategorien 3 und 4 aber nur callt, dann habe ich bereits Ansatzpunkte für seine Range. Wenn er in der Hand mit mir vor dem Flop jetzt bloß callt und eine weitere Erhöhung ebenfalls callt, kann ich die ersten beiden Kategorien als eher unwahrscheinlich ansehen.

Kommt jetzt ein Flop wie A54 und er zeigt außergewöhnlich viel Stärke, dann kann ich seine möglichen Karten ziemlich genau auf 55, 44 oder maximal noch einen Straight Draw (wenn er sehr aggressiv ist) reduzieren. Ab und zu spielt er vielleicht noch so mit einem mittleren Pocketpaar wie 88 oder 99, um zu testen, ob ich das Ass habe oder nicht. Das Ass wird er selber mit seiner Range aber kaum getroffen haben, es sei denn, er hat Slowplay mit AA gemacht. Denn mit einem starken Ass hätte er vor dem Flop erhöht und nicht *Limp-Call* gespielt.

Die Kunst des Lesens der gegnerischen Hände lernt man nicht von heute auf morgen. Diese Kunst muss man üben und immer mehr in sein Spiel integrieren. Man kann das Lesen der gegnerischen Hände am besten üben, wenn man nicht in eine Hand involviert ist, denn dann muss man sich nicht sonderlich auf das eigene Spiel konzentrieren. Um so richtig gut darin zu werden, müssen Sie natürlich wissen, nach welchen Informationen Sie Ausschau halten sollten und wie Sie den Überblick behalten, vor allem in der Anfangsphase. Ich werde in den folgenden Seiten und Kapiteln einmal versuchen, Ihnen die wichtigsten Schritte und Anhaltspunkte zu erklären.

Die gut lesbaren Gegner

Zu allererst sollten Sie sich nicht auf alle Spieler gleichzeitig konzentrieren, sondern auf ein paar wenige. Wenn Sie an einen frischen Tisch kommen (egal, ob online oder im Casino) und noch niemanden kennen, suchen Sie sich nach Möglichkeit zunächst die Fische, also die schwachen Spieler am Tisch. Denn von denen werden Sie auf Dauer am besten profitieren können. Aber woran erkennen Sie die Fische auf den ersten Blick?

Die Fische sind in der Regel nicht mit dem maximalen Buy-In am Tisch, spielen zu viele Hände und callen häufiger als zu raisen. Mit anderen Worten: Sie spielen ein loose-passives Spiel mit negativem Ergebnis. Dann sollten Sie versuchen, die starken und soliden Gegner auszumachen. Denen möchten Sie natürlich, so weit es geht, aus dem Weg gehen bzw. größere Konfrontationen mit ihnen vermeiden. Sobald Sie sich Ihre potenziellen Opfer herausgesucht haben, beobachten Sie diese intensiv und ihr Setzverhalten.

- Mit welchen Händen erhöhen sie vor dem Flop, mit welchen Händen callen bzw. limpen sie sogar nur?
- Wie spielen sie ihre starken Hände?
- Wie spielen sie ihre Draws?
- Welche Schwächen können Sie in welchen Bietrunden (Flop, Turn, River) erkennen?
- Spielen sie oft eine Contibet oder nicht?

Sitzen Sie Ihren Gegnern (z.B. im Casino) sogar live gegenüber, dann können Sie zusätzlich von körperlichen Reaktionen Rückschlüsse auf ihr Spiel ziehen. All diese Informationen sind Hinweise, die Sie für spätere Situationen gebrauchen werden, wenn Sie selber in einer Hand mit diesen Gegnern verwickelt sind.

Ich werde in den folgenden Kapiteln einmal auf die wichtigsten Merkmale eingehen, die aktuell über das menschliche Verhalten am Pokertisch (online wie offline) bekannt sind. Sie sollten sich angewöhnen, während der Hände, in die Sie *nicht* involviert sind, so viele Informationen wie möglich zu sammeln. Wenn Sie dann eine Hand spielen, kann dieser Informationsvorsprung den entscheidenden Unterschied ausmachen und ihnen sehr viel Geld einbringen bzw. ersparen.

Die offensichtlichsten Tells, die man auch online beobachten kann, sind die Setzgewohnheiten der Spieler: Die Art und Weise, wie jemand bietet, wie viel, wie häufig, bei welchen Flops usw.

Das Setzverhalten

Das Setzverhalten eines jeden Spielers muss man sich einfach merken. Wenn ich in einem Casino sitze und ich beobachte, dass ein Spieler immer auf dem Flop foldet, wenn er nichts getroffen hat, dann kann ich gegen ihn quasi jede Hand spielen und auf jedem Flop betten. Er trifft zu ca. 40 % seine Karten (als Paar oder Draw) und mir gehören damit schon mal 60 % der Pots. Und selbst wenn er callt, kann ich immer noch die Hand gewinnen. Dieses Beispiel ist natürlich extrem vereinfacht, soll aber die Wichtigkeit der Analyse des Setzverhaltens verdeutlichen. Daher kann ich nur jedem Spieler empfehlen, diese am Pokertisch gut zu beobachten und sich entweder zu merken oder sie online in die Spielernotizen zu schreiben. Einige Profis kann man auch live in großen Turnieren in den Casinos dabei beobachten, wie sie sich Notizen auf Schreibblöcke oder Diktiergeräte machen.

1) Gebote vor dem Flop

Spätestens seitdem es Pokerliteratur gibt, wissen die meisten Spieler, wie stark ihre Starthand ist bzw. sein könnte. Daraus leiten demnach auch die meisten Spieler ihre Art und Weise ab, wie und ob sie vor dem Flop betten. Diese Information steht natürlich aber auch den Gegnern zur Verfügung. Wenn ein Pot zum Showdown kommt und ein Gegner hatte vor dem Flop gelimpt und dreht jetzt 77 um, dann weiß ich: Dieser Spieler limpt mit kleinen Pocketpaaren. Diese Information ist sehr wichtig. Man kann die Starthände für diese Einschätzung in folgende 6 Kategorien einteilen:

Die Kategorien sind:

- Hohe Paare (AA, KK, QQ, JJ)
- Mittlere Paare (TT, 99, 88)
- Niedrige Paare (22-77)
- Hohe Bilder (AK, AQ, AJ, KQ, KJ)
- (Suited) Connectors (76s, 75s, 32s, 98o usw.)
- Beliebige Karten (K2, 94, J6 usw.)

Da nicht nur das Verhalten und die Höhe der Gebote, sondern auch die Position wichtig für eine Einschätzung des Gegners hierbei ist, sollten Sie sich angewöhnen, ihren Gegner nach folgendem Schema einzuschätzen:

Position (Late, Middle, Early, Blinds)? Raise (J/N)? Limp (J/N)? Reraise (J/N)? = Handrange.

Wenn Sie also z.B. wissen, dass Ihr Gegner grundsätzliche Asse minraist oder limpt oder dass er Suited Connectors gerne spielt, aber diese immer nur limpt und gegen einen Raise foldet, kann das für den weiteren Verlauf der Hand extrem wichtig sein.

Häufiges Setzverhalten vor dem Flop:

- *Raise-Call* (häufig mittlere Pocketpaare oder hohe Bilder außer AK)
- *Limp-Reraise* (fast immer Pocketpaare, häufig sehr hohe wie KK, AA)
- *Raise-Reraise* (hohe Pocketpaare oder AK)
- *Limp-Call* (kleine/mittlere Pocketpaare, Suited Connectors, verwundbare Hände wie KTs o.ä. bei schwachen Spielern)
- *Limp-Fold* (sehr kleine Pocketpaare, Suited Connectors oder auch verwundbare Hände wie QT, KT, o.ä.)
- *Fold* (alles andere)

2) Gebote auf dem Flop

Ob ein Spieler eine Contibet macht oder nicht bzw. wie er seine Draws spielt, ist ein wichtiges Setzverhalten, das es zu beobachten gilt: *Check-callt* er seinen Draw, bettet er ihn direkt oder *check-raist* er ihn sogar? Wie hoch bettet mein Gegner – je nachdem, wie er den Flop getroffen hat?

Häufiges Setzverhalten auf dem Flop:

- Testgebot (nichts getroffen oder kl. Pocketpaar bei Overcards): *1/3 Pot*
- Contibet (mit Draw): *1/2 Pot-2/3 Pot*
- Top Paar getroffen: *3/4 Pot*
- Overpair / Protection: *1/1 Pot*

3) Gebote auf dem Turn & River

Viele Spieler – besonders Anfänger – glauben am Flop noch an ihre Hand, geben diese am Turn aber auf, wenn dort keine Hilfe kam. Daher ist es extrem wichtig sich zu merken, wie häufig jemand auf dem Turn bettet, foldet, callt, *check-raist* usw. Aus diesem Grund machen sich sehr viele fortgeschrittene (vor allem superaggressive) Spieler erst auf dem Turn wirkliche Gedanken über ihre eigene Hand und spielen bis dahin fast ausschließlich das Board bzw. ihren Gegner.

Ein häufiges Setzverhalten auf dem Turn oder auf dem River zu klassifizieren, würde die Sache an dieser Stelle zu sehr komplizieren, glaube ich jedenfalls. Sie sollten am Turn bereits eine grobe Ahnung von der Handrange Ihres Gegners haben, um erfolgreich gegen ihn zu spielen. Aber hier ist es eine Frage von Erfahrung und Intuition, das Setzverhalten des Gegners als Tell zu sehen.

Widmen wir uns der nächsten Kategorie der Tells: den physischen Tells…

Lektion 43 – Physische Tells

Ob ein Spieler nervös ist, sich über eine Karte freut oder bei ihrem Anblick zusammenzuckt, sieht man natürlich nicht, wenn man online spielt. Anders ist das aber, wenn man live mit seinen Gegnern an einem Pokertisch sitzt. Dann werden diese so genannten *Tells* zu einem entscheidenden Kriterium für einen guten Spieler, denn die meisten Spieler verraten sich in irgendeiner Art und Weise, wenn sie in einem Casino am Tisch sitzen und spielen.

Der Mensch lernt allerdings auch von Geburt an, wie er sich verstellt, lügt und falsche Signale sendet.

Diese Versuche sind aber häufig sehr einfach zu entlarven. Denn bei den meisten Spielern bedeutet ***Stärke = Schwäche*** und ***Schwäche = Stärke***. Mit anderen Worten: Wenn ein Spieler beim Anblick von drei Kreuz auf dem Flop auffällig laut seufzt und dann mit den Worten „Naja, was soll's… Ich biete mal" ein Gebot macht, hat er sehr wahrscheinlich den Flush getroffen. Wenn er aber umgekehrt mit sehr viel Energie seine Chips auf den Tisch knallt und seinem Gegner tief in die Augen starrt, dann ist das ein deutlicher Versuch, seinen Gegner einzuschüchtern. Das würde er natürlich nicht mit einem fertigen Full House machen, schließlich möchte er seine Kundschaft nicht verjagen. Es gilt also, die Tells des Gegners zu deuten und die richtigen von den gespielten unterscheiden.

Es gibt mittlerweile diverse, sehr exzellente Bücher und Artikel zu diesem Thema und man könnte bestimmt noch diverse weitere mit dieser komplexen Materie füllen. Schließlich geht es um das Lesen von Körpersprache. Das ist ein unendlich weites Feld. Daher möchte ich mich hier einmal auf die Tells beschränken, die ich bisher selber erfolgreich am Pokertisch bei einem Gegner entdecken und daraus einen Vorteil schlagen konnte. Natürlich sind Tells nie eine todsichere Angelegenheit, sondern immer nur als Indiz zu deuten.

Einige von ihnen haben auch doppelte Bedeutung. Das heißt, dass sie bei einigen Spielern auf Schwäche schließen lassen, bei anderen wiederum auf Stärke. Das sollte man dann im Einzelfall genau beobachten.

Grundsätzlich möchte ich beim Aufschnappen eines Tells Folgendes erfahren:

Fühlt sich mein Gegner aktuell wohl in seiner Haut? Wenn nicht, ist er immer nervös, wenn er in eine Hand verwickelt ist oder nur speziell in dieser? Bedeutet die Nervosität bei ihm jetzt Stärke oder eher Schwäche?

Um diese Fragen beantworten zu können, schaue ich mir meine Gegner durchgängig an und achte auf sämtliche Regionen des Körpers, nicht nur (wie viele fälschlicherweise meinen) auf die Augen.

Das geht natürlich besonders gut, wenn ich selber nicht in der Hand involviert bin, denn dann muss ich mich nicht gleichzeitig auf mein eigenes Spiel konzentrieren. Deshalb sollte man die eigenen Spielpausen immer intensiv nutzen, um die Informationen aufzusammeln, die die Gegner ununterbrochen preisgeben. Und wenn ich dann in der Hand gegen diesen Gegner spiele, schaue ich vor allem auf die Reaktionen meines Gegners, wenn die Karten ausgelegt werden. Der Flop ist in 30 Sekunden auch immer noch da, die erste Reaktion meines Gegners ist aber nur für einen kurzen Moment zu sehen. Und diesen sollte man nach Möglichkeit nicht verpassen.

Aber bevor man sich seine Gegner während des Spiels anschaut, benötigt man ein allgemeines Profil der Person, um eine Basis zu haben, von der man startet. Sonst fällt einem zwar während der Hand auf, dass der Gegner relativ schnell blinzelt, setzt es aber nicht in Relation zu seiner allgemeinen Blinzelrate. Vielleicht blinzelt er allgemein viel und schnell oder macht das während jeder Hand, weil ihn die Situation am Pokertisch allgemein verunsichert.

Allgemeines Profil meiner Gegner

Um meinen Gegner einschätzen zu können, schaue ich ihn mir besonders in den Spielpausen, vor dem Spiel oder während der Hände an, in die er nicht involviert ist. Auch versuche ich, ihn in eine lockere Konversation zu verwickeln, bevor die Action los geht. Schließlich möchte ich so viel wie möglich über ihn erfahren, wenn ich mein Spielerprofil von ihm entwerfe: Wie klingt seine Stimme, wenn er normal außerhalb des Spielgeschehens redet? Wie verhält er sich, wenn er entspannt ist? Wie ist seine allgemeine Körperhaltung, Sitzposition, Blinzelrate, Handhaltung usw.? Welcher Typ Mensch ist er? Wirkt er eher konservativ auf mich oder ist er der modisch-coole Typ, der allen zeigen möchte, was für ein toller Hecht er ist? All diese Informationen versuche ich in meinem Kopf zu speichern, um später Tells, die ich meine, an ihm entdeckt zu haben, damit vergleichen zu können. Passt die Spielweise zu diesem Typ? Zittert er plötzlich, obwohl er die ganze Zeit eine ruhige Hand hatte? Mit diesem Profil als Basis fange ich dann an, aktiv nach Tells zu suchen. Sie werden erstaunt sein, wie viele man entdeckt, wenn man nur darauf achtet und wie viel sie verraten können.

Abweichungen vom Profil während einer Hand

Sobald ich dieses allgemeine Profil von meinem Gegner im Hinterkopf habe, versuche ich also während einer Hand, in die dieser Gegner involviert ist, Abweichungen von diesem allgemeinen Zustand aufzuschnappen. Dafür muss ich nicht selber in der Hand sein, schließlich möchte ich optimalerweise einen Tell von einem Gegner bereits gesehen und bestätigt haben, wenn er ihn wieder in einer Hand gegen mich bringt, damit ich diesen Tell gegen diesen Spieler verwenden kann. Ich mache also ständige Updates meiner Spielerprofile und suche nach Abweichungen vom allgemeinen Verhalten. Ich achte dabei auf folgende Dinge:

1.) Mund

- Hand vor den Mund = Lüge
- Unterlippen beißen/zusammendrücken = Unwohlsein
- Mundwinkel zum künstlichen Grinsen (kurz) = Bluff
- Mund spitzt sich zusammen = Grübeln/Unzufriedenheit

2.) Augen

- Blinzelrate: Verstärkung = Unsicherheit
- Wohin schaut mein Gegner? Stark = Schwach (Staredown); Schwach = Stark (wegschauen)
- Ausnahme: Staredown ist manchmal Stärke, wenn er selten von diesem Spieler gemacht wird
- Ausnahme: Wegschauen ist manchmal Schwäche, z.B. dann, wenn mein Gegner zu anderen Menschen am Nebentisch schaut, um Lockerheit vorzutäuschen

- Flop lange anstarren = Schwäche/Interesse simulieren
- Eigene Karten lange anstarren = Schwäche bzw. eine Drawing Hand (würde man natürlicherweise nicht z.B. bei AA machen)
- Direkte Reaktion auf die Karten (Pockets oder Community Cards):
    - kurzer Chip-Blick = Stärke/er möchte betten
    - Augenbrauen hoch = positiv, Augenbrauen runter = negativ

3.) Hände

- Zittern = extreme Stärke/häufig der Versuch, sich zu kontrollieren
- Hand aufs Dekolletee (Frauen) = Schwäche / Unwohlsein
- Hand in den Nacken (Männer) = Schwäche / Unwohlsein
- Fingerspitzen zusammen = Stärke/Sicherheit
- Schweiß an den Beinen abwischen = Unwohlsein
- Kurzer Griff nach den Chips, obwohl noch nicht an der Reihe = Stärke (oder auch Sschwäche, das sollte man versuchen zu beobachten)
- Erneutes Checken der Karten nach einem Bet, sobald man selber zu den Chips greift = Bluff

4.) Körperhaltung

- Plötzliches Aufsitzen = Stärke/Karten gefallen dem Gegner
- Vorlehnen = Stärke /interessiert am weiteren Verlauf der Hand
- Einfrieren = Schwäche/natürliche Reaktion auf Gefahr (z.B. AK2 Board mit TT)
- Achselzucken beim Bieten/Raisen = Stärke (gespielte Schwäche)

5.) Sonstige Tells

- Karten einem Unbeteiligten zeigen (z.B. Freundin) = Stärke
- Reaktion der unbeteiligten Person = Gegenteil der wahren Stärke (z.B. enttäuschter Seufzer bei AA)
- Erneutes Prüfen der Pocketkarten = nachschauen, ob man einen Draw hat (fast nie eine fertige Hand)
- Seufzer, Aufstöhnen, *tz* (so genannter „Pokerclack“) = extreme Stärke
  (gespielte Schwäche)
- Auffällige Redseligkeit, Witzchen, Sprüche = meistens Schwäche (gespielte Stärke)
- Schneller Check = Stärke oder Schwäche/entweder Monster oder ein Draw (beobachten)
- Betont intensives Setzen der Chips = Schwäche (gespielte Stärke)
- Vorsichtiges Schieben der Chips = Stärke (gespielte Schwäche)
- Nachfragen beim Dealer, z. B. „Wie viel muss ich jetzt setzen?“ = extreme Stärke/Aufregung vor Freude, er möchte dieses tolle Blatt jetzt nicht versauen
- Gerede, während man überlegt:

  Versucht er mich zum Fold zu überreden? = Schwäche

  Versucht er mich zum Call zu überreden? = Stärke

Wozu dient das Ganze?

Gutes Pokerspiel ist immer eine möglichst optimale Auswertung unvollständiger Informationen. Das gilt natürlich für die korrekte Spielanalyse z.B. durch Pot Odds. Aber es gilt auch genauso für das Lesen der Tells des Gegners. Als Beispiel dafür stellen Sie sich folgende Situation vor:

Hand: 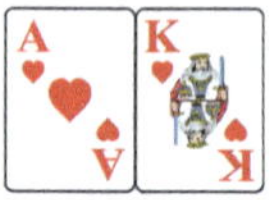
Position: SB, t5.000
Situation: NL Live-Turnier, tight-aggressiver Tisch, Blinds t100/t200.
Preflop-Action: Alle folden, SPIELER raist auf t600, BB callt.

Pot: t1200

Flop: 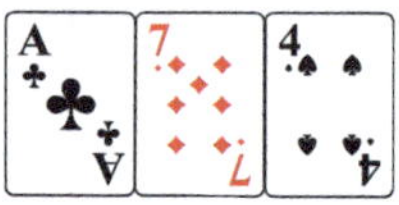
Postflop-Action: SPIELER bettet t700, BB raist auf t2.000.

Ohne irgendeine Information über den Gegner habe ich hier eine schwierige Entscheidung. Er könnte hier alles Mögliche haben und der Raise könnte ein Bluff sein, eine starke Hand bedeuten oder nur einen Test darstellen, ob ich wirklich das Ass habe.

Wenn der Gegner diesen Flop getroffen hat, muss ich erwarten, dass er auf Turn und eventuell River noch einmal betten bzw. raisen wird, also sollte man sich die Gedanken über die möglichen Hände des Gegners bereits an dieser Stelle machen. Hierzu überlegen wir erst einmal, welche Hände dieser Gegner überhaupt haben könnte:

- ein Set (77, 44, eventuell auch AA)
- zwei Paar (A4, A7, eventuell sogar 74)
- AK (geteilter Pot)
- ein schlechteres Ass (z.B. AQ, AJ)
- ein mittleres Pocketpaar (TT, 99, 88, eventuell sogar JJ)
- ein kleineres Paar (K7, K4, Q7, Q4)
- einen Bluff (KQ, KJ, usw. oder auch 56 als Semi-Bluff)

Das Problem ist, dass ich ohne Zusatzinformationen nicht einmal weiß, wo ich mit meinen Pot-Odds-Überlegungen ansetzen sollte. Wenn mein Gegner z.B. bereits das Set hat, bringt mir auch ein zweites Ass oder ein König nichts.

Für Mathematikfanatiker ergibt sich hier eine recht komplexe Rechnung, ob die Hand noch spielbar ist oder nicht – je nach Einschätzung der Handrange des Gegners. Wesentlich aufschlussreicher ist daher die Information, *von wem* dieser Raise hier gerade kam.

Ist er ein superaggressiver Gegner, dann kann ich viel eher davon ausgehen, dass er das auch mit AJ oder TT macht, als wenn ich gegen einen konservativen Rock spielen würde. Wenn das der erste Flop-Raise von einem sonst sehr zurückhaltenden Gegner ist, sollte ich eher von einem Set oder von Two Pair ausgehen als von einem Move. In einer solchen Situation können Tells den entscheidenden Ausschlag geben, ob ich mich mit Top Paar und Top Kicker wirklich committen möchte oder ob ich lieber einen kleinen Pot spiele bzw. eventuell sogar direkt folden kann.

Lektion 44 – Online-Tells

Wenn Sie im Internet spielen, können Sie natürlich nicht auf Informationen über die Sitzposition oder ein Händezittern zurückgreifen. Sie sehen Ihre Gegner ja nicht. Trotzdem gibt es Informationsquellen, die Sie benutzen können und sollten, um Ihre Gegner besser lesen zu lernen. Die wichtigsten sind die Folgenden:

- **Die Handhistory**

Im Gegensatz zum Pokerspiel in Casinos kann man bei den meisten Pokeranbietern im Internet die auf dem River gefoldeten Hände nachschauen. Diese Information ist absolut wichtig und sollte in Ihr Standardrepertoire gehören, wenn es um die Analyse von Spielern gehört. Sie können dort nachlesen, welche Hand ein Spieler bis zum River gecallt oder gebettet hat, auch wenn Sie selber in der Hand nicht involviert waren. Diese Information kann sehr viel über einen Spieler aussagen und Sie sollten sich daraus Spielernotizen machen wie z.B. „callt Gutshot bis zum River“ oder „macht Contibet in Höhe des Pots mit 99 trotz 2 Overcards“.

❖ Ein schneller Call = Schwäche

Wenn Spieler schnell callen, sind sie meistens auf einem Draw. Sie möchten möglichst schnell eine neue Karte haben, um ihre Hand zu verbessern und Sie dann damit zu schlagen. Dieses Verhalten ist ebenfalls meist gespielte Stärke, denn es ist unbewusst ein Versuch, die eigene Hand stärker wirken zu lassen als sie ist (langes Überlegen und Rechnen würde ja eventuell Schwäche signalisieren). Dies ist häufig ein klares Zeichen von Schwäche bzw. von einem Draw.

❖ Ein verzögerter* Check = Schwäche

Ein Spieler, der etwas Zeit vergehen lässt und dann checkt, möchte in der Regel kein Gebot callen müssen. Er hatte z.B. vor dem Flop eine Hand, und weiß, dass sein Gegner wahrscheinlich betten wird und fragt sich jetzt schon innerlich: „Mist, ich habe nichts getroffen trotz AQ... was mache ich jetzt, wenn er bettet oder mein Gebot raist?" Auch dieser Tell ist in der Regel ein Zeichen von Schwäche.

❖ Eine verzögerte* Bet = Stärke

Umgekehrt sieht es bei einer verzögerten Bet aus. Wenn ein Spieler sich Zeit lässt und dann bettet, hat er meistens eine recht starke Hand und möchte diese schwächer wirken lassen. Aber Vorsicht: Manchmal ist es auch ein Zeichen von relativer Schwäche und der Gegner macht damit bloß ein Testgebot (z.B. mit einem kleinen Pocketpaar und drei Overcards auf dem Board).

❖ Ein schneller Check = extreme Stärke oder Schwäche

Bei der Interpretation eines schnellen Checks muss man den Spieler ein wenig beobachtet haben. Einige aggressive Spieler, die häufig betten und raisen, checken schnell, wenn sie ein Monster getroffen haben (z.B. ein Set, Straße o.Ä.) Dies ist aber eher die Ausnahme. Ein unmittelbarer Check bedeutet sehr häufig, dass der Gegner den „check/fold"-Haken in seiner Software gesetzt hat, bevor er an der Reihe war. Das bedeutet natürlich absolute Schwäche, er hat nichts getroffen und ist nicht weiter an der Hand interessiert.

*Vorsicht: Eine längere Reaktioszeit kann auch mit dem Multitabling des Spielers zusammenhängen.

❖ Ein schneller Raise/Reraise = Stärke

Einige Spieler, die eine starke Hand getroffen haben, machen eine kleine Bet, um ihren Gegner in den Pot zu locken. Raist dieser dann dieses Minigebot, kommt sofort ein großer Reraise (häufig auch All-In). Der Spieler kann seine Freude über die zugeschnappte Falle quasi gar nicht zurückhalten und sagt mit dem Move: „Hah! Das habe ich doch gewollt!“ Wenn ein Spieler gegen Sie so schnell mit einem Reraise zur Hand ist, sollten sie ihm eventuell besser glauben und folden.

❖ Übergroße Bets/Raises

Wenn ein Spieler einen übergroßen Raise macht (z.B. mit 600 $ auf dem Flop All-In geht, obwohl bisher nur 80 $ im Pot sind), dann ist das ein absolut sicheres Zeichen für einen Fisch. Kein professionell denkender Spieler würde für einen 80 $-Pot 600 $ riskieren. Dieses Beispiel ist natürlich extrem (obwohl es vorkommt), aber das Gleiche gilt z.B. auch schon für Gebote vom 1,5-Fachen des Pots. Das ist ein Tell, den man genau beobachten sollte. Wenn ein Spieler das häufiger macht, wird er irgendwann auch einmal gecallt werden. Wenn er dann bei einer übergroßen Bet einen Bluff zeigen muss, gehört das definitiv in die Spielernotiz. Das kann ein absolut profitabler Online-Tell sein.

❖ Das Chatfenster

Viele gute Spieler ignorieren das Chatfenster bzw. schalten es sogar ab, weil sie genervt sind von den Beschimpfungen, Bad Beat Stories, Beschwerden über die angebliche Manipulation der Software etc. Ich denke, dass ihnen dabei eine Menge entgeht. Das Chatfenster ist ein wunderbares Sammelsurium an Informationen und für mich nicht selten eines der Hauptargumente bei der Table und Seat Selection. Sehe ich, dass an einem Tisch relativ aktiv gechattet wird, dann weiß ich a) dass diese Spieler höchstwahrscheinlich nicht Multitabling betreiben und b) bereit sind, Informationen preiszugeben bzw. auf richtige oder falsche Informationen meinerseits zu reagieren. Ein aktiv chattender Spieler sieht Poker häufig nicht von der professionellen, sondern von der geselligen Seite und geht davon aus, dass Glück bzw. der Bluff des Jahres die entscheidenden Faktoren des Spiels sind. Wenn ein Platz links neben ihm frei ist, bin ich der Erste, der sich dort mit dem Tischmaximum einkauft... vor allem wenn der Spieler mit viel Geld (in Relation zu den Blinds) am Tisch sitzt. Diese

Spieler sind fast immer Fische, die nur darauf warten, ihr Geld unter den Anwesenden großzügig zu verteilen.

❖ Einen extra Blind zu posten als Tischneuling

Was in Casinos nicht so unbedingt zu 100 % aussagekräftig ist, gilt online dafür umso mehr: Wenn ein Spieler neu an den Tisch kommt und direkt in der ersten Hand den extra Blind bezahlt, obwohl er nicht im Big Blind sitzt, ist er in der Regel kein professioneller Spieler. Ihn interessiert dieser kleine Blindeinsatz nicht, er will Action. Einen professionellen Spieler interessiert dieser BB sehr wohl, denn er spielt sehr viel und sehr häufig, und er möchte so selten wie möglich einen Einsatz bringen, ohne die Karten zu kennen. Ein *Extra-Blind-Poster* ist immer ein potenzieller Fisch.

❖ Die Menge des Geldes an einem Cashgame-Tisch

Beim NL Cashgame begrenzen fast alle Pokeranbieter das maximale Buy-In am Tisch auf 100 BB. Sitzt ein Spieler z.B. mit mehr als 150 BB an diesem Tisch, dann ist das in der Regel ein Indiz auf einen recht guten und wahrscheinlich auch aggressiven Spieler. Natürlich haben auch Fische mal Glück und kommen auf 150 BB, aber das ist eher die Ausnahme. Das liegt nicht nur am mangelnden Spielvermögen, sondern an der Menge, mit der sich die Spieler einkaufen: Ein professionell denkender Spieler wird sich immer mit dem maximal möglichen Betrag einkaufen und – sobald er z.B. auf unter 90 BB sinkt – auch immer wieder nachkaufen. Denn schließlich geht er davon aus, dass er eine Edge an diesem Tisch hat und diese möchte er auch maximal ausbezahlt bekommen. Ein Profi wird eine Hand, bei der er z.B. mit zwei Assen gegen zwei Könige und insg. 60 BB All-In ist, als eine Verlusthand verzeichnen. Selbst wenn er diese Hand gewinnt, hat er nur 60 BB in die Tischmitte gebracht, obwohl er durch ein Nachkaufen 100 BB hätte verdienen können. Ein Anfänger denkt nicht in diesen Kategorien. Deshalb ist ein neuer Spieler, der sich mit weniger als dem Maximum an einem Cashgame-Tisch einkauft, auch ein potenzieller Fisch, der lieber seine Verluste minimieren als seine Gewinne maximieren möchte. Einzige Ausnahme stellen sogenannte „Shortstack-Strategie-Spieler" dar. Diese Stratgie beinhaltet ultratightes Spiel mit einem Stack von 20 BB. Man erkennt diese Spieler aber sofort daran, dass sie nur ca. 8-10 % der Hände spielen und meist vor oder spätestens auf dem Flop All-In sind.

Lektion 45 – Eigene Tells

Um seinem Gegner keine Informationen über die eigene Hand zu geben, sollte man im Umkehrschluss natürlich auch darauf bedacht sein, selber so wenig Tells wie möglich preiszugeben. Profispieler wie Chris Ferguson oder Phil Ivey sind berüchtigt für ihre Unlesbarkeit am Pokertisch, aber so etwas erfordert sehr lange Übung und Selbstbeobachtung. Damit Sie in den offensichtlichsten Bereichen nicht allzu leicht für Ihre aufmerksamen Gegner zu lesen sind, sollten Sie folgende Dinge in Live-Partien trainieren:

- **Sitzen Sie immer in aufrechter und leicht vorgebeugter Position am Tisch.**

Wenn Sie das nicht tun, sondern sich in Ihren Stuhl fallen lassen, wenn Sie nicht spielen möchten, dann verraten Sie sich, *wenn* Sie spielen möchten. Jeder Mensch richtet sich aus einer zurückgelehnten Position auf, wenn ihn etwas interessiert. Diesen Tell sollten Sie von vorneherein vermeiden.

Außerdem zwingen Sie sich dadurch unbewusst, das Geschehen am Tisch aktiver und aufmerksamer zu verfolgen. Das ist wichtig, um Tells der Gegner zu erhaschen und die Gegnerprofile immer mehr zu festigen.

- **Schauen Sie sich Ihre Karten erst an, wenn Sie an der Reihe sind.**

Andernfalls geben Sie Informationen preis, die Ihre Gegner nutzen werden. Besonders wenn Sie in den Blinds sitzen, sollten Sie keine Einladung ausstrahlen, Ihnen die Blinds zu klauen, indem Sie Ihre Karten frühzeitig anschauen und dann desinteressiert erstmal einen Cocktail bei der Bedienung ordern.

- **Schauen Sie sich Ihre Karten immer gleichlang und nur ein einziges Mal an.**

Viele Spieler neigen dazu, gute Karten schnell wieder zu verdecken und mittelmäßige Karten länger anzustarren. Und das wiederum wissen viele Profis nur allzu gut. Diesen Tell vermeiden Sie, indem Sie sich angewöhnen, jede Hand ca. 3 Sekunden lang anzuschauen, egal, ob 72 oder AA. Und merken Sie sich Ihre Karten! Wenn Sie Ihre Karten im Laufe der Hand erneut überprüfen müssen, sind das wichtige Informationen für Ihre Gegner.

- **Setzen Sie immer mit derselben, monotonen Bewegung.**

Die Tells über die Art und Weise des Bets habe ich bereits erklärt. Wenn Sie sich angewöhnen, Ihre Chips wie von einem Roboterarm monoton – immer in derselben Geschwindigkeit – in die Mitte zu schieben, kann ein Profi daraus recht wenig ablesen. Wenn Sie aber unterschiedlich schnell oder intensiv die Chips in die Mitte befördern (oder sogar werfen), werden Sie das irgendwann nach einem bestimmten Muster machen, ohne dass es Ihnen selber bewusst ist. Einem Profi wird das aber nie entgehen.

- **Erstarren Sie nach jeder Handlung zur Salzsäule (*Stand-by-Modus*).**

Dies ist nach wie vor die beste Methode, keine Information preiszugeben. Ein besonders cooles Pokerface-Grinsen, ein Staredown oder eine zurückgelehnte „Ich bin der Boss"-Haltung nach einem großen Raise ist definitiv keine gute Idee am Pokertisch. Geben Sie auf Fragen ihres Gegners, wenn überhaupt, nur kurze Antworten. Am besten reden Sie gar nicht während einer Hand.

- **Schauen Sie sich auch nach dem Flop erst die Reaktion Ihrer Gegner an, dann die Karten.**

Die Karten werden auch in ein paar Minuten noch da liegen, aber die erste Reaktion Ihrer Gegner bekommen Sie nur in dem Moment, in dem der Dealer die Karten offenlegt. Diese Information ist Geld wert und Sie sollten sie nicht verpassen.

- **Versuchen Sie, Ihren nächsten Move bereits im Voraus zu planen.**

Wenn der Flop kommt, sollten Sie bereits die Chips in der Mitte grob gezählt haben, wissend, wie viel Ihr Gegner noch hat, wie viel Sie selber noch haben und welchen Wert an Chips Sie setzen möchten, wenn der Flop interessant ist. Wenn Sie erst noch nachzählen oder überlegen müssen, ob Ihr Gegner leicht oder schwer zu bluffen ist, die Pot Odds errechnen o.Ä., dann sagen Sie bereits etwas über Ihre Hand aus. Denn dann variiert die Zeit, in der Sie reagieren. Anfängern ist das egal, aber Profis werden das sofort registrieren, versprochen!

- **Ordnen Sie Ihre Chips übersichtlich an.**

Ein Profi wird von Zeit zu Zeit versuchen, seine Gegner mit der obligatorischen Frage „Wie viel hast du noch?" zu einer Reaktion zu bewegen. Je besser Ihre Chips sortiert sind, desto weniger Unsicherheit ruft das Zählen bei Ihnen hervor und desto knapper und schneller können Sie antworten. Dies vernichtet die eigentliche Absicht des Profis, einen Tell zu bekommen. Die Anzahl Ihrer Chips kennt er nämlich in den meisten Fällen bereits, wenn er danach fragt.

Je monotoner und undurchsichtiger Ihre Bewegungen und Handlungen sind, desto weniger interessant sind Sie für die aufmerksamen Haie an Ihrem Tisch. Jeder gute Spieler ist immer auf der Suche nach einem Opfer. Wenn Sie keine Angriffsfläche bieten, wird er sich ein anderes Opfer suchen und Sie können sich wiederum auf Ihre eigenen Opfer konzentrieren.

Hollywooding

Eine Bemerkung möchte ich noch zum Thema „Hollywooding" (= Schauspielern) machen. Es gibt immer wieder Spieler, die versuchen, falsche Tells z.B. bei größeren Turnieren in der Hoffnung zu simulieren, damit die Profis zu verwirren oder in die Irre zu führen. Ich halte recht wenig davon. Jede Abweichung vom normalen Verhalten ist immer lesbar und interpretierbar. Der Mensch ist dazu veranlagt, sich in Gesten zu wiederholen und das gilt auch für gespielte Gesten. *Keine* Tells sind immer besser als falsche Tells.

Einzige Ausnahme: Wenn Sie mit einer Hand in den Showdown mussten, die definitiv für Aufsehen am Tisch gesorgt haben dürfte (z.B. ein großer Bluff oder Slowplay von einer starken Hand), dann birgt das eine Chance. Versuchen Sie sich zu merken, wie Sie sich an den entscheidenden Stellen verhalten haben. Wenn Sie dann später gegen einen aufmerksamen Spieler in einer ähnlichen Situation sein sollten, aber eine genau gegenteilige Hand haben, verhalten Sie sich genauso wie in der Situation davor!

Nicht übertrieben, sondern natürlich und subtil. Ein starker Spieler wird das bemerken und daraus eventuell von Zeit zu Zeit den falschen Schluss ziehen.

Ich verdeutlich das einmal an einem Beispiel:

Hand# 1)

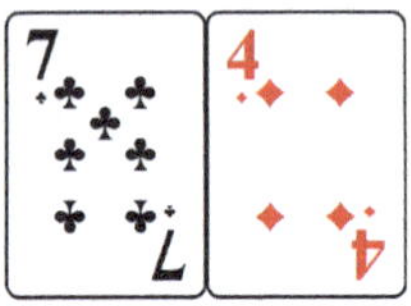

SPIELER

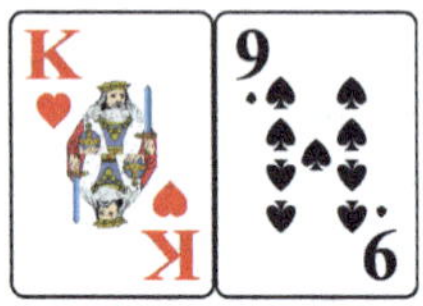

FISH

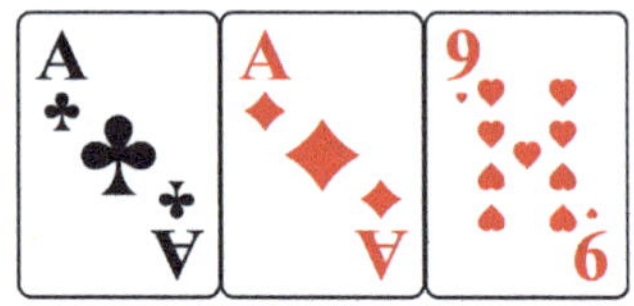

FLOP

Vor dem Flop hat der Fish nur gelimpt, Sie im BB haben gecheckt. Den Flop checken Sie, der Fisch bietet, Sie *check-raisen* als Bluff und der Fisch callt.

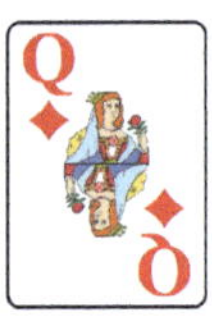

TURN

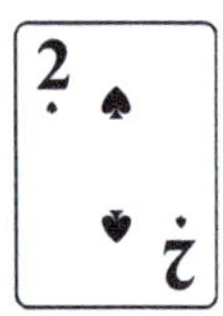

RIVER

Turn und River checken beide Spieler, den Showdown gewinnt der Fisch.

Der Fisch wird sich hier denken: „Hah, wusste ich doch, dass er das Ass nicht hat", und die Hand zwei Runden später schon wieder vergessen haben. Die Haie am Tisch haben die Hand aber im Hinterkopf abgespeichert, weil sie diesen Move gegen bestimmte Fische selber von Zeit zu Zeit machen. Im internen Notizblock der Haie steht jetzt hinter *Ihrem* Namen „check-raist auf einem gepaarten Flop als Bluff".

Hand# 2)

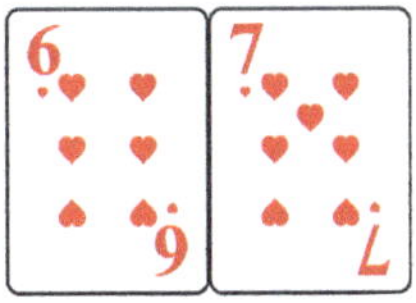

??

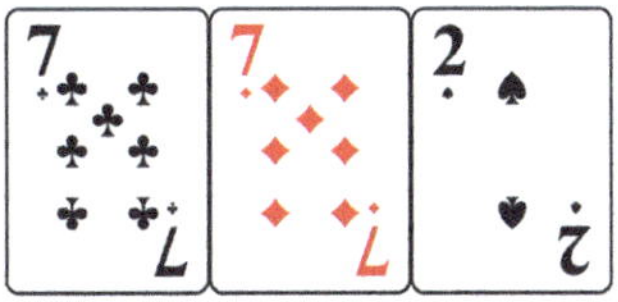

SPIELER HAI FLOP

Vor dem Flop hat der Hai vom Button geraist, Sie im BB gecallt. Den Flop *check-raisen* Sie hier erneut, diesmals aber nicht als Bluff, der Hai callt.

Gegen einen Anfänger würde der Check-Raise hier sicherlich die Hand beenden, weil er Sie damit oft auf die 7 setzt. Aber in diesem Fall spielen Sie ja gegen einen Hai und dem ist ihr Bluff aus der vorherigen Hand schließlich nicht entgangen. Und hier das Setzverhalten aus der vorherigen Hand zu wiederholen, kann äußerst profitabel sein: Viele aufmerksame Gegner werden das so interpretieren, dass Sie wahrscheinlich grundsätzlich jeden gepaarten Flop *check-raisen* und Ihnen die 7 eben nicht glauben. Dieser falsche Read könnte in dieser Situation dazu führen, dass der Hai noch einmal drüber raist, um damit selbst die 7 zu repräsentieren. Da er die aber nur sehr selten haben wird (drei 7er sind ja schon draußen), kann das ein sehr profitabler Move gegen einen Hai darstellen, während gegen einen Fisch hier wohl ein Call angebrachter wäre.

Diese Art von Situationen bzw. Umständen halte ich aber auch für die einzigen, in denen es sinnvoll ist, falsche Tells zu simulieren. Gespieltes Händezittern, ein falscher Nackengriff, übertrieben langes Überlegen, ein erneutes Checken der Karten mit dem fertigen Flush usw. sind gegen wirklich gute Gegner langfristig keine profitablen Strategien.

Fazit Tells

Die Spieler am Tisch einschätzen zu können und Kleinigkeiten beim Gegner zu entdecken, die eventuell etwas über seine Stärke oder Schwäche aussagen, kann beim Poker den entscheidenden Unterschied machen.

Es gibt diverse Beispielhände, in denen ein Tell der Grund war, weshalb ein Spieler schließlich gecallt oder gefoldet hat. Nicht selten sind es aber auch Dinge, die man sagt oder gesagt hat und die einem Profi den entscheidenden Hinweis geben.

Deshalb kann ich jedem Spieler nur empfehlen, während einer Hand nicht zu sprechen, nur kurze Ansagen („Raise", „Call", „All-In") zu machen und seine Spielzüge so gleich und monoton wie nur möglich auszuführen. Ein sehr schönes Beispiel, in dem ein Gespräch wahrscheinlich den Ausgang des gesamten Turniers beeinflusst hat, ereignete sich am Final Table des WSOP Main Events 2007.

Situation: Es sind noch 3 Spieler im Turnier und Jerry Yang ist Chipleader mit ca. doppelt so vielen Chips wie seine beiden Kontrahenten Tuan Lam und Raymond Rahme. Yang hatte bis dahin den Final Table dominiert und als aggressivster Spieler mit ständigen Raises und Reraises seine Gegner immer wieder zum Folden gebracht.

Wenn er mal Gegenwehr bekommen hat und ein All-In um die Ohren bekam, hatte er aber fast immer die bessere Hand. Nichtsdestotrotz hatte er am Tisch das Image eines sehr aggressiven und loosen Chipleaders, der gerne die anderen Spieler herumschubst. Nachdem er wieder einmal diverse Runden in Folge geraist und ohne Gegenwehr gewonnen hatte, kam es zu folgender Hand:

Blinds 300k / 600k / 75k Ante

Button: **Jerry Yang** (68.500.000)
SB: **Tuan Lam** (23.025.000)
BB: **Raymond Rahme** (35.950.000)

Yang raist auf 2,6 Mio., Lam foldet, Rahme reraist auf 8,6 Mio., Yang callt.

(Pot: 17.725.000)

Flop: 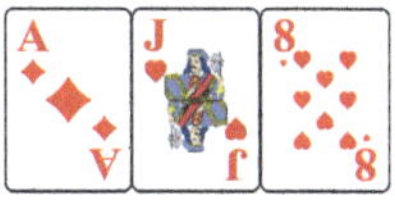

Rahme checkt, Yang bettet 10 Mio., Rahme *check-raist* All-In mit 27,35 Mio.

Pot: 55.075.000, 17.350.000 zu callen für Yang, Pot Odds von ca. 3 zu 1.

Yang schaut sich erneut seine Pocketkarten an: 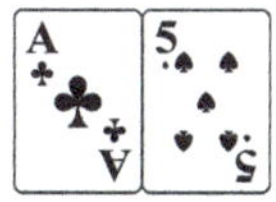

Schauen wir uns einmal die Situation aus Yangs Perspektive an:

Er hat das Top Paar, aber quasi keinen Kicker und weder Chancen auf den Flush Draw noch Straight-Aussichten. Sein Gegner hat vor dem Flop einen Reraise gemacht und ist auf dem Flop mit Ass, Bube, Acht und zwei Herz mit einem Check-Raise All-In gegangen. Er kann hier alle möglichen Hände pushen und die wenigstens kann Yang mit A5o schlagen: Gegen A6-AK ist er weit hinten, genauso wie gegen jedes Set. Selbst gegen ein kleineres suited Ass in Herz ist er hinten aufgrund der Flush-Möglichkeit und der hohen Wahrscheinlichkeit auf einen geteilten Pot, falls der Gegner z.B. Ah4h hat. Sein Gegner kann diese Spielweise natürlich genauso gut mit einem Flush Draw machen, die Odds würden es rechtfertigen. Das wäre aber noch das bestmögliche Szenario aus der Sicht von Yang.

Bezogen auf das Geld im Pot ist Yang an der Grenze, Pot-Committed zu sein: er hat ca. 27 % seines Stacks in diesen Pot investiert. Nur, möchte man in einer solchen, späten Phase wirklich vom Chipleader zum so genannten *Smallstack* mit einem marginalen Call wie mit A5o abrutschen?

Jerry Yang überlegt sehr lange während dieser Hand, steht immer wieder auf, läuft am Tisch auf und ab und ist sich sichtlich unschlüssig. Er sagt zu Rahme nach ca. zwei Minuten: *„Da ist eine Menge Geld in der Mitte, Ray. Ich weiß nicht, ob ich diese Hand aufgeben kann!"* Er wartet wieder, läuft erneut herum. *„Ich hasse es, mich zu irren. Ich hasse es, mich zu irren!"* Zu diesem Zeitpunkt passiert dann etwas, das Yangs Entscheidung beeinflusst haben dürfte:

Rahme fängt an zu reden. Er sagt mit einer leisen, etwas unsicheren Stimme (fast durch seine aufgestützten Hände hindurch): *„Es liegt an dir. Es ist deine Entscheidung."* Yang fragt zurück: *„Was war das?"* *„Ich sagte, es ist deine Entscheidung"*, antwortet Rahme erneut. Darauf Yang: *„Meine Entscheidung, hmmm?"* Raimond lacht, ein wenig übertrieben locker allerdings. Yang fragt: *„Also was meinst du, sollte ich callen?"* Darauf Rahme: *„Neee, du hast diese Hand falsch gespielt!"* und wiederholt das mehrfach: *„Du hast die Hand wirklich falsch gespielt."*

Das schien Yang den entscheidenden Hinweis gegeben zu haben: *„Ich glaube, du bist auf einem Draw"*, sagt er mit aufgehellter Miene und callt. Rahme sagt: „Guter Call" und zeigt KsKh. Turn und River sind mit 3s und 2d keine Hilfe für Rahme und er scheidet als Dritter aus. Mit einem Chiplead von 4 zu 1 gewinnt Yang dann wenig später auch das Turnier, das WSOP Bracelet und 8,5 Millionen Dollar.

Hätte Yang in dieser Hand gefoldet, wäre Rahme Chipleader gewesen und der Ausgang des Turnieres hätte vielleicht einen anderen Lauf genommen. Das wissen wir natürlich nicht. Und wir wissen auch nicht, ob Yang nicht vielleicht mit seinem A5o auch so gecallt hätte. Aber in jedem Fall kann man sagen, dass Rahme besser beraten gewesen wäre, wenn er während dieser entscheidenden Hand nichts gesagt hätte.

Fazit – Das Puzzle zusammensetzen

Damit Sie ansatzweise einen Überblick bzw. einen Startpunkt für diesen Bereich bekommen, gebe ich Ihnen noch einmal in Kurzform die wichtigsten Punkte mit, die Sie am Pokertisch beherzigen sollten, um Ihre Gegner besser lesen zu können.

Wenn Sie nicht in eine Hand involviert sind, achten Sie auf Folgendes:

1.) Verschaffen Sie sich ein Grundprofil Ihrer Gegner (Spielertyp, Auffälligkeiten, Tendenzen beim Setzverhalten). Fangen Sie dazu bei den 4 Spielern links neben Ihnen an.

2.) Suchen Sie sich die potenziellen Fische am Tisch. Haben diese Tells, die Sie ausnutzen können?

3.) Können Sie Schauspielerei am Tisch beobachten (gespielte Schwäche/gespielte Stärke)?

4.) Können Sie bereits typische Setzmuster bei einigen Spielern erkennen (Contibets, Check-Raise mit starker Hand, Calldown mit Draws usw.)?

Merken Sie sich von diesen elementaren Dingen so viel Sie können. Sobald Sie dann in eine Hand verwickelt sind, stellen Sie sich folgende Fragen:

1.) Welche Tells bzw. Informationen habe ich über meinen Gegner?

2.) Weicht mein Gegner von dem Grundprofil ab, das ich bisher von ihm habe?

3.) Welche Geschichte versucht er mir im Verlauf der Hand zu erzählen?

4.) Macht diese Geschichte Sinn?

5.) Was sagt sein Gebot mir? Möchte er meinen Call oder meinen Fold? Wieso wohl?

6.) Würde er die Nuts (die bestmögliche Hand) so spielen? Würde er einen Draw so spielen?

Für die Beantwortung dieser Fragen noch einmal ein Beispiel:

Hand: 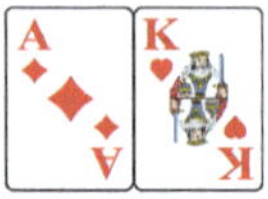

Position: Button
Situation: NL Sit’n Go, looser Anfängertisch, Blinds t20/t40, SB ist ein TAG.
Preflop-Action: Alle folden, SPIELER (t4.000) raist auf t160, SB (t3.800) callt, BB foldet.

Pot: t360

Flop: 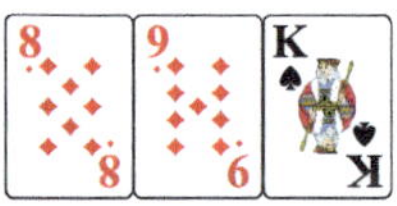

Postflop-Action: SB checkt, SPIELER bettet t300, SB callt.
Pot: t960

Turn: 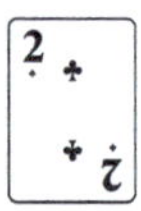

SB checkt, SPIELER bettet t700, SB callt.
Pot: t2.360

River: 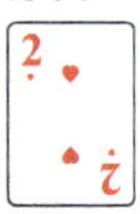

SB bettet t1.500.

Was nun?

Der Gegner kann hier natürlich alles Mögliche haben, sein *Check-Call* bis zum River macht einen Draw allerdings am wahrscheinlichsten. Wenn er einen Flush- oder einen Straight-Draw hatte, dann ist dieser aber nicht angekommen. Er versucht jetzt mit einem Mal, einen Drilling Zweier oder besser zu repräsentieren. Aber macht das im Verlauf der Hand wirklich Sinn? Hätte er mit einer Hand wie z.B. A2 vor dem Flop gecallt? Hätte er dann auch noch nach dem Flop gecallt? Da Sie das Karo Ass haben, ist ein Call mit dem Flush Draw und der 2 mehr als unwahrscheinlich: er hätte schon Qd2d haben müssen und damit callt er normalerweise nicht vor dem Flop. Wenn er ein Set mit 88 oder 99 getroffen hat, würde er dann bei diesem drawlastigen Board nicht eher raisen auf dem Flop oder Turn, anstatt zu callen?

Ich würde die „Line“ (also die Spielweise im Verlauf der Hand) dieses Gegners hier als unschlüssig interpretieren und callen. Die wahrscheinlichste Hand ist in diesem Verlauf sicherlich KdQd oder KdJd. Wenn er etwas looser bereit ist, vom Button zu callen, ist noch jeder andere Draw wie QdJd, 6d7d, TdJd oder sogar JTo denkbar. Besonders gegen aggressive Spieler möchten die Gegner gerne ein Monster bekommen, um es ihnen heimzuzahlen, dass sie so häufig raisen. Daher sind Calldowns mit Draws in solchen Situationen nicht selten.

Es ist für die korrekte Beantwortung der Fragen sehr wichtig, dass ich meinen Gegner ein wenig einschätzen kann. Wenn er z.B. auf einem Board mit zwei Karo bis zum River callt und dann plötzlich ein großes Gebot macht, obwohl kein drittes Karo gekommen ist, dann muss ich mir die Frage stellen, ob dieses Gebot an dieser Stelle wirklich Sinn macht … Schätze ich ihn als trickreich genug ein, um eine starke Hand wie z.B. ein Set die ganze Hand über langsam zu spielen? Würde ein guter Spieler, der den Flush Draw nicht hat, seine starke Hand nicht lieber gegen den Flush Draw verteidigen wollen? Dafür benötige ich so viele Informationen wie möglich: *Hat er diesen Move in der Vergangenheit schon einmal gemacht, als er bei einem offensichtlichen Calldown mit einem Draw plötzlich auf dem River geblufft hat*?

Übungen Teil 7 – Lesen Sie Ihre Gegner

Übung 12)

Das Lesen der Gegner ist natürlich keine Sache, die man in wenigen Stunden Übung beherrschen kann. Sie werden dafür jede Menge Erfahrung benötigen. Um das Lesen von Tells zu trainieren, machen Sie Folgendes:

1.) Setzen Sie sich an einen Fullring-Tisch mit 10 Spielern.

2.) Wenn Sie mit Statistiksoftware arbeiten sollten, schalten Sie diese ab.

3.) Nehmen Sie sich Papier und Stift und legen Sie sich diese neben die Tastatur (oder arbeiten Sie mit einem geöffneten Notepad-Dokument am PC).

4.) Schreiben Sie als Erstes die Namen der vier Gegner zu Ihrer Linken auf. Diese Spieler werden Sie jetzt beobachten.

5.) Spielen Sie in den ersten Runden so gut wie keine Hände, maximal die der Kategorie 1.

6.) Schätzen Sie die Gegner nach ihrer allgemeinen Spielweise ein (tight, loose, aggressive, passive) und notieren Sie diese. Suchen Sie nach den folgenden Tells:

- Womit limpt der Spieler?
- Womit erhöht der Spieler vor dem Flop?
- Macht der Spieler Contibets? Wenn ja, auch auf drawlastigen Flops?
- Wie spielt er seine Monster? Aggressiv oder passiv als Slowplay?
- Sind in der Geschwindigkeit seiner Aktionen Muster zu erkennen? Wenn ja, womit macht er was?

7.) Versuchen Sie, anhand der Informationen in jeder Hand die Karten der Spieler zu erraten. Setzen Sie sie nicht auf ganz bestimmte Hände, sondern auf *Handranges*.

8.) Sobald Sie ansatzweise ein Profil von dem Spieler entwickeln konnten und die Karten mehrfach richtig eingeschätzt haben, suchen Sie aktiv die Konfrontation mit diesen Spielern. Erhöhen Sie auch mit mittelmäßigen Karten vom Button oder Cutoff, wenn diese Spieler hinter Ihnen sitzen (deshalb haben Sie ja die vier Spieler links von sich im Visier).

9.) Spielen Sie nach dem Flop nach Möglichkeit nicht Ihre eigenen Karten, sondern nur die Karten Ihrer Gegner und versuchen Sie, Ihre Gegner aufgrund der Karten zum Folden zu bringen, die Sie beim Gegner vermuten. Wenn Sie davon ausgehen, dass Ihr Gegner z.B. ein kleines Pocketpaar hat, weil er alles andere vor dem Flop geraist hätte, dann betten und raisen Sie gegen seine Aktionen auf dem Flop, wenn z.B. AKT liegt. Stellen Sie Ihn vor schwierige Entscheidungen und *vermeiden Sie jeden Showdown*.

Mit dieser Übung sollen Sie lernen, die Karten Ihres Gegners und „den Gegner" anstelle Ihrer eigenen Karten zu spielen.

Sie können diese Übung noch etwas auf die Spitze treiben:

Übung 13)

Diese Übung ist identisch mit der vorherigen, nur mit einer einzigen Ausnahmen: ***Sie spielen blind!*** Dazu kleben Sie einfach den Bereich des Monitors mit einem kleinen Zettel ab, in dem Ihre Pocketkarten angezeigt werden. (Vorsicht, nicht den Bildschirm beschädigen!)

Durch diese Maßnahme wissen Sie zu keinem Zeitpunkt, welche Karten Sie selber überhaupt haben. Das wird im ersten Moment ziemlich verwirrend für Sie sein, weil Sie z.B. auf einem Flop mit drei Kreuz gerne wissen möchten, ob Sie vielleicht ein oder zwei Kreuz haben und hier vielleicht schon die „Nuts" in den Händen halten. Aber das ist für diese Übung völlig uninteressant. Vom Prinzip sollen Sie ja erlernen, Ihren Gegner aus der Hand durch Reads und Tells zu bekommen, ohne Rücksicht auf die eigenen zwei Karten. Wenn der Gegner auf dem Flop mit lauter Kreuz Angst vor dem Flush signalisiert, dann sollten Sie in jedem Fall so spielen, als hätten Sie ihn bereits. Dabei spielt es keine Rolle, ob Sie den Flush haben oder nicht. Zeigt er selber Stärke, können Sie entweder rausgehen oder einen kurzen Blick unter den Zettel werfen, um zu entscheiden, was Sie machen. Ich halte die Übung allerdings für am effektivsten, wenn Sie *nie* unter den Zettel schauen. Sonst ist die Versuchung einfach schnell zu groß! Und wie in den meisten anderen Übungen geht es auch hierbei wieder nicht um den Gewinn oder Verlust einer einzelnen Hand oder Session, sondern um den Lerneffekt, den Sie in Ihren richtigen Sessions sonst nicht in der Intensität hätten… Also probieren Sie es einmal, es macht wirklich Spaß. Und es ist definitiv die Erfahrung wert, einmal ein wenig blind zu pokern, Sie werden überrascht sein, versprochen!

Übung 14)

Um das Thema Live-Tells zu trainieren, muss man natürlich in ein echtes Casino gehen oder mindestens in einer kleinen Runde zu Hause spielen. Hier eine konkrete Übungsanleitung zu geben, ist ein wenig schwierig, weil der Einsatz von Lehrgeld in Casinos aufgrund der etwas höheren Mindesteinsätze vielleicht doch ein wenig zu kostspielig wäre und Homegames meistens nicht ernst genug sind, als dass man da wirklich Fähigkeiten üben könnte. Trotzdem möchte ich Ihnen ein paar Hinweise als Übung geben, wenn Sie sich das nächste Mal in ein Homegame oder in ein Casino begeben.

1.) Achten Sie auf gespielte Stärke und gespielte Schwäche. Sie werden verwundert sein, wie viele Spieler unbewusst seufzen, den Kopf schütteln oder ähnliche Signale mit ihren Pocket Assen aussenden, um schwach auf Ihre Gegner zu wirken.

2.) Konzentrieren Sie sich beim Erhaschen von Tells auf die Reaktion der ersten Sekunde. Wie reagiert ein Spieler z.B. im ersten Moment auf die Karten des Flops?

3.) Achten Sie auf zitternde Hände. Diesen Tell kann man wirklich häufig beobachten.

4.) Achten Sie auf die Sitzposition der Spieler. Wann setzt sich ein Spieler aufrecht hin, wann lässt er sich in den Stuhl fallen? Welche Hände hatte er da immer, wenn er im Showdown war?

Das reicht eigentlich für den Anfang, denn Sie werden bei den Live-Tells eine Menge an Informationen zu verarbeiten und zu beobachten haben. Jeder Spieler hat andere Eigenarten und das Setzverhalten ist ja auch eine Informationsquelle, die Sie nutzen können. Besonders live macht es sehr viel Sinn, das Erraten der gegnerischen Hände zu trainieren, weil Sie dafür wesentlich mehr Zeit haben als in einem Online-Spiel.

Kapitel 14

Poker Strategie IV

„The cardinal sin in poker, worse than playing dead cards, worse even than figuring your odds incorrectly, is becoming emotionally involved."

-- Katy Lederer

Lektion 46 – Der Einsatz von Zusatzsoftware

Wenn man online als Anfänger in den kleinsten Limits spielt, ist man nicht zwingend darauf angewiesen, mit zusätzlicher Software zu arbeiten. Man wird in der Regel sowieso auf noch blutigere Anfänger treffen, die überhaupt gar keine Ahnung vom Pokern haben und demnach völlig chaotisch spielen. Die beste Art, in diesen Limits Geld zu verdienen, ist standardmäßiges, tight-aggressives ABC-Poker zu spielen.

Aber sobald man in etwas höhere Limits gerät (und damit meine ich nicht erst 5 $/10 $), werden naturgemäß auch die Gegner besser. Und wenn man feststellt, dass man ein bestimmtes Limit einfach nicht nachhaltig oder profitabel genug schlagen kann, spätestens dann lohnt es sich, die eigenen Fehler und die der Gegner statistisch zu analysieren.

Dafür eignet sich Zusatzsoftware.

Es gibt mittlerweile diverse Programme auf dem Markt und ich werde die wichtigsten hier einmal kurz erklären. Bevor ich das mache, aber noch ein paar Überlegungen dazu:

Was kann die Software leisten? Was soll sie mir bringen? An welchen Stellen hilft sie mir, an welchen nicht?

Eine Zusatzsoftware beim Online-Poker kann aus einem allgemein verlierenden Spieler keinen Gewinner machen. Sie kann Ihnen aber aufzeigen, wo Ihre eigenen Schwachstellen sind. Das passiert meistens ganz einfach über das Einlesen der so genannten *Handhistory* Dateien, die die eigentliche Pokersoftware auf Ihrer Festplatte speichert. Wenn Sie an einem Tisch sitzen und spielen, dann wird in Echtzeit der Spielverlauf jeder Hand auf Ihrem Rechner gespeichert. Und die Statistikprogramme werten diese Spielverläufe aus, indem Sie jede Aktion eines jeden Spielers in einer Datenbank vermerken.

Das bedeutet, dass Sie sich zum einen anschauen können, wie häufig Sie selber im Spiel z.B. einen Check-Raise gemacht haben, wie viele Hände Sie prozentual mitgespielt haben oder welche Tendenz Ihr Spiel vor dem Flop, auf dem Flop, Turn oder River hat (also z.B. aggressiv, passiv, tight, loose).

Damit können Sie nach einer Session Ihr eigenes Spiel sehr gut analysieren, Fehler finden und so z.B. größere Gewinne oder Verluste nacharbeiten, um daraus zu lernen.

Zum anderen bedeutet das aber natürlich auch, dass Sie all diese Informationen über Ihre Gegner haben. Und das können Sie sogar während des Spiels sehr gut nutzen. Wenn Sie eine Software haben, die Ihnen ebenfalls Daten auf Ihren Tisch projiziert, dann können Sie nach einigen Händen sehen, wer tendenziell eher ein Fisch, wer ein Maniac, wer ein Rock oder eine Calling Station ist. Und das kann Ihr Ergebnis beim Pokern deutlich verbessern, besonders wenn Sie an mehreren Tischen gleichzeitig spielen und somit Ihre Beobachtungsfähigkeiten der einzelnen Spieler eingeschränkt sind.

Mittlerweile gibt es kaum noch Profis, die ohne Statistiksoftware oder ähnlichen Hilfsmitteln täglich arbeiten!

Die wichtigsten Vertreter sind Pokertracker, Pokeroffice, HoldemManager und (recht neu) der deutschsprachige PokerReader.

Aber mit Software ist es wie mit Autos: Jeder muss seinen Favoriten selber finden. Schauen Sie sich also alle Programme einmal selber in Ruhe an und entscheiden Sie für sich, mit welchen Sie am besten klar kommen. Alle Programme werden als kostenlose Testversionen zum Ausprobieren angeboten, und dieses Angebot sollten Sie wahrnehmen. Auf www.poker-mit-system.de finden Sie die Links zu allen Anbietern und eine kurze Beschreibung und Schnellanleitung zu jedem Programm. Dort können auch die kostenlosen Demoversionen heruntergeladen werden.

Egal, für welches Programm Sie sich entscheiden, alle Statistikprogramme haben die Werte, die sie ermitteln und am Tisch abbilden, gemeinsam. Und wenn man einen Gegner einschätzen möchte, muss man diese Werte verstehen. Deshalb werde ich an dieser Stelle einmal auf die wichtigsten Daten eingehen.

a) Investition vor dem Flop („VP$IP")

Dieser Wert gibt an, wie häufig ein Spieler aktiv in eine Runde vor dem Flop eingestiegen ist bzw. Geld in eine Hand investiert hat. Das Ergebnis ist in Prozent, es sagt also aus, wie viel Prozent der Hände ein Spieler spielt.

Tendenz: Der Wert gibt an, ob ein Spieler eher tight oder eher loose ist.

Einschätzung der Werte:	0-15 %:	sehr tight, nur Premiumhände
	15-20 % (FR):	tight
	15-25 % (SH):	tight
	23-40 %:	loose
	40-100 %:	Calling Station o. Maniac

b) Erhöhung vor dem Flop („PFR")

PFR steht für *Preflop-Raise* und gibt an, wie häufig ein Spieler vor dem Flop erhöht hat. Auch dieser Wert ist prozentual angegeben. Wenn der *PFR*-Wert genauso hoch wie der *VP$IP*-Wert ist, dann bedeutet das, dass der Spieler jede Hand, die er gespielt hat, also auch vor dem Flop erhöht hat.

Tendenz: Der Wert gibt an, ob ein Spieler eher passiv oder aggressiv *vor* dem Flop ist.

Einschätzung der Werte:	0-5 %:	weak-passiv
	5-15 % (FR):	aggressiv
	5-20 % (SH):	aggressiv
	15-30 %:	sehr aggressiv
	30-100 %:	Maniac

c) Aggressivität nach dem Flop („AF")

Der „Aggression Factor" (=AF) ist ein Wert über die Aggressivität des Spielers nach dem Flop. Es gibt einen allgemeinen AF und einen Faktor pro Bietrunde (also Flop Aggression, Turn Aggression, River Aggression). Im Grunde ist der Faktor das Verhältnis von Bet und Raise zu Call oder Fold.

Hat ein Spieler einen hohen AF, dann ist er schon ein aggressiver Spieler. Sehe ich aber bei diesem Spieler eine hohe Flop Aggression, aber einen sehr niedrigen Turn oder River Aggression Factor, dann wäre das eine Schwäche, die ich am Pokertisch leicht ausbeuten kann (mit einem passiven Call auf dem Flop und dem Zeigen von Stärke auf Turn oder River).

Tendenz: Der Wert gibt an, ob ein Spieler eher passiv oder aggressiv *nach* dem Flop ist.

Einschätzung der Werte:	0-1.5:	weak-passiv
	1.5-3:	aggressiv
	3-5:	sehr aggressiv
	5-X:	Maniac

e) Spiel bis zum Showdown („WTS")

Hier kann man ablesen, wie häufig ein Spieler mit seiner Hand bis zum Showdown gegangen ist. An diesem Wert kann man relativ schnell notorische *Calling Stations* erkennen: Ihr Wert ist meistens sehr hoch und man sollte gegen sie nicht bluffen, dafür aber hohe Value Bets machen.

Tendenz: Der Wert gibt an, ob ein Spieler z.B. leicht zu bluffen ist.

Einschätzung der Werte:	0-20 %:	leicht zu bluffen, spielt nur Monster
	20-30 %:	Standardbereich
	30-100 %:	Calling Station (oder Maniac)

f) Anzahl an Händen („Total Hands")

Der Wert „Total Hands" gibt an, wie viele Hände ich bisher mit diesem Spieler gespielt und dokumentiert habe. Wenn ich weniger als 100 Hände mit einem Gegner gespielt habe, kann ich eigentlich keine wirkliche Aussage über sein Spiel treffen, maximal vielleicht eine Tendenz. Besonders für die Einschätzung der gegnerischen Spielweise nach dem Flop sind mindestens 1000 Hände notwendig, um überhaupt brauchbare Daten zu bekommen. Deshalb sollte man mit sämtlichen Werten zu Anfang sehr vorsichtig sein und nicht blind danach spielen, wenn die Anzahl noch klein ist.

g) Gewonnene Big Bets pro 100 Spiele („BB/100“)

Hier kann ich ablesen, ob ein Spieler mit seiner Spielweise gewinnt oder verliert. Für eine wirkliche Aussagekraft dieses Wertes sollte man schon mindestens 1000 Spiele in der Datenbank mit diesem Spieler gesammelt haben. Ein loose-aggressiver Spieler mit einem dauerhaft positiven Wert ist definitiv anders zu bewerten, als wenn er mit seinem Spiel 80 Big Bets pro 100 Hände im Schnitt Minus machen würde. Die erste Variante ist meistens ein sehr guter und gefährlicher Gegner, die zweite Variante häufig ein profitabler Anfänger.

h) Continuation Bet

Dieser Wert gibt an, wie häufig ein Spieler eine Contibet macht. Das kann sehr hilfreich sein, wenn man z.B. sieht, dass sein Gegner sehr häufig auf dem Flop bettet, wenn er vor dem Flop erhöht hat: Dann muss er nicht unbedingt etwas getroffen haben. Ist dieser Wert aber sehr niedrig, sollte man eine Bet des Gegners auf dem Flop schon respektieren.

i) Blind-Attacke („Attemp to Steal")

Dieser Wert misst die möglichen Versuche eines Spielers, die Blinds zu stehlen.

Wenn ein Spieler also häufig aus später Position (SB, Button oder Cutoff) erhöht, wenn zu ihm gefoldet wurde, dann ist dieser Wert hoch. Man kann dann davon ausgehen, dass er recht häufig versucht, einfach nur die Blinds zu attackieren und zu stehlen. Sitze ich also im SB oder im BB und ein Spieler raist vom Button mit einem hohen „Attemp to Steal“-Wert, dann kann ich sehr gut gegen ihn reraisen, auch mit marginalen Händen. Sehr häufig wird er selber nur eine mittelprächtige Hand halten und folden.

Dies sind die wichtigsten Daten, die Sie sich in der Statistiksoftware anzeigen lassen bzw. anschauen sollten. Sie sagen sehr viel darüber aus, mit welcher Art von Gegner Sie es zu tun haben.

Lektion 47 – Spielertypen II

Jetzt wissen Sie also, wie Sie mithilfe von Statistiksoftware Ihre Gegner besser einschätzen können. Damit Sie in der Praxis auf den ersten Blick ihre Gegner durchschauen können, hier einmal ein paar beispielhafte Werte für die unterschiedlichen Gegnertypen:

1) Der Fisch (loose-passive)

Der Fisch spielt fast jede Hand, erhöht aber vor dem Flop so gut wie nie, sondern limpt bzw. callt permanent. Nach dem Flop ist er ebenfalls passiv, gibt aber seine Hand schnell auf, wenn er nichts getroffen hat. Diese Gegner sind einfach zu spielen und gut zu bluffen und man sollte versuchen, sie mit Raises vor dem Flop zu isolieren.

Typische Werte: VP$IP 50 % / PRF 1 % / AF 0,2 / WTS 26 %.

2) Die Calling Station (semi-loose-passive)

Die Calling Station ist eigentlich auch ein Fisch. Er spielt zwar auch passiv, aber nicht ganz so viele Hände vor dem Flop, dafür regiert bei diesem Spieler nach dem Flop meistens noch die Hoffnung. Er callt mit seinem mittleren Paar jedes Gebot bis zum River, selbst wenn Flush und Straße angekommen sind. Gegen diese Gegner sollte man quasi nie bluffen, dafür aber jede Menge Value Bets anbringen. Slowplay macht ebenso keinen Sinn, er callt ja sowieso.

Typische Werte: VP$IP 29 % / PRF 3 % / AF 0,2 / WTS 41 %.

3) Der Rock (tight-passive)

Der Rock spielt nur die soliden Starthände, ist aber recht ängstlich dabei. Er erhöht äußerst selten und bleibt auch nur dann im Spiel, wenn er sich recht sicher ist, die beste Hand zu halten. Gegen diese Spieler kann man sehr gut bluffen, besonders wenn *Scarecards* kommen (z.B. ein Flush ankommt oder ein Ass auf dem Turn). Zeigt ein solcher Spieler Stärke, sollte man sich recht schnell von seiner Hand lösen, es sei denn, man hat ein wirkliches Monster.

Typische Werte: VP$IP 12 % / PRF 3 % / AF 0,8 / WTS 30 %.

4) Der TAG (tight-aggressive)

Den klassischen, tight-aggressiven Spieler sollte man an einem Pokertisch eigentlich meiden. Dieser Spieler weiß, was er da tut und ist – genauso wie man selbst – auf der Suche nach frischem Fisch am Pokertisch. Dieser Gegner ist manchmal auch tricky, limpt mit AA oder *check-callt* seinen 7er-Drilling. Deshalb ist Vorsicht bei Konfrontationen geboten.

Typische Werte: VP$IP 21 % / PRF 14 % / AF 2,9 / WTS 30 %.

5) Der LAG (loose-aggressive)

Einen loose-aggressiven Spieler findet man häufiger an Shorthanded-Tischen und in Turnieren. Gegen diese Art von Gegnern sollte man ebenfalls sehr vorsichtig sein und nicht in die Falle tappen, sein Spiel aufgrund seiner Spielweise stark zu verändern. Genau da liegt die Edge dieses Spielers. Die Schwäche dieser Gegner liegt meist in den späteren Runden Turn und River.

Deshalb sollte man sich gegen solche Spieler besonders ihre Werte nach dem Flop anschauen, um zu wissen, wie und wo man sie schlagen kann. Foldet er häufiger gegen ein Gebot auf dem River? Dann bluffen Sie häufiger auf dem River. Ist er besonders aggressiv auf dem Turn und versucht, dort die Hand zu beenden? Dann legen Sie Ihre starken Hände darauf aus und callen Sie z.B. nur Flop und Turn mit einem Monster, um den River zu *check-raisen*.

Typische Werte: VP$IP 32 % / PRF 22 % / AF 3,2 / WTS 22 %.

6) Der Maniac (super-loose-aggressive)

Der Super-LAG oder auch Maniac spielt und erhöht quasi jede Hand. Die Position ist ihm dabei ähnlich egal wie seine beiden Pocketkarten. Dennoch hat auch dieser Spieler seine Schwächen nach dem Flop. Im Grunde gilt Ähnliches wie im Spiel gegen den LAG. Aber eigentlich sollte man einen Tisch mit einem Maniac eher verlassen, weil er mit seinem chaotischen Spiel die Kontrolle über den Tisch besitzt. Diese Rolle sollten Sie sich allerdings durch tight-aggressives oder eventuell leicht loose-aggressives Spiel aneignen, um die Fische und Calling Stations auszunehmen. Mit einem Maniac am Tisch gerät meistens recht schnell alles außer Kontrolle, weil viele Spieler nicht wissen, wie sie darauf reagieren sollen. Die beste Spielweise gegen einen solchen Gegner im Cashgame lautet: Tisch wechseln. Sollten Sie am Tisch bleiben (müssen), dann bewahren Sie vor allem jede Menge Geduld und Nerven. Einen Tisch schlägt man nicht mit 5 Händen. Gleiches gilt für einen Maniac. Da viele Spieler Schwierigkeiten mit diesem Stil haben bzw. es auch durchaus sinnvoll sein kann, selber ab und zu mal wie ein Maniac zu spielen, werde ich in den folgenden Kapiteln genauer auf diesen Spielstil eingehen.

Typische Werte: VP$IP 41 % / PRF 30 % / AF 4,9 / WTS 17 %.

Lektion 48 – Das Spiel gegen Maniacs

Über das Spiel gegen Maniacs stolpern sehr viele Spieler, deshalb widme ich diesem Thema eine eigene Lektion. Die meisten Pokerspieler lassen sich entweder von ihrer Spielweise einschüchtern oder fangen an, looser gegen den Maniac zu callen oder zu raisen. Das aber ist ein großer Fehler und gleichzeitig genau die Absicht, die hinter einem guten loose-aggressiven Spielstil steht: Die Gegner sollen dazu gebracht werden, ihr Spiel zu verändern und Fehler zu machen.

AT wird plötzlich zu einer unschlagbaren Hand, weil der Maniac ja auch A9 spielen würde. Aber diese Annahme ist nur bedingt richtig. Es geht nicht darum, einem Maniac auch mit einer mittelmäßigen Hand Paroli zu bieten, weil er ja noch schlechtere spielt. Es geht darum, die Handrange des Gegners anzupassen und daraus die eigene Hand anders einzuschätzen. Wenn Sie also erfolgreich gegen einen Maniac spielen möchten, dürfen Sie sich nicht von ihm in die Enge treiben lassen, sondern müssen an Ihrem analytischen Spiel festhalten und nur die Range der Hände, auf die Sie *ihn* setzen, anpassen.

Hierzu einmal eine Beispielsituation:

SPIELER: 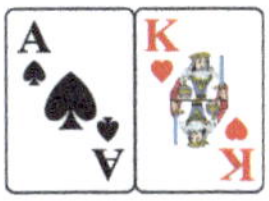
Position: Button
Situation: NL Cashgame, 6 Spieler, alle Spieler haben 100 BB.

Preflop-Action: Der Maniac in MP3 raist auf 3 BB, SPIELER im Button reraist auf 10 BB, Maniac callt.

Pot: 21,5 BB

Flop: 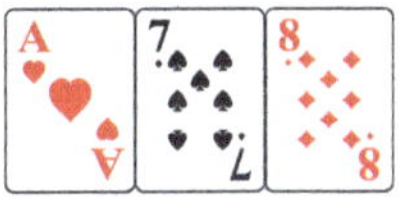

Maniac bettet 11 BB (ca. 1/2 Pot), SPIELER raist auf 32 BB, der Maniac pusht All-In (79 BB).

Pot: 143,5 BB, 58 BB zu callen, Pot Odds 1 zu 2,47

Diese Situation ist schon fast ein Klassiker gegen einen Maniac. Wenn man gegen eine zurückhaltende Calling Station in dieser Situation wäre, hätte man meistens einen ziemlich einfachen Fold. Ein passiver Gegner, der urplötzlich zum Angriff ansetzt, hat hier fast immer ein Set oder mindestens zwei Paar. Gegen diese beiden Hände ist man so weit hinten, dass sich der Call nicht lohnt: gegen ein Set ist man zu 96 % hinten, gegen zwei Paar zu 82 %.

Gegen einen Maniac geht man natürlich schon eher davon aus, dass er diesen Move auch mit einem Straight Draw machen könnte oder mit AJ. Was ist allerdings die Konsequenz aus der Erkenntnis in dieser Situation?

Man kann erst einmal gegen einen Maniac keine eindeutige Aussage treffen. Genau das ist ja eben die Stärke dieses Spielstils: Er bekommt für seine Monster extrem gute Implied Odds, weil er immer mal wieder gecallt wird. Seine Gegner glauben ihm das Paar 7er eben quasi nie, sondern halten ihn eher für einen Dauer-Bluffer. Aber genau dort liegt natürlich der Fehler. Deshalb ist ein automatischer Call in dieser Situation falsch. Man sollte sich Zeit nehmen, sämtliche Möglichkeiten durchspielen und erst dann entscheiden. Und genau das tun wir jetzt. Die Fragen, die ich mir hier stellen muss, um die richtige Entscheidung zu treffen, könnten ungefähr so aussehen:

1.) Halte ich meinen Gegner für einen cleveren, guten Maniac oder für einen chaotischen Anfänger?

Wenn er ein starker Spieler ist, dann wird er sich bei dem All-In Gedanken über Ihre Hand gemacht haben. Er muss Sie in diesem Fall zu fast 80 % auf ein Ass mit hoher Beikarte setzen. Wenn er dann trotzdem All-In geht, dann schlägt er diese Hand höchstwahrscheinlich. Ein Amok-raisender Anfänger pusht einfach alle Draws, ohne sich Gedanken über die Hände seines Gegners zu machen.

Tendenz: Je professioneller er zu sein scheint, desto wahrscheinlicher ist hier das Monster!

2.) Wie hat der Tisch bisher auf seine Pushes reagiert?

Gute Maniacs spielen gerne niedrige Karten gegen konservativere Gegner, weil sie in den meisten Fällen zwei Livecards haben und den Gegner relativ schnell auf einen Hand setzen können.

Bei einem Flop mit ausschließlich hohen Karten können Sie diese Gegner schnell ausspielen. Ein professionell spielender Maniac würde aber mit einem Ass auf dem Flop gegen den Gegner nicht pushen, wenn er dieses Ass nicht schlagen kann. Die einzige Ausnahme besteht darin, dass er die Fold Equity bei einem Push so hoch einschätzt, dass er auch einen Draw profitabel pushen kann, weil seine Gegner häufig genug folden.

Deshalb ist die Vergangenheit des Tisches und speziell *Ihre* Vergangenheit am Tisch hierfür von großer Bedeutung. Ist der Tisch momentan noch stark eingeschüchtert von den Pushes des Maniac oder hat sich in den letzten Händen schon der eine oder andere Spieler gegen ihn aufgelehnt und seine ständigen

Erhöhungen erneut erhöht? Viele Maniacs sind in der Lage, sich schnell ihren Gegnern anzupassen. Wenn die Luft nach Revolte riecht, wird der Maniac hier bestimmt kein Paar Damen oder 56 pushen, weil er erwarten muss, dass er von einem Ass gecallt wird.

Wenn wir seine Bluff-Wahrscheinlichkeit bei diesem Push einmal mit 20 % ansiedeln, ergibt sich folgende Gewinnwahrscheinlichkeit für einen Call:

- schlechteres Ass (z.B. AT), ich gewinne zu 84 %
- Straight Draw (z.B. 56), ich gewinne zu 65 %
- Pocketpaar (z.B. QQ), ich gewinne zu 91 %
- Set 77 oder 88, ich gewinne zu 2 %
- Set AA, ich gewinne zu 0 %
- zwei Paar (z.B. A7), ich gewinne zu 26 %

Gewinnwahrscheinlichkeit=
0,2*(0,84+0,65+0,91)/3 + 0,8*(0,02+0,00+0,26)/3= 0,2347

Ich gewinne also zu ca. 23 % diese Hand gegen seine möglichen Hände, wenn ich zu davon ausgehe, dass er zu 20 % blufft. Das ist ziemlich wenig, oder?

Wann gewinne ich denn mehr als in 50 % der Fälle?

Dafür stelle ich die Formel um und bekomme als Ergebnis, dass ich meinen Gegner mindestens auf eine 54 %ige Bluff-Wahrscheinlichkeit setzen muss, um bei dieser Hand mit meinem AK noch vorne zu liegen.

Mit anderen Worten: Dieser Spieler muss in mehr als der Hälfte der Fälle diese Hand total überdreht spielen, mir das Ass nicht glauben und mich aus der Hand bluffen wollen, damit ich einen Call hier rechtfertigen kann! Egal, wie verrückt ein Maniac spielt, diese Art von Maniacs ist schon eher selten im Echtgeldspiel. Die meisten loose-aggressiven Spieler wissen schon ziemlich genau, was sie da machen. Diese Erkenntnis ist schon relativ erschreckend für AK, auch gegen einen Maniac.

Aber zurück zur eigentlichen Situation. Die Pot Odds, die ich für den Call bekomme, liegen bei 1 zu 2,47 bzw. 28,78 %. Ich brauchte also mindestens eine 28,78 %ige Chance, um profitabel callen zu können.

Schätze ich den Maniac zu 20 % auf einen Bluff oder eine schlechtere Hand ein als meine eigene, dann muss ich hier ganz klar folden.

Genau diese Einschätzung ist die allerwichtigste im Umgang mit Maniacs. Natürlich kann kein Sterblicher in der Hitze des Gefechtes in einer solchen, schwierigen Situation diese mathematischen Gleichungen ausrechnen. Und es gibt auch immer wieder Situationen, in denen der Maniac hier bluffen wird. Die Frage ist aber ja nicht: Ist ein Fold hier falsch oder zu schwach? Sondern die viel wichtigere Frage in der Situation lautet: Ist ein Call in dieser Situation hier wirklich auf Dauer profitabel gegen diesen Gegner?

Die Rechnung soll vor allem verdeutlichen, wie wichtig es ist, dass Sie sich die Bluff-Wahrscheinlichkeit des Maniacs bewusst machen, in Abhängigkeit von seiner und Ihrer Vergangenheit bis dahin am Tisch. So gut AK auch aussehen mag, tappen Sie nicht in die Falle, Ihr Top Paar gegen einen Maniac überzubewerten! Sie können sehr schnell sehr viel Geld damit verlieren.

Dieses – zugegebenermaßen etwas extreme – Beispiel sollte verdeutlichen, dass es nicht immer richtig ist, einen Maniac zu schnell als Bluffer abzutun und allzu voreilig zu callen. Schließlich trifft auch ein Maniac mal den Flop richtig gut. Und Sie geben ihm dann zu häufig genau *die* Implied Odds, die er sich durch sein Spiel bis zu diesem Zeitpunkt erarbeiten wollte, wenn Sie voreilig handeln. Denn jeder noch so häufig bluffende Maniac trifft auch mal sein Set. Und dann sollten Sie vielleicht besser nicht zur Stelle sein, um ihm die geöffneten Taschen zu füllen.

Grundsätzlich empfiehlt es sich, Pots gegen Maniacs klein zu halten und lieber zu callen anstatt zu reraisen. Man gibt ihm dann zum einen nicht genau die Auszahlung, die er für seine Monster benötigt, um seine vielen Bluffs zu bezahlen. Gleichzeitig ermutigt man ihn zum weiteren Bluffen, wenn man selber keine sonderliche Stärke zeigt.

Merken Sie sich einfach folgende Dinge im Spiel gegen einen sehr loose-aggressiven Gegner:

- Versuchen Sie ihn mit starken Händen durch Reraises vor dem Flop zu isolieren.

- Spielen Sie Slowplay mit starken Händen, um Bluffs zu provozieren.

- Machen Sie ab und zu ein Calldown bis zum River mit einer mittelmäßig starken Hand.

- Aber versuchen Sie am besten nie, einen Maniac zu bluffen!

- Sehen Sie ihn lieber als eine Art durchgeknallte Calling Station und nicht als ein kleines Kind, das mal etwas Disziplin durch einen saftigen Reraise braucht, damit es Ruhe gibt. Das ist der *größtmögliche Fehler*, den Sie im Spiel gegen einen Maniac begehen können.

Lektion 49 – Der loose-aggressive Spielstil (LAG)

Bevor ich auf die Einzelheiten des loose-aggressiven Spielstils eingehe, möchte ich dazu eine deutliche Warnung aussprechen: Dieser Spielstil erfordert einiges an Spielpraxis, Erfahrung, Können, Beobachtungsgabe und Wissen im Pokerbereich. Wenn Sie kein stetig gewinnender Spieler im tight-aggressiven Spielstil sind, sollten Sie in jedem Fall die Finger von dieser Variante lassen. Der zweitteuerste Anfängerfehler ist das Spielen von zu vielen Händen. Und der teuerste ist das aggressive Spielen von zu vielen Händen. Wenn Sie sich also an diese Spielart heranwagen möchten, sollten Sie das klassische Poker mit einem tighten, aggressiven Spiel schon sehr verinnerlicht haben. Sie sollten in der Lage sein, Ihr derzeitiges Limit nachhaltig und dauerhaft zu schlagen.

Loose-aggressiv zu spielen, wenn man nicht zu 100 % in der Lage ist, korrekt tight-aggressiv zu spielen, ist die einfachste und schnellste Möglichkeit, seine Bankroll zu verspielen. Auch Gus Hansen oder Phil Ivey haben nicht als LAGs angefangen, sondern sie sind über Jahre dahin gelangt. Online-Poker vereinfacht diesen Prozess natürlich, aber man sollte sehr vorsichtig mit diesem Stil sein. Also, wenn Sie sich sicher genug für dieses tiefe Wasser fühlen, schauen wir uns einmal die Spielweise und die Vorzüge eines LAG an.

Das Spiel als LAG

Wenn man eine Zeit lang als TAG (tight-aggressiver Spieler) gespielt hat, wird man bald merken, dass diese Strategie an ihre Grenzen stößt. Um diese Grenzen aufzuzeigen, kann man sich das Spiel am besten in Turnieren anschauen. Denn besonders in Turnieren ist man als klassischer TAG sehr häufig eher Short- als Big Stack und man fliegt in der Regel kurz vor oder nach der Bubble mit einem Bad Beat aus dem Turnier. Das kann sehr frustrierend sein. Das ist nicht unbedingt ein Nachteil des Spiels als TAG, nur gibt es Situationen und Umstände, in denen sich ein Kurswechsel anbietet.

Daher erst einmal die Überlegung: *Wieso passiert das überhaupt?!*

Durch das tighte Spiel kann man in der Anfangsphase sehr lange durchhalten. Man selber foldet die meisten Hände, weil die Blinds noch so niedrig sind und die anderen Spieler fliegen munter aus dem Turnier mit mittelstarken Händen und doppeln Ihre ebenso schwachen Gegner regelmäßig zu Big Stacks auf. Man selber macht hier und da mal ein kleines Double-Up, um dann aber wieder 3-4 Runden lang quasi komplett auszusetzen und auf den Anfangsstack runter zu *blinden*. Gleichzeitig steigen die Blinds und die Stacks der Gegner stetig an und man fühlt sich wie ein hungriger Tiger, der darauf wartet, dass die Rehe aus dem Wald gehüpft kommen.

Wenn man dann irgendwann so shortstacked ist, dass man etwas riskieren muss, wandern sämtliche Chips mit einer mehr oder weniger starken Standardhand in die Mitte, man wird von einem loosen Bigstack gecallt und kassiert den Bad Beat auf dem River. *Danke, tschüss, das war's.* Stundenlanges Rumsitzen ohne wirklich brauchbaren Lohn.

Und wenn man sich dann die ganz großen Profis anschaut, erkennt man neben den klassischen TAG-Spielern auch diverse „Gambler“, die sich mit einer anderen Spielart an den Finaltable vorarbeiten: Da wird 46o oder J8s vor dem Flop geraist oder gegen einen Raise gecallt, sie treffen ihre Gutshots und nehmen immer wieder andere TAGs aus dem Spiel. Dieser Stil scheint also auch Vorteile zu haben, nur welche sind das genau?

Vorteile des LAGs

Ein guter und vor allem erfolgreicher LAG zeichnet sich durch Folgendes aus:

- Er ist schwerer zu lesen als ein TAG.
- Er bekommt starke Hände besser ausbezahlt, weil seine Gegner häufiger glauben, dass er blufft.
- Er klaut jede Menge kleiner und mittlerer Pots, weil er ständig raist.

Kurz gesagt: Er passt sich daran an, dass die TAGs so päpstlich an ihrem gelernten Stil festhalten und profitiert davon.

Äußerst wichtig ist, dass man als LAG seine Position ausspielt. Und zwar sowohl die Sitz- als auch die Chip-Position. Das ist ziemlich naheliegend, denn wenn ich meine Anforderungen an die Starthände herunterschraube (also looser spiele), bin ich meistens mit einer schwächeren Hand als mein Gegner im Rennen. Demnach müssen die anderen Komponenten (Position, Chipstapel, Reads) umso stärker sein.

Ziele des LAGs

Versetzen wir uns einmal in die Lage eine LAGs: Wenn ich loose-aggressive spiele, möchte ich Druck auf meinen Gegner ausüben. Also benötige ich ein Opfer, das ich gut unter Druck setzen kann und muss *In Position* gegen ihn raisen. Diese potenziellen Opfer muss ich mir zu Anfang der Runden sofort aussuchen. Ich möchte so schnell wie möglich all ihre Chips haben, bevor einer von uns umgesetzt oder der Tisch aufgelöst wird. Die Opfer suche ich nach folgenden Kriterien:

1.) Sitzposition

Da das Spiel *In Position* für einen LAG absolut wichtig ist, muss er sich die Spieler links neben sich vornehmen. Natürlich kann man auch mal mit Resteals nach rechts feuern, aber die meisten Chips werden eher von links kommen.

2.) Spielstärke

Wenn links neben mir ein superstarker Spieler sitzt oder ein Maniac, den ich nur schwer herumschubsen kann, sollte ich ihm nach Möglichkeit aus dem Weg gehen und mich auf den nächsten Spieler konzentrieren. Was ich als LAG suche, sind in der Regel Rocks (tight-passive Spieler), konservative TAGs und ängstliche Fische.

3.) Chipstärke

Sobald das Spiel etwas weiter fortgeschritten ist, habe ich als LAG in der Regel immer abwechselnd mal sehr viele und dann wieder recht wenige Chips und bin in viele Pots involviert. Daher sollte ich mir bei jeder Hand genau anschauen, wie viele Chips mein potenzielles Opfer hat. Wenn ich gegen einen Spieler raise, der quasi automatisch All-In ist, kann ich meine Vorteile als LAG kaum noch ausspielen, sondern bin reduziert auf meinen Nachteil: Meine Pocketkarten. Umgekehrt möchte ich aber mit 15 BB keinen Spieler attackieren, der auf 200 BB sitzt. Der wird mich nach dem dritten Mal lächelnd All-In setzen, und ich muss meine 86o kleinlaut folden. Ich suche also Spieler, die mich gut ausbezahlen können, aber für die die Chips trotzdem ein wichtiges Kriterium darstellen: Spieler mit mittelgroßen Chipstapeln.

O.K., jetzt weiß ich, wonach ich Ausschau halte. Aber wie genau gehe ich dann als LAG vor?

In jedem Fall raise oder reraise ich vor dem Flop, denn ich möchte eine starke Hand repräsentieren. Voraussetzung sollte außerdem sein, dass ich Position auf mein Opfer habe. Das Ziel des Raises ist dabei nicht, die Blinds zu stehlen, das klappt ja auch nur eine begrenzte Zeit lang. Sondern ich möchte als LAG in einen geraisten Pot kommen und eine Contibet machen können oder die Contibet des Gegners erneut raisen. Natürlich ist es nicht meine Absicht, eine Hand bis zum Showdown zu bringen, dafür ist sie ja meistens viel zu schlecht. Ich möchte meinen Gegner vielmehr durch maximalen Druck auf die Stärke seiner eigenen Karten reduzieren und ihn zu teuren Fehlern zwingen.

Die LAG-Strategie könnte man vielleicht so zusammenfassen:

1.) Spielen Sie als TAG in früher Position, besonders in den Blinds.

2.) Spielen Sie nur in den letzten zwei (oder drei an einem FR-Tisch) Positionen den LAG-Stil.

3.) Raisen Sie vom Cutoff mit allen Händen der ersten vier Kategorien inkl. aller Connectors ab 56s/56o und Gap-Connectors ab 57s/57o, wenn noch niemand geraist hat.

4.) Raisen Sie vom Button mit allen Connectors besser als 45o, Gap-Connectors besser als 46o, 2-Gap-Connectors besser als 58o und anderen ansatzweise spielbaren Karten besser als J7s, Q8s und K5s, wenn noch niemand geraist hat. Mit kleinen Assen ist nach wie vor Vorsicht geboten, wenn sie nicht suited sind.

5.) Reraisen Sie anfangs nur recht tight. Im Laufe der Session können Sie die Ansprüche an Ihre 3-Bets erhöhen, sobald Sie Ihre Gegner einschätzen können.

6.) Callen Sie so gut wie nie, speziell nicht OOP! Raise oder Fold heißt die Devise vor dem Flop.

7.) Machen Sie zu 80 % eine Contibet oder einen Raise auf die Contibet Ihres Gegners auf dem Flop.

8.) Achten Sie auf Anpassungen des Spiels Ihrer Gegner an Ihre loose Spielweise. Sobald Sie Anpassungen feststellen, können Sie das profitabel für Ihre Monsterhände benutzen.

Grundsätzlich muss man sich ja erst einmal vor Augen halten, dass ein LAG eigentlich ständig selber Fehler macht: Er wettet Chips auf eine Hand, die zu 90 % schlechter ist als die seines Gegners. Die Absicht dahinter ist aber, den Gegner zu einem noch größeren Fehler zu bringen, der für ihn teurer ist als der eigene Fehler. Und das funktioniert auch nach einem wichtigen Grundsatz, den David Sklansky formuliert hat:

Wenn mein Gegner sich anders verhält, als er sich verhalten würde, wenn er meine Karten sehen könnte, dann macht er immer einen teuren Fehler.

Da man nicht häufig genug ein Paar Asse oder Könige bekommt, um seinen Gegner zu einem Fehler mit seinem Paar Neunen zu bringen, benutzt der LAG diese absichtlich herbeigebrachte Drucksituation, um einen ähnlichen Fehler beim Gegner zu provozieren.

Schauen wir uns die Auswirkungen dieses Grundsatzes einmal in der Praxis für einen LAG an.

1) Kleine Pots

Wenn ich als LAG vor dem Flop mit 72o raise, mein Gegner z.B. mit AQ im BB callt, dann auf dem J54 Flop checkt, weil er ihn verpasst hat und gegen meine Contibet foldet, dann macht er einen Fehler. Würde er wissen, dass ich 72o habe, würde er vor oder spätestens auf dem Flop raisen. Der zweite Fehler, zu dem ich meinen Gegner durch das LAG-Spiel bringen möchte, ist für ihn allerdings noch viel teurer als der erste.

Wenn ich dieses Spielchen mehrmals hintereinander gemacht habe, wird mein Gegner mir irgendwann meine Raises und Reraises nicht mehr glauben und zurückfeuern. Und wenn dieses Stadium erreicht ist, ergibt sich meistens recht bald die perfekte Hand zum Double-Up.

2) Große Pots

Denn sobald ich eine richtig starke Hand floppe und damit genauso aggressiv wie zuvor spiele, wird mein Gegner mich meistens voll ausbezahlen, weil er mir nicht glaubt. Und auch hier macht der Gegner nach Sklanskys Grundsatz wieder einen Fehler: *Er spielt anders, als er es tun würde, wenn er meine Karten sehen könnte.*

Beispiel: Mein Gegner bekommt KK im BB, ich raise vom Cutoff zum wiederholten Mal gegen ihn mit A7. Seinen Reraise calle ich und im Flop kommt AT4.

Hätte ich am Tisch ein tightes Image, würde mein Gegner am Flop betten, um herauszufinden, ob ich das Ass habe und die Hand relativ bald aufgeben bzw. nicht mehr wahnsinnig viel Geld in die Hand investieren. Als LAG habe ich allerdings das Image, mit T2 oder J4 vor dem Flop zu raisen, ein Reraise zu callen und diese Hand auch nach diesem Flop aggressiv weiterzuspielen.

Und deshalb glaubt er irgendwann nicht mehr, dass ich ihn auf dem Flop geschlagen habe und hält an seiner Hand fest. Könnte er sehen, dass ich das Ass habe, würde er auf jedes Gebot von mir folden. Er hätte schließlich nur 2 Outs gegen meine Hand. Er spielt aber das Gegenteil und reraist meinen Raise auf dem Flop erneut und geht dann auch in der Regel mit der Hand komplett baden.

3) Suckouts

Ein dritter Vorteil, den man als LAG hat, ist die Tatsache, dass man meistens mit mehr Chips als sein TAG-Gegner operieren kann. Man kann es sich dadurch zum einen erlauben, Pots zu verlieren und trotzdem noch im Turnier zu sein. Der viel wichtigere Aspekt dabei ist aber, dass man nicht nur von den Fehlern des Gegners profitieren kann, sondern man kann auch einfach *drawen*! Mit anderen Worten: Wenn ich mit A2 geraist habe, mein Gegner auf 44 sitzt und wir auf dem 425 Flop *Bet-Raise-Reraise-Call* hinter uns gebracht haben, kommt eben von Zeit zu Zeit auch mal die 3, die mir die bessere Hand macht.

Das kennen wir alle nur zu gut, bloß eben von der anderen Seite: Den Bad Beat, den wir als TAG so häufig bekommen, weil wir meistens mit der besseren Hand trotzdem noch den Suckout bekommen.

Als TAG verteile ich diese Suckouts nur extrem selten. Ich bin mit A2 eigentlich nicht in einem geraisten Flop, geschweige denn calle oder reraise ich auf dem Flop mit einem Gutshot.

4) Coinflips

Als TAG versucht man, in einem Turnier Coinflips zu vermeiden. Man hat eh wenige Chips, möchte mit guten Händen mittlere Pots einsammeln und sich so langsam zum Ziel hocharbeiten.

Als LAG wiederum ist man aufgrund der Chipsituation und des eigenen Images in der Lage, Coinflips einzugehen. Das hat mehrere Hintergründe: Zum einen ist man nicht sofort raus, wenn man einen kleineren Stack All-In setzt und den Coinflip verliert. Zum anderen weiß man ja, dass der Gegner den Coinflip vermeidet und somit setzt man ihn wieder maximal unter Druck. Dadurch hat man eine erhöhte Fold Equity und kann nicht selten den Pot ohne den Coinflip stehlen, eben weil man ja selber keine Angst davor hat.

Das sind die wichtigsten Gründe, weshalb LAGs z.B. in Turnieren häufig auf vielen Chips sitzen, damit gambeln (können) und Suckouts verteilen (können). Und einige von ihnen kommen damit auch sehr weit, wenn sie gut sind. Und alle der oben genannten Vorteile bzw. Gründe gelten auch fürs Cashgame.

Die Kehrseite der Medaille ist allerdings, dass man als LAG auch sehr oft früh aus dem Turnier fliegt. Man geht riskante Situationen ein und verliert eben auch des Öfteren in der Anfangsphase. Und sie ist stressig, erfordert viel Aufmerksamkeit und Können als Pokerspieler, denn ich muss wissen, wann ich folden kann und gegen welche Gegner ich mich zurückhalten sollte. Beim Cashgame bedeutet das, dass man als LAG sehr starken Schwankungen in der Bankroll unterliegt, weil man immer mal wieder nachkaufen muss.

<u>Voraussetzungen für das Spiel als LAG</u>

Grundsätzlich ist ein loose-aggressives Spiel immer sehr schwankend, es kostet einige Chips, bis man sich sein looses Image aufgebaut hat und man trifft recht häufig den Flop mittelmäßig, muss dann aber mit einer Bet herausfinden, wo man steht und nicht selten die Hand aufgeben. Das funktioniert natürlich nur, wenn man es sich von den Chips her auch leisten kann. Demnach ist ein LAG-Stil nichts für Spiele, in denen man selber oder viele der Gegner shortstacked sind. Und es lohnt sich auch nicht in Turnieren, in denen man mit wenigen Chips startet bzw. die Blinds besonders schnell ansteigen.

Man kann sich das auch relativ einfach vorstellen, wenn man mal eine klassische LAG-Situation durchspielt:

Hand: 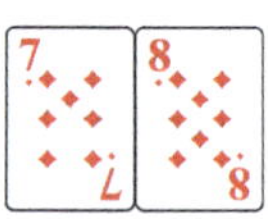
Position: Button
Situation: Kleines Turnier, t1.500 Startchips, erste Hand, Blindlevel 1: t20/t40.

Preflop-Action: UTG+1 callt, MP1 callt, SPIELER raist auf t160, SB callt, BB foldet, UTG+1 callt, MP1 foldet.

Pot: t560

Flop: 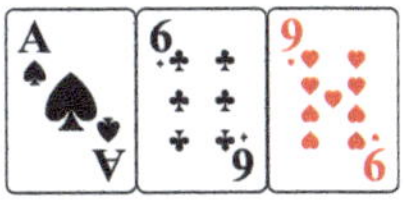

SB checkt, UTG+1 checkt, SPIELER bettet t320 (macht eine Contibet mit seinem OESD von etwas über 1/2 Pot), SB callt, UTG+1 foldet.

Pot: t1.200

Turn: 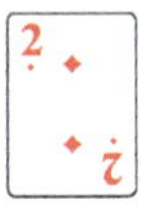

Beide Spieler haben zu dieser Zeit noch t1.020 übrig. SB bettet t600.

Was nun?

Ein Call ist hier indiskutabel, schließlich würde er Ihnen erstens noch t420 in Chips übrig lassen, wenn der River keine 5 oder T bringt. Und zweitens haben Sie hier eine Chance von 1 zu 4,75, wenn Sie davon ausgehen, dass der SB das Ass hat. Diese Pot Odds bekommen Sie aber nicht. Also müssen Sie entweder über ein All-In nachdenken, wenn Sie sich noch Fold Equity beim Gegner ausrechnen (man bedenke: Ihre Hand schlägt aktuell nur einen Bluff kleiner als 8 hoch) oder folden.

Wenn Sie folden, hat Sie dieses loose-aggressive Spiel in nur einer einzigen Hand 1/3 Ihres gesamten Stacks gekostet und das im niedrigsten Blindlevel.

Rechnet man sich das gleiche Spielchen mit t3.000 Startchips durch, dann hätten Sie am Turn noch t2.520 Chips übrig, wenn Sie folden. Damit wären Sie immer noch in akzeptabler Verfassung, das Turnier weiterzuspielen. Bei t10.000 Startchips wiederum würde diese erste Hand nicht mal 1/20 Ihres Stacks ausmachen.

Sitzen an meinem Tisch jeden Menge Shortstacks mit knapp über 10 BB, möchte ich natürlich auch nicht mit 78s auf eine Straße, einen Flush oder auf zwei Paar hoffen. Abgesehen davon, dass ich aufgrund der sehr wahrscheinlichen All-In-Situation eine Hand habe, mit der ich nur ungerne in einen Showdown möchte, bekomme ich auch nicht die Implied Odds für diese spekulativen Hände: Ich treffe damit einfach zu selten. Und wenn ich treffe, bekomme ich nicht genügend Auszahlung, um die erfolglosen Male finanziell aufzuwiegen.

Man sieht an diesen unterschiedlichen Beispielen, dass die Entscheidung über die eigene Spielweise auch vom Verhältnis der Blinds zum eigenen Chipstack bzw. zu den Stacks der Gegner abhängt.

Man kann also nicht an jedem Tisch und in jeder Situation LAG spielen. Gewisse Umstände sollten dafür sprechen, dass sich der Wechsel von TAG zu LAG lohnen kann bzw. er überhaupt funktioniert:

1.) Spielen Sie diesen Stil mit möglichst vielen Gegnern am Tisch. Shorthanded wirkt sich die Varianz häufig sehr heftig auf Sie aus. Und Sie bekommen Ihre Monster zu selten ausbezahlt, weil weniger Spieler auch seltener treffen. Und Sie benötigen von Zeit zu Zeit einen Gegner mit TPTK, der Ihr Set voll ausbezahlt, damit der LAG-Stil funktioniert.*

2.) Mindestens 80 % der Spieler am Tisch sollten *deepstacked* sein (im Turnier bzw. im Cashgame bereit sein, beliebig nachzukaufen).

3.) Sie sollten der stärkste Spieler am Tisch sein (gegen Profis ist das keine gute Idee).

4.) Die Gegner dürfen keine notorischen Calling Stations sein, die irgendwelchen Gutshots hinterherlaufen.

5.) Spielen Sie diesen Stil mit einem sehr konservativen Bankroll Management bzw. nur in einem Turnier, in dem Sie kein Problem damit haben, früh aus dem Turnier zu fliegen. Das Risiko des Ruins (im Turnier oder des Tablestakes beim Cashgame) muss für Sie weniger Bedeutung haben als für Ihre Gegner.

* LAG an einem SH-Tisch zu spielen, kann natürlich auch funktionieren. Ich würde aber bei 6 Gegnern oder weniger eher dazu tendieren, direkt den Maniac-Stil zu spielen, *wenn* ich schon looser als normal shorthanded spielen möchte. Man trifft mit 6 Spielern einfach zu selten auf gute Karten bei den Gegnern und gewinnt zwar viele kleine, aber nur wenig große Pots. Als Maniac verfolgt man das Ziel, dass die Gegner auf Tilt gehen und irgendwann auch Hände wie

„Dame hoch“ auf einem 652-Board gegen den Maniac All-In pushen, weil sie so genervt vom seinem Spiel sind. Und das wiederum kann an einem SH-Tisch eine sehr profitable Edge für einen Maniac sein. Aber dieser Stil ist wirklich nur etwas für Experten. Darauf gehe ich genauer im nachfolgenden Kapitel ein.

Lektion 50 – Der Super-LAG-Stil/Maniac

Maniacs sind superaggressive Spieler, denen Position und die eigenen Pocketkarten ziemlich egal sind. Sie raisen, reraisen, check-raisen und pushen, ohne auch nur ansatzweise das zu haben, was sie damit repräsentieren. Sie sind die extreme Form des LAG.

Viele Spieler meinen, dass dies schlechte Spieler sind, die nur zocken wollen und keine Ahnung von gutem, solidem Poker haben. Das ist aber so nicht richtig. Mann muss nicht erst zu Spielern wie Gus Hansen, Phil Ivey oder Johnny Lodden schauen, um die Stärke einiger Maniacs zu sehen. Es gibt sie in fast jedem Turnier. Und wenn man sie als Anfänger abtut, begeht man definitiv einen Fehler. Denn ein Maniac hat schon mal als Erstes ein wichtiges Grundprinzip des Pokers sehr gut verstanden: *Es ist besser zu raisen anstatt zu callen!* Dieses Grundprinzip haben viele Anfänger, aber auch fortgeschrittene Spieler noch nicht ausreichend verinnerlicht. Phil Helmuth hat einmal gesagt: „Wenn du in Turnieren ständig der Shortstack bist, dann spielst du allgemein zu wenige Hände bzw. raist zu wenig!“ Da ist eine Menge dran: Denn wer raist, gewinnt…

Maniacs haben in Turnieren häufig sehr viele Chips in der Anfangsphase, weil sie viele Pots spielen. Davon verlieren sie einige kleine Pots, aber sie gewinnen dafür auch ein paar sehr große.

Das hat einen einfachen Hintergrund: Sie treffen häufiger Monsterhände aufgrund der breiteren Range ihrer Starthände und bekommen diese dann in der Regel sehr gut ausbezahlt, weil ihre Gegner ihnen nicht glauben bzw. die Hände gut versteckt sind. Sie raisen ja sowieso ständig und irgendwann lehnt sich jemand gegen sie auf, um sie ruhigzustellen.

Um selber diesen extrem loosen, superaggressiven Stil profitabel spielen zu können, muss man ein äußerst erfahrener und guter Pokerspieler sein. Man muss ein sehr gutes Gespür für die Stärke des Gegners und extrem gute Reads am Pokertisch haben, um die gegnerischen Hände zu kennen. Denn nur wenn ich ziemlich genau weiß, wo ich mit meiner Hand stehe, kann ich diesen Stil erfolgreich durchziehen. Wieso? Ein Maniac geht quasi in jeden Flop als Außenseiter mit der schlechteren Hand. Wenn er z.B. mit K5 am Flop einen König bekommt, muss er wissen, ob der Gegner auf AK oder einem Pocketpaar sitzt, um diese große Auszahlung zu bekommen. Wenn zwei konservative Spieler aneinandergeraten und der Spieler sieht AK2 gegen seine QQ, dann ist die Action für ihn in der Regel vorbei. Gegen einen Maniac meinen hier aber viele, dass sie noch vorne liegen und genau daher rührt der Erfolg der Maniacs.

Voraussetzungen für das Spiel als Maniac

Die Voraussetzungen für das Spiel als Maniac sind im Grunde dieselben wie für das Spiel als LAG. Nur sollte man den Maniac-Stil allerdings eher an einem SH-Tisch einsetzen als an einem voll besetzen Tisch. Man benötigt eine äußerst gute Beobachtungsgabe, muss sich sehr viel über seine Gegner merken und ist meistens nach einiger Zeit einem starken Gegendruck seiner Gegner ausgesetzt. Wenn Ihnen 9 Spieler an Ihrem Tisch den Krieg erklärt haben, sollten Sie sich in diesem Gewässer wirklich sicher fühlen, sonst gehen Sie mit dem Spiel ganz schnell baden.

Gehen wir aber einmal davon aus, dass ein Großteil der Spieler an meinem Tisch genügend Chips hat, alle Gegner entweder loose-passiv oder tight sind und ich mich zum Spiel als Super-LAG entschieden habe. Wie genau sieht das Spiel als Maniac dann im Detail aus?

Das Spiel als Maniac

Das Spiel als Maniac ist äußerst schwierig und anstrengend, kann aber wahnsinnig Spaß machen, wenn man kein Problem damit hat, sich am Pokertisch Feinde zu machen. Ich empfehle Ihnen, diesen Stil – wenn überhaupt – ausschließlich online auszuprobieren. In einem Casino oder sogar in einer privaten Runde kann das persönliche Konsequenzen haben. Und Poker soll ja immer noch Spaß machen und sich nicht negativ auf das Privatleben auswirken.

Ein guter Maniac hat statistische Werte von z.B. 38/32/4 (VP$IP/PFR/AF). Das bedeutet, dass er fast jede zweite Hand spielt, egal, in welcher Position und eigentlich bei jeder Hand raist oder reraist.

Wen bzw. was attackiere ich als Maniac?

Die eigenen Karten sind dabei ziemlich egal, da ich versuchen werde, keine Hand zum Showdown zu bekommen, es sei denn, ich habe selber eine gute Hand getroffen, die ich zum Showdown bringen kann. Beim Spiel als Maniac attackiere ich durchgängig die Schwächen meiner Gegner. Dabei sind für mich ihre Aktionen in den jeweiligen Bietrunden und die Struktur des Boards von Bedeutung. Wenn ich ein Board vorfinde, das mein Gegner ziemlich sicher verpasst hat, dann spiele ich es aggressiv an, egal, was ich selber habe. Macht mein Gegner auf einem trockenen Flop eine Contibet, reraise ich recht häufig.

Wenn ich als Maniac in eine Hand verwickelt bin, versuche ich in jeder Bietrunde das letzte Wort zu haben, sprich: *Ich raise und reraise*. Einen Call mache ich ausschließlich nur mit der Absicht, ihn als Float zu benutzen und z.B. dann auf dem Turn oder River stark zu betten oder zu *check-raisen*. Slowplay kenne ich als Maniac nicht, denn ich möchte ja gerade, dass meine Gegner sich mir genau *dann* stark zur Wehr setzen, wenn ich AA oder KK auf der Hand habe. Die spiele ich genauso aggressiv wie 84o. Dafür mache ich als Maniac liebend gerne aggressive Moves und Floats. Sobald ich allerdings auf Aggressivität von einem sehr tighten Rock treffe oder ein Spieler so shortstacked ist, dass ein Raise oder Call von mir ein Spiel um all seine Chips bedeuten würde, schalte ich direkt auf klassisches ABC-Poker in dieser Hand um und spiele ganz normal meine Karten. Schließlich möchte ich kein Geld verschenken und schon gar nicht im Showdown 92o zeigen müssen, wenn AK4TT auf dem Tisch liegen.

Das ist die grobe Absicht bzw. Vorgabe bei der Spielweise als Maniac. Absolute Voraussetzung dafür ist natürlich, dass ich einen sehr guten Bankroll-Puffer für diese Spielart habe und exzellent in der Lage bin, sowohl meine Gegner als auch das Spiel zu lesen, besonders nach dem Flop. Denn als Maniac habe ich starke Schwankungen in meiner Bankroll zu erwarten, muss ständig am Tisch nachkaufen und treffe permanent auf schwierige Entscheidungen nach dem Flop. Aber das Spiel kann sehr profitabel sein, besonders in mittleren Limits, in denen die Spieler nicht wissen, wie sie ihr Spiel an einen solchen Gegner anpassen sollen. Man wird am Tisch andauernd beschimpft und irgendwann fangen die Spieler an, alle möglichen Hände gegen einen zu pushen. Genau da liegt die riesengroße Edge dieser Spielweise. Man bekommt hier teilweise selbst sein mittleres Paar auf einem 952 Board von AK voll ausbezahlt, da die Gegner völlig abgenervt von dieser Spielweise sind und bereits am Flop vollkommen *On Tilt* All-In reraisen.

Als Maniac halte ich Ausschau nach so genannten *Donkbets* auf trockenen Flops. Das sind Gebote, bei denen der Gegner versucht, z.B. auf einem K62 Board mit einer Hand wie AJ den Flop zu klauen. Diese Bets raise ich fast immer in Potgröße, weil ich weiß, dass mein Gegner das nicht callen kann. Natürlich renne ich immer mal wieder in einen König, in ein Set oder in ein Pocketpaar, aber das ist so selten der Fall, dass es sich lohnt, diese Raises immer und immer wieder zu machen. Mein übergeordnetes Ziel ist ja, den Tisch zu überrennen und alle Spieler zu einer negativen Anpassung an meine Spielweise zu bringen. Und je häufiger ich diese Raises mache, desto häufiger bekomme ich auch Calls von Händen, die den Flop nicht getroffen haben. Und das ist die zweite Sache, nach der ich als Maniac Ausschau halte. Sobald diese Anpassung passiert, schalte ich nach dem Flop auf ein tightes bzw. normales Poker um. Dann raise oDie Bette ich nur noch, sobald ich auch selber etwas getroffen habe und lasse mir meine mittelmäßigen Hände zu 100 % ausbezahlen.

Das alles ist natürlich nur eine grobe Richtungsvorgabe. Eine wirkliche Anweisung oder ein System gibt es dafür nicht wirklich, deswegen heißt diese Spielart ja auch *Maniac*. Aber ich möchte Ihnen jedenfalls ein paar Richtlinien für das Spiel als Super-LAG, als Maniac, geben.

Ein Maniac spielt vor dem Flop aggressiv mit...

- jedem Connector (67), 1-Gapper (79), 2-Gapper(58) und 3-Gapper(48) oberhalb von 4, egal, ob suited oder nicht.

- jedem Buben oberhalb von J6, jeder Dame oberhalb von Q7 und jedem König. Bei Assen ist er aber vorsichtig, da die meisten seiner Gegner bessere Asse haben werden und er häufig den Flop genauso trifft wie seine Gegner, aber dann dominiert ist. Wirklich aggressiv spielt er nur AJ, AQ, AK oder suited Asse aufgrund der Flush Value.

- jedem Paar.

Ein Maniac spielt nach dem Flop aggressiv, wenn...

- das Board die Range des Gegners offensichtlich verpasst haben dürfte.
- kein Gegner wirkliche Stärke zeigt. Er sollte für diesen Spielstil erfahren genug sein, um das erfolgreich lesen zu können.
- ein Gegner mit einer Donkbet versucht, den Pot zu stehlen oder einen Semi-Bluff zu machen.
- das Board sehr gute Bluff-Möglichkeiten bietet (z.B. ein 66J Flop für einen Check-Raise).

Ein Maniac gibt seine Hand auf, wenn...

- ein absolut tighter Rock Stärke zeigt.
- das Board sehr gut die Range seines Gegners getroffen haben könnte.
- das Board sehr drawlastig ist und sein Gegner Stärke zeigt.
- sein Gegner Pot-Committed ist und er selber keine starke Hand hält bzw. keinen Showdown möchte.
- sein Gegner offensichtlich eine Calling Station ist und die eigene Hand keine Outs für einen eventuellen Showdown hat.

Fazit loose-aggressive Spielweise

Man kann nicht pauschal sagen, dass dieser Stil besser oder schlechter ist als der konservative, tight-aggressive Stil. Vielmehr sollte ein sehr guter Spieler in der Lage sein, sein Spiel den Gegnern am Tisch anzupassen und ggf. sogar zwischen den Stilen hin und her zu wechseln. Wenn man an einem sehr tighten und zurückhaltenden Tisch sitzt, kann man als Super-LAG viele Pots stehlen, an einem Tisch voller Calling Stations ist das eher eine schlechte Taktik.

Habe ich z.B. einen Fisch rechts neben mir sitzen, der in jeden Pot limpt und sehr tighte Spieler hinter mir, kann ich quasi jede Hand profitabel raisen. Der Stil ergibt sich also mehr aus den Gegebenheiten.

Aber natürlich ist es nicht nur wichtig zu wissen, wie man selber erfolgreich welchen Stil spielen kann, sondern auch, wie man sich verhalten kann, wenn man z.B. mit einem Maniac an einem Tisch sitzt.

Übungen Teil 8 – Üben Sie das Spiel als LAG

Um das Spiel als LAG zu üben, sollten Sie über ein wenig mehr Bankroll und Erfahrung verfügen. Gehen Sie drei oder vier Stufen unter ihr eigentliches Limit (also z.B. 0.50 $/1 $, wenn Sie normalerweise 3 $/ 6$ spielen) und suchen Sie sich einen Tisch, der ansatzweise zu den Voraussetzungen zu passen scheint.

Wenn Sie mit Statistiksoftware arbeiten, dann lassen Sie sich Ihre eigenen Daten am Tisch mit anzeigen. Versuchen Sie, so viele Hände wie möglich in später Position zu spielen, sodass Sie ansatzweise auf Werte wie 35/30/3.5 kommen. Diese Werte entsprechen einem ziemlich aggressiven Stil, auch nach dem Flop. Wenden Sie in dieser Übung alles an, was Sie im Laufe dieses Buches gelernt haben: Reads, Statistiksoftware (falls vorhanden), fortgeschrittene Contibets und Bluffs, Floating, Hand-Reading, Tells usw. Wenn Sie besonders loose und aggressiv spielen, dann sind Sie in viele Hände verwickelt und werden viele Dinge ausprobieren können. Aber übertreiben Sie es nicht. Interessant ist vor allem die Reaktion Ihrer Gegner. Je besser Sie selber in der Lage sind, das Verhalten Ihrer Gegner zu durchschauen, desto besser können Sie sich auch diesem Verhalten anpassen. LAG bedeutet nicht nur, viele Hände aggressiv zu spielen, sondern sich auch flexibel den Spielsituationen anzupassen. LAG ist kein statischer Stil, sondern ein sehr sprunghafter, bei dem man ständig schwierige Entscheidungen zu fällen hat.

Probieren Sie es aus und nehmen Sie sich vor allem Zeit für die Nachbetrachtung! Analysieren Sie Ihre Statistiken und Ihre Handhistory Dateien nach jeder Session, damit Sie genau verstehen lernen, wie der LAG-Stil das Geschehen am Tisch beeinflusst.

Kapitel 15

Turniere und Sit'n Gos II

„One day a chump, the next day a champion. What a difference a day makes in tournament poker."

-- Mike Sexton

Cashgames VS Turniere

Auf die Vor- und Nachteile von Turnieren bin ich ja bereits in *Band 1* ein wenig eingegangen: Man benötigt definitiv eine ausreichend große Bankroll, um sich Turniere leisten zu können. Natürlich machen Sie manchmal etwas mehr Spaß als klassisches Cashgame, weil man aufgrund der steigenden Blinds eine stärkere und etwas andere Action bekommt, als wenn die Blinds stetig auf ein und demselben Niveau bleiben würden. Dennoch kann man sich mit einer regelmäßigen Teilnahme an großen Turnieren kaum sinnvoll eine Bankroll aufbauen. Die Varianz dieser Spielart ist viel zu groß und man müsste viel zu viele Turniere spielen, um (statistisch betrachtet) in den Bereich zu kommen, in dem sich Glück und Pech ausgleichen und langfristig ausgelegtes Pokern auszahlt, als dass es sich lohnt. Anders sieht das allerdings bei *Sit'n Gos* (SNGs) aus. Diese kleinen Single-Table-Turniere gehen (online) meistens maximal 30-60 Minuten. Und da kann man nach einiger Zeit durchaus in einen Bereich kommen, in dem gute Spieler auf Dauer gewinnen und schlechte Spieler auf Dauer verlieren, besonders mit Multitabling.

Lektion 51 – Aufbau einer Bankroll mit SNGs

Wenn man seine Bankroll stetig mit SNGs aufbauen möchte, sollte man auch hier ein sinnvolles Bankroll Management betreiben. Bewährt haben sich hierbei 35-40 Buy-Ins.

Das bedeutet, dass man für den Aufbau einer Bankroll mit 6 $ SNGs mindestens eine Bankroll von 200 $ haben sollte, eher 250 $. Wenn man Multitabling betreibt, würd ich sogar eher 50 Buy-Ins empfehlen. Wieso so hoch? Die Varianz bei SNGs ist wesentlich höher als beim Cashgame: Zum einen aufgrund der steigenden Blinds (je höher die Blinds im Vergleich zu den Stacks, desto ausschlaggebender wird der Glücksfaktor), zum anderen aufgrund der Tatsache, dass bei einem 10er-Tisch immer 7 Spieler ohne Gewinn ihren Einsatz investieren. Man läuft also Gefahr – im Gegensatz zum Cashgame – mit einem Suckout seinen kompletten Einsatz zu verlieren und nicht nur einen Anteil seines Einsatzes.

Es hat aber auch durchaus Vorteile, sich im Laufe seiner Karriere einmal intensiv mit SNGs auseinanderzusetzen. Man lernt außerordentlich gut, wie man an einem Final Table spielt bzw. wie man z.B. in einem Satelliten-Turnier erfolgreich in die bezahlten Plätze kommt.

Um SNGs erfolgreich schlagen zu können, braucht man schon Übung und theoretisches Hintergrundwissen. Viele Spieler spielen – gemessen an ihrem Können und an ihrer Bankroll – zu häufig und zu viele SNGs online und verlieren damit recht viel Geld.

Ich kann nur betonen, wie wichtig es ist, dass man sich – für den erfolgreichen Aufbau einer Bankroll mit SNGs – mit den mathematischen Verhältnismäßigkeiten bei SNGs auseinandersetzt und diese im Schlaf beherrscht. In den folgenden Kapiteln werde ich genauer auf eines der wichtigsten mathematischen Modelle in SNGs und in den Endphasen von Turnieren eingehen: das **Independent Chip Model** (kurz: ICM).

Die gute Nachricht ist, dass nach wie vor die Mehrheit der SNG-Spieler noch nie etwas von ICM gehört hat, geschweige denn danach spielt. In einigen Pokerräumen ist das sogar noch in den höheren Limits der Fall. Und ganz besonders beim Live-Spiel in Casinos ist ICM ein absolutes Fremdwort für den Großteil der Spieler. Daraus ergibt sich eine durchaus profitable Edge, wenn man häufiger diese Turnierart spielt.

Lektion 52 – SNG-Strategie „Push oder Fold"?

Bevor ich auf das ICM eingehe, möchte ich noch ein paar Ergänzungen zu den Grundlagen aus *Band 1* über das Turnierspiel geben. Es sollte bekannt sein, dass es in den frühen Blindlevels am profitabelsten ist, relativ tight zu spielen. Ausnahmesituationen habe ich im Kapitel über das loose-aggressive Spiel in

Turnieren mit sehr großen Anfangsstacks angeschnitten. Allgemein sollten Sie sich aber an diese Richtlinie halten. Es lohnt sich einfach nicht, bei t3.000 Startchips wie wild um die 40er-Blinds zu kämpfen.

Ich habe im ersten Band die magische 10-BB-Marke angesprochen: Wenn Sie in einem Turnier in den Bereich von knapp 10 Big Blinds geraten, sollten Sie direkt All-In gehen, wenn Sie vor dem Flop erhöhen möchten.

Da Sie mit diesem Buch einige fortgeschrittene Techniken am Pokertisch gelernt haben (Pot Control, Commitment usw.), möchte ich diese kritische Phase in Turnieren ebenfalls etwas weiter aufschlüsseln.

Push oder Fold?

Die Frage, ob ich eine Hand pushen (also bereits vor dem Flop All-In gehen) kann, hängt von diversen Faktoren ab. Besonders wenn man aufgrund der steigenden Blinds immer stärker unter Druck gerät, wird die Range an Händen, mit denen man vor dem Flop direkt All-In geht, immer weiter.

Die Reihenfolge der Kriterien, nach denen ich meine Entscheidung fälle, könnte so aussehen:

1.) Wie viele Chips habe ich?

Wenn ich weit über 12 BB habe, muss ich selber nicht zwingend pushen. Alles unterhalb von 10 BB ist eine „Push-oder-Fold"-Entscheidung.

2.) In welcher Position sitze ich?

Die Position bestimmt ebenfalls meine Range: Wenn ich UTG bin und noch 9 Spieler hinter mir sitzen, ist die Wahrscheinlichkeit zu groß, dass hinter mir noch eine Hand kommt, die mich dominiert. Demnach sollte ich z.B. A8 in erster Position eher folden als pushen. Vom Button ist das natürlich schon etwas anders zu werten. Darauf gehe ich aber noch etwas genauer im Kapitel über das *ICM* ein.

3.) Hat schon vor mir jemand Stärke gezeigt?

Wenn ein anderer Spieler (der eventuell nicht gerade mit 4 BB so extrem unter Druck steht, dass er quasi alles pushen muss) vor mir bereits All-In ist oder geraist hat, dann greift wieder das *Gap-Konzept*: Meine Range an Händen, mit denen ich hier spielen kann, wird deutlich enger, weil ich keine Fold Equity mehr vor dem Flop habe. Die Ausnahme ist, wenn ich selber nur noch so wenig Chips habe, dass das Dead Money der Blinds mir so gute Odds beschert, dass ich z.B. mit T9s, J8s o.Ä. callen bzw. pushen kann.

4.) Was für Spieler sitzen hinter mir? Sind sie sehr tight oder eher Calling Stations?

Wenn ich weiß, dass meine Gegner auch mit KT ein All-In callen, weil sie das für eine superstarke Hand zum Callen halten, kann ich z.B. mit Händen wie K9 nicht mehr wirklich gut pushen. Das muss ich in die Bewertung meiner Range mit einbeziehen.

5.) Gegen welche Gegner pushe ich, die bereits im Pot sind (Limper, SB und BB)?

Wenn ich mit nur noch 7 BB gegen den Chipleader mit 60 BB pushe, wird dieser mich eventuell auch mit marginalen Händen callen, um mich aus dem Turnier zu nehmen. Ist der BB vielleicht gerade on Tilt, weil er einen Bad Beat bekommen hat? Dann callt er vielleicht auch mit einer mittelmäßigen Hand mein All-In, weil er schnell wieder seine Chips zurückgewinnen möchte. Diese Frage sollte ich ebenfalls recht eindeutig beantworten können.

6.) Wie viele Chips haben meine Gegner – zum einen im Vergleich zu den Blinds, zum anderen im Vergleich zu mir?

Wenn ich mehr Chips habe als die Spieler in den Blinds, kann ich wesentlich mehr Hände pushen als umgekehrt. Ich stelle Ihr Turnierdasein damit aufs Spiel, riskiere mein eigenes aber nicht automatisch. Wenn die Blinds z.B. selber bereits sehr stark unter Druck sind, gibt es nicht selten Situationen, in denen ich mit jedem beliebigen Blatt gegen sie All-In gehen kann.

Besonders profitabel sind hier z.B. Situationen in Turnieren oder SNGs, in denen man sich „auf der Bubble", also kurz vor den Geldrängen befindet. Hier möchte kein Spieler zu früh ausscheiden, sondern sich lieber ins Preisgeld retten. Daher werden die meisten Spieler hier ultratight und callen wirklich nur mit AK, AQs, AA-JJ und vielleicht noch TT ein All-In. Gegen diese gegnerische Range kann man natürlich so quasi jede Hand profitabel All-In pushen. Jetzt werden Sie sich fragen: *„Jede Hand?"* Ja, wirklich jede Hand.

Um das nachvollziehen zu können, schauen wir uns einmal an, wie sich die mathematischen Verhältnisse hier verhalten. Dazu dient das Programm PokerStove, mit dem wir diese Berechnungen simulieren können. Das Programm ist kostenlos und sehr gut. Sie finden den Link zum Download u.a. auch auf www.poker-mit-system.de.

??	99-AA AJs+ AKo KQs
SPIELER, SB: 14 BB	**GEGNER, BB: 10 BB**

Die Range meines Gegners entspricht den Top 5 % der Starthände. Meine Handrange (in diesem Fall zwei beliebige Karten) ist gegen die Range meines Gegners zu 21,5 % Außenseiter, mein Gegner gewinnt in 78,5 % der Fälle, wenn er callt.

Die Errechnung des EVs meines Pushes sieht dann so aus:

EV (Gegner foldet) = +1,5 BB (der aktuelle Pot)
EV (Gegner callt) = 0,785*(-9,5 BB) + 0,215*(10,5 BB) = -5,2 BB

Die Wahrscheinlichkeit, dass mein Gegner foldet, liegt wie gesagt bei 95 %. Wenn er callt, gewinnt er in 78,5 % der Fälle, ich in 21,5 %.

EV (Push) = 0,95*(1,5 BB) + 0,05*(-5,2 BB) = +1,165 BB

Das heißt, dass ich in 95 % der Fälle die Blinds kassiere und 1,2 BB Plus mache und in 5 % der Fälle einen durchschnittlichen Verlust von 5,2 BB erleide. Im

Durchschnitt hat dieser Push aber trotzdem noch einen positiven EV von mehr als 1 BB. Und das bei einem All-In mit *jeder beliebigen Hand*. Ich werde diesen Move noch etwas genauer im Kapitel über *ICM* erklären.

7.) Welche Karten habe ich?

Als Allerletztes entscheide ich, ob die zwei Karten, die ich bekommen habe, in die Range fallen, die die Punkte 1-6 festgelegt haben. Und wenn ich zu der Erkenntnis komme, dass ich wirklich jede Hand profitabel All-In pushen kann, wandern auch mit 72o all meine Chips in die Mitte.

Lektion 53 – Independent Chip Model (ICM)

Einige von Ihnen haben vielleicht in dem einen oder anderen Internetforum schon vom **Independent Chip Model** (ICM) gelesen. Und wahrscheinlich ging es Ihnen dabei auf den ersten Blick ähnlich wie den meisten Pokerspielern: Zu Anfang versteht man nur Bahnhof.

Aber ein zweiter Blick auf dieses System lohnt sich definitiv. Ich werde einmal versuchen, in den nächsten Seiten zu verdeutlichen, wofür das System zu gebrauchen ist.

Grundvoraussetzung für das Verstehen des ICM ist der problemlose Umgang mit EV und Pot Odds (was ich hier einmal voraussetze, sonst unbedingt vorher erneut in *Band 1* und am Anfang dieses Buches nachlesen!) und ein wenig mathematisches Verständnis.

Bevor wir aber klären können, welches Problem das ICM löst, müssen wir erst einmal das Problem an sich kennen. Wie Sie ja wissen, laufen Turniere grundsätzlich nach dem gleichen Prinzip ab: Sie bezahlen eine bestimmte Teilnahmegebühr, das so genannte *Buy-In* und bekommen dann eine festgelegte Anzahl an Turnierchips. Im Gegensatz zum Cashgame entsprechen diese Chips aber keinem echten Geld, schließlich können Sie nicht mitten im Turnier aufstehen und die Chips in Bargeld umwandeln. Die Chips sind eher vergleichbar mit Monopoly-Geld. Und im Laufe des Turniers fliegen immer mehr Spieler aus dem Turnier, die keine Chips mehr haben und bekommen demnach auch kein echtes Geld für Ihre Turnierteilnahme. Erst ab einer bestimmten Platzierung bekommt man echtes Geld, wenn man ausscheidet. Diese Plätze bezeichnet man bekanntermaßen als *„in the money"* (ITM).

O.K., soweit dürfte das nichts Neues für Sie sein, denke ich. Man möchte bei jedem Turnier gerne mindestens einen der bezahlten Plätze erreichen, bevor man ausscheidet, damit man wenigstens nicht mit leeren Händen nach Hause geht.

Wenn Sie sich jetzt als soliden Spieler bezeichnen, der einen Call oder einen Fold aufgrund der Kenntnis von Outs, Pot Odds usw. macht, gibt es allerdings mathematisch betrachtet ein Problem:

Sie können die mathematisch besten Calls machen. Wenn Sie aber dadurch früh aus dem Turnier fliegen, bringt Ihnen das auf Dauer nichts, denn Sie dürfen ja nicht weiterspielen. Sie sind raus und bekommen nichts!

Deshalb bekommen EV, Pot Odds, Outs und Gewichtungen von Chipstacks zu Blinds in Turnieren eine etwas andere Bedeutung als in Cashgames. Und genau da setzt das ICM an.

Ich habe ja bereits im Verlauf des Buches zur Unterscheidung von Turnierchips und echtem Geld tX und $X benutzt: t4.000 entsprechen 4.000 in Turnierchips und 300 $ sind 300 echte Dollar, um die es geht. Zusätzlich werde ich auf den kommenden Seiten zur Errechnung des Erwartungswertes einer Aktion zwischen tEV und $EV unterscheiden: der tEV beschreibt den Erwartungswert an Turnierchips, der $EV den Erwartungswert an echtem Geld.

Das ICM ist ein sehr fortgeschrittenes System, mit dem Sie aber auf Dauer erfolgreich Turniere und besonders SNGs schlagen können. Der Einfachheit halber werde ich das ICM am Beispiel von SNGs mit 10 Spielern erklären, bei denen nur die ersten drei Plätze mit 50 % (Platz 1), 30 % (Platz 2) und 20 % (Platz 3) des Preispools bezahlt werden. Dies ist die klassische Struktur von SNGs, wie Sie sie in den meisten Pokerräumen vorfinden werden, sowohl online als auch in Casinos.

Also, los geht's…

Der Anspruch auf den Preispool eines jeden Spielers berechnet sich natürlich mathematisch betrachtet aus der Anzahl an Turnierchips, die er besitzt. Stellen Sie sich vor, es sind noch 3 Spieler übrig und 2 haben jeweils nur noch 100 Chips, während der dritte Spieler mit 9.800 Chips dasitzt. Dann ist seine Chance, den ersten Platz zu machen, natürlich um ein Vielfaches höher als bei den anderen beiden Spielern.

Und das ist natürlich auch nicht anders, wenn die Verhältnisse nicht ganz so extrem sind wie in dem Beispiel. Errechnen wir also einmal, wie die Chancen bzw. Ansprüche der einzelnen Spieler auf einen bestimmten Platz sind, wenn sie etwas dichter beieinander liegen.

Nehmen wir uns als Beispiel die klassische Situation in einem 1-Tisch-Sit'n Go:

55 $-SNG, 10 Spieler, Platz 1: 250 $, Platz 2: 150 $, Platz 3: 100 $

Startchips: t2.000

Da 10 Spieler mit jeweils t2.000 gestartet sind, sind insgesamt t20.000 im Umlauf.

Es sind noch 3 Spieler übrig und Ihre Chips sind folgendermaßen verteilt:

Spieler 1: t9.500
Spieler 2: t6.500
Spieler 3: t4.000

Von den gesamten t20.000 Chips hat jeder einzelne Spieler folgenden Anteil:

Spieler 1 (t9.500): t9.500/t20.000= 0,475 = 47,5 %
Spieler 2 (t6.500): t6.500/t20.000= 0,325 = 32,5 %
Spieler 3 (t4.000): t4.000/t20.000= 0,200 = 20,0 %

Wenn dieses Turnier ein „*Winner-takes-it-all*"-Turnier, also nur der erste Platz bezahlt wäre, dann wären die Gewinnchancen eines jeden Spielers genau gleich ihrem Anteil an den Gesamtchips. Mit anderen Worten, Spieler 1 hat eine 47,5 %ige, Spieler 2 eine 32,5 %ige und Spieler 3 noch eine 20 %ige Gewinnchance auf Platz 1. Soweit verständlich? Gut. Denn jetzt müssen wir einen Schritt weitergehen.

In unserem Beispiel bekommt aber ja nicht nur der erste Platz Geld, sondern die ersten drei Plätze werden ausbezahlt und das auch noch unterschiedlich. Um die Gewinnerwartung jedes einzelnen Spielers zu errechnen, müssen wir also auch noch wissen, wie wahrscheinlich Die Betreffende Spieler jeweils den zweiten oder dritten Platz macht – in Abhängigkeit von seiner Anzahl an Chips. Dafür nehmen wir uns einmal exemplarisch Spieler 2 vor. Wir wissen, dass er zu 32,5 % den ersten Platz macht. Mit welcher Wahrscheinlichkeit aber macht er den zweiten Platz? Dazu folgende Überlegungen:

I) Spieler 1 gewinnt

Wenn Spieler 1 gewinnt, dann errechnet sich der Anspruch von Spieler 2 auf den zweiten Platz aufgrund seiner Chips folgendermaßen:

Spieler 2: t6.500
Spieler 3: t4.000

Zusammen haben beide Spieler 10.500 in Chips. Spieler 2 hat davon folgenden Anteil:

Spieler 2 (t6.500): t6.500/t10.500= 0,619 = 61,9 %

Er macht also – wenn er davon ausgeht, dass Spieler 1 den ersten Platz macht – mit einer Wahrscheinlichkeit von ca. 62 % den zweiten Platz.

II) Spieler 3 gewinnt

Aus der Anfangsüberlegung wissen wir ja, dass Spieler 3 mit einer Wahrscheinlichkeit von 20 % gewinnt. Sollte das der Fall sein, dann muss Spieler 2 wissen, mit welcher Wahrscheinlichkeit er noch den zweiten Platz vor Spieler 1 machen kann:

Spieler 1: t9.500
Spieler 2: t6.500

Zusammen haben beide Spieler 15.500 in Chips. Spieler 2 hat davon folgenden Anteil:

Spieler 2 (t6.500): t6.500/t15.500= 0,4333 = 43,3 %

Er macht also – wenn er davon ausgeht, dass Spieler 3 den ersten Platz macht – mit einer Wahrscheinlichkeit von 43,33 % noch den zweiten Platz.

Kombiniere ich diese beiden möglichen Ereignisse miteinander, komme ich auf folgende prozentuale Equity (also den theoretischen Anspruch) von Spieler 2 auf einen zweiten Platz:

%Equity (SP 2, Pl. 2) = 0,475*0,619 + 0,2*0,4333 = 0,3753 = 37,53 %

Soweit verständlich? Nicht? Also vielleicht noch einmal etwas genauer:

- Spieler 1 gewinnt in 47,5 % der Fälle das SNG (also: Faktor 0,475).
- WENN Spieler 1 gewinnt, dann macht unser Spieler 2 zu 61,9 % den zweiten Platz (Gesamtwahrscheinlichkeit: 0,475*0,619).
- Spieler 3 gewinnt in 20 % der Fälle das SNG (also: Faktor 0,2).
- WENN Spieler 3 gewinnt, dann macht unser Spieler 2 zu 43,3 % den zweiten Platz (0,2*0,433).
- Für die Gesamtwahrscheinlichkeit addiere ich die Wahrscheinlichkeit der einzelnen Ereignisse.

Also wissen wir: zu insgesamt 37,53 % macht Spieler 2 den zweiten Platz.

III) Spieler 2 macht den 3. Platz

Jetzt kennen wir die Wahrscheinlichkeit von Spieler 2 auf den ersten Platz (32,5 %) und seine kombinierte Wahrscheinlichkeit auf den zweiten Platz (37,5 %). Da die Gesamtwahrscheinlichkeit bekanntermaßen immer 100 % ergeben muss, liegt also die Wahrscheinlichkeit, dass Spieler 2 den dritten Platz macht, bei 100-32,5-37,53= **29,97 %.**

O.K., aber was bringt uns diese Erkenntnis nun?

Es ging ja ursprünglich darum, dass wir wissen wollten, wie das Verhältnis der Chips des Spielers zum echten Geld aussieht, also zur Auszahlung im Turnier.

Und das können wir jetzt anhand der Wahrscheinlichkeiten oder Ansprüche auf die einzelnen Plätze errechnen.

Spieler 2 macht

- zu 32,5 % den ersten Platz und kassiert 250 $,
- zu 38 % den zweiten Platz und kassiert 150 $,
- zu 29,5 % den dritten Platzt und kassiert 100 $.

Seine Gesamt-Equity mit diesen Chips sieht also folgendermaßen aus:

$Equity = 0,325*250 $ + 0,3753*150 $ + 0,2997*100 $ = 167,51 $

In unserem Beispiel hat Spieler 2 also eine $Equity von 167,51 $ mit seinen t6.500 Turnierchips. Übertragen wir diese Rechnung auf alle drei Spieler, ergibt sich folgende Übersicht:

	Chips	Platz 1	Platz 2	Platz 3	Equity
Spieler 1	9.500	47,50 %	34,75 %	17,75 %	188,62 $
Spieler 2	6.500	32,50 %	37,53 %	29,97 %	167,51 $
Spieler 3	4.000	20,00 %	27,72 %	52,28 %	143,86 $

Keine Sorge, diese Rechnung müssen Sie nicht am Tisch im Kopf erledigen. Es gibt Software, die das nachher für Sie bewerkstelligt bzw. mit der Sie das Spiel nach ICM *üben* können. Ich möchte nur vorab das Prinzip erklären, damit Sie wissen, was Sie da überhaupt machen, wenn Sie später mit J2 All-In gehen.

Wir wissen also jetzt, wie groß die $Equity der einzelnen Spieler zum jetzigen Zeitpunkt ist.

Aber wie setzen wir dieses Wissen am Pokertisch um?

Dafür versetzen wir uns erneut in die Lage von Spieler 2. Spieler 2 weiß, dass er eine $Equity von 167,51 $ mit seinen t6.500 Chips hat. Jetzt ergibt sich für ihn folgende Hand:

Die Blinds sind mittlerweile bei t400/t800

> Spieler 3 (BU) foldet.
> Spieler 1 (SB) pusht All-In.
> Spieler 2 (BB) hat AJo.

Der Pot ist zu diesem Zeitpunkt effektiv t6.900 groß und Spieler 2 muss t5.700 callen, da er den BB mit t800 schon bezahlt hat. Callt er, kann er entweder verdoppeln oder rausfliegen. Foldet er, dann hat er noch t5.700 Chips übrig. Die Pot Odds, die Spieler 2 für den Call bekommt, sind demnach 1,21:1 oder 45,24 %.

Jetzt weiß Spieler 2, dass Spieler 1 diesen Push mit recht vielen Karten macht, weil er maximalen Druck auf seine Gegner ausüben will. Er macht diesen Move mit jedem Ass besser als A6, jedem König besser als K6 (jeweils suited und offsuit) und jedem Pocketpaar ab 66. Laut PokerStove ist Spieler 2 mit seiner Hand AJo gegen diese Range zu ca. 54 % Favorit. Das wäre ein klarer Call bei den Pot Odds von 45,24 %. Aber ist dieser Call auch wirklich *+$EV*?

Dafür gehen wir einmal alle möglichen Szenarien mit dieser Hand durch.

1) Spieler 2 foldet

Der Erwartungswert für diese Aktion ist klar. Spieler 2 ist immer noch im Rennen, kann immer noch alle drei Plätze belegen und wir können seinen Erwartungswert genauso berechnen wie vorher. Er hat nach dieser Aktion noch t5.700 Chips, Spieler 1 hat t10.300. Die Erwartungswerte auf den Gesamtpreispool verschieben sich dadurch wie folgt:

	Chips	Platz 1	Platz 2	Platz 3	Equity
Spieler 1	10.300	51,50 %	33,40 %	15,10 %	193,95 $
Spieler 2	5.700	28,50 %	37,39 %	34,11 %	161,44 $
Spieler 3	4.000	20,00 %	29,21 %	50,79 %	144,60 $

Spieler 2 hat durch den Fold eine $Equity im Turnier von 161,44 $ statt 167,51 $.

Der Fold an sich hat also insgesamt einen $EV von -6,07 $.

2) Spieler 2 callt und gewinnt

Um diesen Erwartungswert zu ermitteln, müssen wir wieder wissen, wie sich die Verhältnismäßigkeiten nach dem Call verschieben. Spieler 2 hat danach t13.000 und Spieler 1 nur noch t3.000. Das verändert den Erwartungswert wie folgt:

	Chips	Platz 1	Platz 2	Platz 3	Equity
Spieler 1	3.000	15,00 %	31,61 %	53,39 %	138,30 $
Spieler 2	13.000	65,00 %	27,72 %	7,28 %	211,36 $
Spieler 3	4.000	20,00 %	40,67 %	39,33 %	150,34 $

Spieler 2 hat durch den Gewinn dieser Hand plötzlich eine $Equity im Turnier von 211,36 $.

Dieses Ereignis hat also einen $EV von +43,85 $.

3) Spieler 2 callt und verliert

Wenn Spieler 2 callt und verliert, belegt er den dritten Platz und kassiert dafür 100 $. Im Vergleich zu seiner $Equity vor dieser Runde ist das ein Verlust von 67,51 $ (=167,51 $ - 100 $).

Dieses Ereignis hat also einen $EV von -67,51 $.

Wenn ich weiß, dass Spieler 2 mit seinem AJo gegen die Hände von Spieler 1 bei diesem Push zu 54 % Favorit ist, ergibt sich also insgesamt folgende Rechnungen für Spieler 2:

tEV (call) = 0,54*t6.900 + 0,46*(-t5.700) = +t1.104

Ein profitabler Call gegen die Range von Spieler 1, wenn man das Ergebnis nur in Chips sieht. Aber wie sieht es mit dem Erwartungswert an echtem Geld aus?

$EV (call) = 0,54*43,85 $ + 0,46*(-67,51 $) = -7,38 $
$EV (fold) = -6,07 $

Erst einmal fällt auf, dass beide Aktionen einen negativen Erwartungswert für Spieler 2 haben. Das hängt mit der Auszahlungsstruktur von Turnieren bzw.

SNGs zusammen: der Verlust der Chance auf den ersten oder zweiten Platz bedeutet einen Verlust der Chance auf 70 % des Preispools. Spieler 1 hat Spieler 2 mit seinem All-In also definitiv vor eine Entscheidung mit einem negativen Erwartungswert gestellt, *ganz egal* wie Spieler 2 sich entscheidet. Das ist natürlich fantastisch für Spieler 1, aber darauf gehen wir später noch genauer ein.

In jedem Fall ist der Erwartungswert des Calls stärker negativ als der des Fold. Das bedeutet, dass Spieler 2 folden sollte, denn er verliert durch den Fold weniger als durch den Call.

Wäre die Range, mit der Spieler 1 All-In pusht, etwas weiter anzusiedeln, dann sieht die Rechnung plötzlich ganz anders aus. Nehmen wir an, dass Spieler 1 diesen All-In mit jedem Ass, jedem König und jedem Pocketpaar macht, dann ist Spieler 2 mit AJo gegen diese Range 59 % Favorit laut PokerStove anstatt 54 %. Daraus ergibt sich dann folgende, neue Rechnung:

tEV (call) = 0,59*t6.900 + 0,41*(-t5.700) = +t1.734
$EV (call) = 0,59*43,85 $ + 0,41*(-67,51 $) = -1,08 $
$EV (fold) = -6,07 $

Beim Erwartungswert an Chips macht sich der Unterschied bereits deutlich bemerkbar, aber der Erwartungswert an echtem Geld fällt noch wesentlich positiver für den Call aus. Spieler 2 steht immer noch vor einer Entscheidung, die einen negativen Erwartungswert hat, egal, wie er sich entscheidet, aber der Call ist jetzt deutlich die bessere Wahl.

Und genau an dieser Stelle bekommt das ICM seine Daseinsberechtigung am Pokertisch:

Wenn ich in einem Turnier vor eine Entscheidung für all meine Chips gestellt werde, dann fälle ich die Entscheidung aufgrund des Erwartungswertes an *echtem* Geld und nicht an Chips.

Bemerke: In diesen beiden Berechnungen hat einzig und allein die Range meines Gegners den Ausschlag gegeben, ob ich den All-In Push callen sollte oder ob der Fold besser wäre. Das bedeutet im Umkehrschluss, dass es besonders in Turnieren wichtig ist, dass Sie Ihre Gegner genau beobachten und die Ranges, mit denen Ihre Gegner bereit sind, All-In zu gehen, einschätzen.

Und was für den Call gilt, gilt natürlich ganz genauso für einen All-In Push. Wenn wir uns die gleiche Situation also aus der Sicht von Spieler 1 (der ja All-In gegangen ist) anschauen, dann muss er sich wiederum folgende Rechnung durch den Kopf gehen lassen:

1) Womit pusht mein Gegner bzw. womit callt mein Gegner einen All-In Push?

2) Ist mein Push/Call gegen seine Range +$EV oder -$EV?

Also muss auch Spieler 1 für einen korrekten ICM-Push seinen Gegner Spieler 2 auf eine bestimmte Range an Händen setzen. Auch das spielen wir einmal kurz durch.

Mal angenommen, Spieler 1 hat seinen Gegner Spieler 2 als einen recht tighten Rock beobachtet, der ein All-In nur mit AJ oder besser, mit KQ (jeweils suited oder offsuit) und einem Pocketpaar 77 aufwärts callen würde. Dann wäre Spieler 1 mit einer beliebigen Hand zu 30 % Außenseiter gegen diese Range. Die Range von Spieler 2 entspricht aber bloß 8,4 % aller Starthände. Mit anderen Worten: in nur 8,4 % aller Fälle bekommt Spieler 1 überhaupt einen Call, bei dem er dann durchschnittlich 30 %iger Außenseiter wäre. Aber in 91,6 % der Fälle foldet Spieler 2 am Button gegen den All-In Push und Spieler 1 klaut ihm die Blinds.

Aus der Sicht von Spieler 1 gestaltet sich die Rechnung dann folgendermaßen:

I) Spieler 2 foldet

Wie wir aus der Tabelle weiter oben wissen, hat Spieler 1 danach t10.300 in Chips, was einer $Equity von 193,95 $ entspricht.

Dieses Ereignis hat für Spieler 1 also einen Erwartungswert von +5,33 $.

II) Spieler 2 callt und gewinnt

Auch dafür schauen wir auf die Tabelle etwas weiter oben. Spieler 1 hätte danach noch t3.000 in Chips übrig, was einer $Equity von 138,30 $ entspricht.

Dieses Ereignis hat für Spieler 1 also einen Erwartungswert von -50,32 $.

III) Spieler 2 callt und verliert

In dem Fall hätte Spieler 1 t16.000. Er hätte den zweiten Platz sicher und eine 80 %ige Chance auf Platz 1 gegen Spieler 3 mit t4.000. Das entspricht einer Equity von:

$Equity = 0,8*250 $ + 0,2*150 $ = 230 $

Dieses Ereignis hat für Spieler 1 also einen Erwartungswert von +41,38 $.

Und jetzt schauen wir uns den Erwartungswert dieses All-In Pushes an. Wir gehen davon aus, dass Spieler 1 diesen Push mit jeder beliebigen Hand macht, also auch mit 72o oder 32o. Wenn Spieler 2 callt, ist Spieler 1 also 30 %iger Außenseiter. Draus ergeben sich die folgenden Erwartungswerte:

> $EV (S1 callt) = 0,7*(-50,32 $) + 0,3*41,8 $= -22,68 $
> $EV (S1 foldet) = +5,33 $

Wenn Spieler 1 aber seinen tighten Gegner auf die oben genannte Range von maximal 8,4 % der Hände für einen Call setzt, dann ergibt sich folgender Gesamterwartungswert für diesen Push:

> **$EV (Push) = 0,084*(-22,68 $) + 0,916*5,33 $ = +2,98 $**

Mit anderen Worten bedeutet das: Spieler 1 kann an dieser Stelle mit **jeder beliebigen Hand** profitabel All-In gehen. Er gewinnt dadurch durchschnittlich knapp 3 $ vom Preisgeld, und zwar nur mit diesem einen Move. ICM-Spieler nennen diese Situation „*Push any two*".

Natürlich kommen in der Praxis Situationen vor, in denen man mit 32o im SB All-In geht, von KK im BB gecallt wird und aus dem Turnier fliegt. Das sieht für die anderen Spieler, die das ICM nicht kennen, vielleicht dämlich aus, ist aber auf Dauer ein korrekter Spielzug. Das ICM ja gerade der Ansatz, chipbasierte Situationen in dauerhaft profitable oder unprofitable Spielzüge umzurechnen. Denn dann können Sie sogar in Turnieren von langfristigen Entscheidungen sprechen, also von Entscheidungen, mit denen Sie auf Dauer echten Profit machen werden.

Eine weitere Situation, in der das ICM Ihre Entscheidungen beeinflussen kann, kommt ständig in Turnieren vor: Das Spiel an der Bubble, am letzten unbezahlten Platz im Turnier/SNG. Stellen Sie sich folgendes Beispiel vor:

Hand: 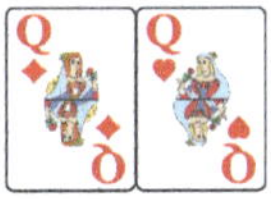
Position: BB
Situation: 109 $ NL Sit'n Go, Bubble-Phase, Blinds t200/t400

MP3 (24/17/2.5): t6.000
Cutoff: t1.400
SB: t2.600
SPIELER (BB): t5.000

Preflop-Action: MP3 pusht All-In, CO foldet, SB foldet.

Können Sie hier profitabel callen?

Aufgrund der Statistikdaten und den Beobachtungen von Spieler 1 raist er hier mit folgenden Karten: Jedem Ass, jedem Paar und jeder Hand mit zwei Bildern.

Laut *Pokerstove* sind Sie hier gegen diese Range zu 70 % Favorit. Das klingt nach einem klaren Call. Die spezielle Bubble-Situation macht die Überlegung hier aber ein wenig komplizierter. Schauen wir uns einmal erneut die Erwartungswerte laut ICM an, die mit einem Call oder einem Fold einhergehen.

Vor der Hand hatten die Spieler folgende Equity auf den Preispool:

	Chips	Platz 1	Platz 2	Platz 3	Equity
MP3	6.000	40,00 %	32,50 %	20,38 %	**338,28 $**
CO	1.400	9,33 %	12,85 %	22,10 %	**129,41 $**
SB	2.600	17,33 %	22,01 %	33,43 %	**219,55 $**
SIE / BB	5.000	33,33 %	32,64 %	24,08 %	**321,76 $**

Wenn Sie callen und verlieren, ist Ihre Equity logischerweise 0, da Sie als Bubbleboy leer ausgehen. Das passiert nach unseren Berechnungen zu 30 %.

Wenn Sie callen und gewinnen (was zu 70 % der Fall wäre), sieht es so aus:

	Chips	Platz 1	Platz 2	Platz 3	Equity
MP3	1.000	40,00 %	32,50 %	20,38 %	**134,99 $**
CO	1.400	9,33 %	12,85 %	22,10 %	**180,60 $**
SB	2.600	17,33 %	22,01 %	33,43 %	**260,69 $**
SIE / BB	10.000	33,33 %	32,64 %	24,08 %	**423,72 $**

Ihre Equity erhöht sich also um 101,96 $, wenn Sie diese Hand gewinnen.

Sie riskieren mit dem Call, der eine 70 %ige Gewinnwahrscheinlichkeit hat, Ihren Anspruch in dem Turnier auf 321,76 $, um im Gewinnfall einen Anspruch auf 423,72 $ zu haben. Schauen wir uns einmal an, ob das wirklich +$EV ist:

$EV (Call) = 0,3*(-321,76 $) + 0,7*(+101,96 $) = -25,16 $

Sie sehen, dass dieser Call einen stark negativen Erwartungswert in Geld hat. Das bedeutet im Klartext, dass Sie zwar zu 70 % mit den Damen gewinnen, aber dass Sie gleichzeitig im Durchschnitt 25 $ verlieren, wenn Sie callen.

Wenn Sie die Rechnung mit KK machen, kommen Sie immer noch auf ein negatives Ergebnis! **Der Call mit KK hätte ebenfalls einen $EV von -10,33 $.** Erstaunlich, oder? Der Grund dafür ist einerseits natürlich Ihr Risiko, Bubbleboy zu werden und komplett ohne Preisgeld aus dem Turnier zu scheiden. Andererseits ist es aber vor allem die Stackgröße der beiden Spieler im Cutoff und im SB, die dieses Risiko unprofitabel machen. Diese Spieler sind jeweils so weit hinter Ihnen in Chips, dass sie mathematisch einen wesentlich geringeren Anspruch auf einen der bezahlten Plätze als Sie haben.

Würde der SB mit seinen t2.600 Chips allerdings gegen Sie All-In gehen, würde die Sache schon ganz anders aussehen: Jetzt könnten Sie in jedem Fall profitabel callen, da der Call für den Fall, dass Sie verlieren, nicht automatisch Ihr Aus bedeutet. Ich werde das auch nur kurz zusammenfassen, um die Konsequenz zu verdeutlichen. Wenn Sie gewinnen, steigt Ihre Turnier Equity auf *390,99 $*. Wenn Sie gegen den SB verlieren, wäre sie noch *209,81 $*. Daraus ergäbe sich folgender, positiver $EV für den Call mit QQ:

$EV (Call) = 0,3*(-111,95 $) + 0,7*(+69,23 $) = +14,88 $

Die Erkenntnis dieser etwas längeren Rechnung ist im Grunde folgende:

Gegen den SB könnten Sie profitabel mit QQ ein All-In callen.
Gegen den Spieler in MP3 müssten Sie allerdings sogar KK folden!

Wenn Sie dieses System bis zu diesem Zeitpunkt noch nicht zu 100 % verstanden haben, ist das überhaupt kein Beinbruch! Keine Panik, die wenigsten der erfolgreichen ICM-Spieler haben das System auf Anhieb verstanden und anwenden können. Kein Mensch kann diese ganzen Berechnungen in Echtzeit am Pokertisch im Kopf erledigen. Das ist aber auch nicht nötig.

Das Spiel nach ICM kann man mithilfe bestimmter Software üben. Auf der Internetseite zum Buch www.poker-mit-system.de finden Sie einen Überblick über die wichtigsten dieser Programme. Nach einiger Übung brauchen Sie diese Berechnungen nicht mehr anstellen, sondern können die Entscheidungen aus dem Gefühl bzw. aus der Erfahrung fällen.

Trotzdem ist es wichtig, dass Sie das Prinzip verstanden haben. Fassen wir die Erkenntnisse zum ICM also noch einmal zusammen:

Das Independent Chip Model errechnet Ihnen, ob ein All-In Push (oder der Call eines All-In) einen positiven oder negativen $EV hat, unabhängig davon, ob der Call eventuell einen positiven oder negativen tEV hat. Wenn der Push bzw. Call einen besseren $EV hat als der Fold, dann sollten Sie pushen bzw. callen. Hat der Push bzw. Call mit jeder beliebigen Hand einen besseren $EV als ein Fold, dann sollten Sie auch mit jeder beliebigen Hand pushen bzw. callen, also auch mit 72o.

Wenn Sie in der Bubble-Phase die meisten oder im Vergleich zu den anderen Spielern sehr viele Chips haben, sollten Sie so gut wie nie den Großteil Ihrer Chips riskieren, selbst nicht mit Premium-Händen wie QQ oder KK!

Achtung! Das ICM berücksichtig ausschließlich Chipstände und Pocketkarten. Es geht nicht auf Position und Skill der einzelnen Spieler ein! Die Edge eines sehr guten Spielers gegen 2 sehr schlechte Spieler kann den Ausschlag geben, dass der gute Spieler einen All-In *nicht* callt, obwohl der Call +$EV wäre. Seine Equity ist dann aufgrund seines Skills allgemein höher, wenn er im Spiel bleibt.

Und genauso müsste ein Push z.B. bei noch 5 verbleibenden Spielern in erster Position anders bewertet werden als aus dem SB, da die Fold Equity eine andere wäre. Aber dies sei nur der Vollständigkeit halber erwähnt. Das ICM ist genau wie alle anderen Systeme beim Poker keine Anleitung, nach der man blind spielen kann und immer gewinnen wird. Vielmehr sollten Sie es als Bereicherung Ihres Spiels empfinden.

Sie können eher in grenzwertigen Situationen Entscheidungen nach dem ICM fällen, in denen Sie sich nicht sicher sind, ob Sie callen, pushen oder folden sollten. Da kann die Überlegung, ob ein Push oder ein Call auch +$EV wäre, die entscheidenden paar Prozentpunkte ausmachen.

Um Ihnen einen ungefähren Einblick zu geben, unter welchen Umständen mit welchen Karten man über einen All-In Push nachdenken könnte, hier eine Liste dazu. Sie sollten nicht blind nach dieser Liste spielen, sondern Sie als ungefähren Anhaltspunkt sehen, um die Stärke Ihrer Hand in einer bestimmten Situation einschätzen zu können. QTo kann man mit 7 BB im Cutoff pushen, aber wenn der Gegner im BB eine notorische Calling Station ist, der durchaus mit QJ callen würde, ist das eine stark grenzwertige Entscheidung.

Die Liste dient daher wie gesagt mehr zur Orientierung, wie sich das ICM in der Praxis (z.B. in einem 1-Table-SNG) auswirken kann.

Außerdem ist wichtig zu erwähnen, dass diese Liste nur auf die eigene Stackgröße eingeht, nicht auf die Stackgrößen der Gegner. Wenn Sie im SB gegen einen Spieler im BB pushen und Sie selber haben noch 10 BB, Ihr Gegner hat aber nur noch 4 BB, dann pushen Sie effektiv mit 4 BB. Dann müssen Sie allerdings auch mit einbeziehen, dass Ihr Gegner wesentlich looser callen wird, als wenn er 20 BB hätte. Diese Tabelle geht also ausschließlich davon aus, dass *Sie* unter 10 BB sind, Ihre Gegner aber alle nicht. Sie können darin die Handranges ablesen, mit denen man in Abhängigkeit Ihrer Stackgröße pushen kann.

Push oder Fold?

Stack	Early/Middle	Cutoff	Button	Small Blind
3 BB suited	AXs, KXs 54s+, QTs	Jedes Bild 54s+, 64s+, 96s+	Jedes Bild 32s+, 64s+, 96s+	*push any two*
offsuit	Jedes Paar Jede 2 Bilder	Jedes Paar Jedes Bild T9o	Jedes Paar Jedes Bild T9o	*push any two*
5 BB suited	AXs, KTs+ QTs+,JTs 54s+	AXs, KXs Q6s+, JTs+ 54s+, 68s+	AXs, KXs Q4s+, J8s+ 54s+, 68s+	*push any two*
offsuit	Jedes Paar A8o+, KJo+	Jedes Paar AXo, K8o+ QTo+, JTo	Jedes Paar AXo, KXo Q8o+, JTo	Jedes Paar Jedes Bild 98o+, T8o+
7 BB suited	A6s+, KTs+ QTs+, JTs 98s+	AXs, K4s+ QTs+, JTs 54s+	AXs, KXs QTs,+JTs 54s+	AXs, KXs QXs, JXs 54s+, 64s+
offsuit	77+ ATo+, KQ	Jedes Paar AXo+, KTo+ QTo, JTo	Jedes Paar AXo+, K8o+	Jedes Paar AXo, KXo T9o
10 BB suited	*AKs*	A6s+, KTs+ QTs+, JTs	AXs, K8s QTs	AXs, KXs Q4s+, J8s+ 54s+, 64s+
offsuit	*JJ+ AKo*	77+ A8o+	Jedes Paar AXo, KTo	Jedes Paar AXo, KXo Q8o+, JTo, T9o

Lektion 54 – Das Spiel zu zweit: Heads-Up

Das Spiel zu zweit, kurz *Heads-Up*, ist ein sehr fortgeschrittenes Spiel, bei dem man weit über die Basics hinausgehen muss. Man ist aufgrund der Spielstruktur und der Blinds gezwungen, wesentlich marginalere Hände zu spielen als an einem Fullring-Tisch und muss wesentlich schwierigere Entscheidungen nach dem Flop treffen.

Man ist automatisch in jede Hand verwickelt, aber nur die wenigsten Hände kommen bis zum Showdown. Deshalb hat der aggressivere Spieler von beiden immer einen großen Vorteil, wenn beide z.B. denselben Spiel-Skill haben.

Eine der wichtigsten Dinge, die man beim Heads-Up als Erstes versuchen sollte herauszufinden, ist die Spielweise des Gegners. Die optimale Strategie beim Heads-Up ergibt sich ausschließlich aus der Spielweise des Gegners. Wenn mein Gegner jeden meiner Raises aus dem Button reraist, muss ich die Ansprüche an meine Starthände wesentlich erhöhen. Ist mein Gegner eher ein passiver Spieler, der bietet, wenn er etwas getroffen hat und sonst alles foldet, dann kann ich wesentlich mehr Hände spielen und sehr viel bluffen.

Die Anfangsphase ist elementar wichtig, um Informationen zu sammeln. Spielen Sie hier fast ausschließlich kleine Pots und machen Sie hin und wieder auch mal einen Calldown bis zum River, um die Karten des Gegners zu sehen. In der frühen Phase kann ein verlorener, kleiner Pot z.B. eine solch wichtige Information bringen, dass es sich später bezahlt macht.

Sie sollten die Anfangsphase eines Heads-Up-Matches nutzen, um herauszufinden, wie Ihr Gegner allgemein spielt:

- Raist er häufig vom Button?
- Macht er ständig Contibets?
- Womit *check-raist* mein Gegner?

- Womit macht er Preflop Slowplay, womit auf dem Flop?
- Wie reagiert er auf einen Raise aus dem Button? Wie reagiert er auf einen Call?
- Wie spielt er auf dem Flop, wenn er nichts getroffen hat und wie spielt er, wenn er getroffen hat?
- Callt er nach dem Flop tendenziell viel oder raist er eher?

Die Position ist im Heads-Up außerdem enorm wichtig, da späte Position immer einen Informationsvorteil gegenüber früher Position hat. Und Information kann durch Aggressivität ausgenutzt werden. Das ist das Key-Konzept beim Heads-Up. Je besser Sie Ihren Gegner lesen können und je aggressiver Sie spielen, desto größer ist Ihre Edge.

Für das Heads-Up konkrete Anweisungen in Spielsituationen oder z.B. Kategorien von Starthänden zu geben, ist quasi unmöglich. Daher möchte ich hier nur ein paar Überlegungen und Grundsätze anbringen, die bei dieser Spielart wichtig sind.

1.) Heads-Up Table Selection

Table Selection beim Heads-Up-Cashgame ist nur sehr schwer. Aber wenn man einen Spieler sieht, der an einem Heads-Up Tisch mit weitaus mehr als den max. 100 BB sitzt, kann man davon ausgehen, dass er zu 70-80 % ein aggressiver und erfolgreicher Spieler ist. Durch passives, schwaches Spiel kommt in der Regel kein Heads-Up-Spieler zu einem großen Stack.

2.) Heads-Up Preflop-Strategie

Jedes Ass, jeder König und jedes Paar ist Heads-Up stark genug, um damit einen großen Pot zu spielen. Die Auswahl Ihrer Starthände und z.B. der Größe Ihrer Gebote hängt aber mehr von Ihrem Gegner als von Ihren Startkarten ab. Position und Aggressivität sind die wichtigsten Aspekte beim Heads-Up-Match. Als Grundsatz für das Spiel vor dem Flop lässt sich Folgendes formulieren:

Wenn Sie im Heads-Up eine Hand spielen möchten, dann sollten Sie in Position (also im SB/Button) raisen und einen Reraise callen, weil die Position nach dem

Flop für Sie spielt. Out of Position (also im BB) sollten Sie einen Raise eher reraisen anstatt zu callen, weil die Position nach dem Flop gegen Sie spielen wird. Spielen Sie grundsätzlich mehr Hände vom Button als im BB.

3.) Reads beim Heads-Up

Sie sollten mit Ihren Aktionen die Schwachstellen Ihres Gegners herausfinden: Callt er z.B. häufig Ihre Buttonraises Out of Position, dann ist das eine Schwachstelle, die Sie ausnutzen können, indem Sie ihn ständig nach dem Flop weiter unter Druck setzen. Er wird Sie natürlich ab und zu auch mal *check-raisen*, um Ihnen Einhalt zu gebieten, aber wenn er dieses Prinzip von Position nicht verstanden hat, ist er nicht in der Lage, das jedes Mal zu machen. Selbst wenn er 4 von 10 Mal *check-raist* und den Pot holt, lohnt es sich für Sie. Callt der Gegner selber häufig nur vom Button aus? Das ist ebenfalls eine solche Schwachstelle, denn damit gibt er Information preis, die Sie mit Preflop-Raises und Flop-Bets ausnutzen können.

4.) Das Spiel von Draws

Pot Odds sind eine schöne Sache, aber im Heads-Up Match nur eine kleine Hilfe. Druck, Aggressivität, Reads und Chipposition sind hier wesentlich wertvoller als ein Flush Draw. Daher sollte man mit Draws sehr vorsichtig sein. In einem Pot an einem Fullring Tisch mit 5 Gegnern, die alle nur gelimpt haben, können Suited Connectors tolle Odds haben. Heads-Up sind sie nur marginal mehr wert als z.B. J2o. Die Tatsache, dass Ihr Gegner genauso selten den Flop trifft wie Sie, schmälert die Implied Odds extrem, wenn Sie einen Flush oder eine Straight treffen. Im Cashgame an einem voll besetzten Tisch ist es ja Ihr Ziel, z.B. mit einer Straight einem Gegner mit einen Drilling oder zwei Paar all seine Chips abzunehmen. Heads-Up wird Ihnen das aber wohl ungefähr genauso häufig passieren, wie Sie ein Paar Asse bekommen. Draws sollte man also eher dazu nutzen, um Stärke zeigen zu können und gleichzeitig eine Hintertür zu haben, wenn man gecallt wird (z.B. einen Check-Raise All-In Out of Position, ohne ein Paar getroffen zu haben). Das gilt speziell mit Overcards, die weitere Outs bedeuten, da man häufig auch von mittleren Paaren noch auf dem River gecallt wird.

5.) Das Spiel gegen starke, aggressive Spieler

Gegen gute Gegner sollten Sie erst einmal relativ tight vor dem Flop spielen, also auch Hände wie K2, Q4 etc. folden. Der Grund ist einfach: Die Schwäche Ihres Gegners ist offensichtlich nicht seine mangelnde Aggressivität, also müssen Sie nach anderen Schwachpunkten suchen. Dafür sollten Sie aber nach Möglichkeit keine schlechten Hände bis zum Showdown bringen, da ein aggressiver Gegner häufig große Pots aufbaut. Wenn Sie diese allzu häufig verlieren in der Anfangsphase, sind Sie recht schnell shortstacked (in einem Turnier) oder pleite (im Cashgame). Nach dem Flop können Sie dann allerdings sehr aggressiv spielen, um zu sehen, wie er darauf reagiert. Auf Dauer kann tightes Spiel Heads-Up natürlich aufgrund der Blinds nicht profitabel sein. Es geht aber zu Beginn um den Informationsgewinn. Eine weitere Möglichkeit im Spiel gegen einen aggressiven Gegner ist ein Float: Sie callen den Gegner runter, um den Pot auf dem Turn oder River mitzunehmen, wenn er checkt.

Beispiel: Sie raisen Preflop mit JT in Position, er reraist, Sie callen. Auf dem Flop bettet er wieder und Sie callen diese Contibet, auch wenn Sie nicht getroffen haben. Wenn er dann auf dem Turn checkt, können Sie Stärke zeigen und werden nicht selten die Hand gewinnen, auch wenn Sie nichts getroffen haben. Wieso auf dem Flop callen und nicht raisen? Ein aggressiver Spieler ist es gewohnt, irgendwann von irgendwelchen Pokerpolizisten mit nichts geraist zu werden, weil seine Gegner sich nicht ständig unter Druck setzen lassen wollen. Das bedeutet, dass er einen Call als wesentlich gefährlicher empfindet als einen Raise. Seine Gegner callen ihn in der Regel mit Monsterhänden als Slowplay, es sei denn, es sind Calling Stations, die ihn ständig callen, um ihn zu erwischen. Aber das Verhalten wird er bei Ihnen ja nicht beobachten, weshalb er eine *Call-Flop/Raise-Turn*-Line häufig durchaus respektieren wird. Ebenfalls ist *Check-Call/Check-Raise* eine gute Line gegen einen solchen Gegner, weil er es gewohnt ist, Bets auf dem Flop grundsätzlich zu raisen. Gegen einen dominanten Gegner gehen wiederum Hände wie Suited Connectors, kleine Paare o.Ä. in der Wertigkeit hoch. Sie bekommen schließlich durch die aggressive Spielweise des Gegners bessere Implied Odds als gegen einen passiven Spieler, der auf jedem Flop wegwirft, wenn er nichts getroffen hat.

6.) Bankroll Management fürs Heads-Up

Beim Heads-Up kann man in sehr kurzer Zeit sehr viel Geld verlieren. Daher sollte man sich eine Stop-Loss-Marke bei 3 Buy-Ins setzen. Verliere ich gegen einen Spieler 3 Buy-Ins an einem Tag, verlasse ich die Session und mache entweder Schluss für den Tag und spiele an einem anderen Tag gegen ihn, oder ich mache eine Pause und spiele dann gegen einen Spieler, den ich profitabler schlagen kann. Ein Pokertisch ist ein schlechter Ort für Egokämpfe. Man sollte immer auf der Suche nach der maximalen Edge sein. Spiele ich gegen einen Spieler, den ich nur wenig oder kaum schlagen kann, wechsele ich nach einiger Zeit den Tisch und suche nach den Fischen, die überall herumschwirren.

7.) Heads-Up im Turnier und im Cashgame

Heads-Up im Turnier ist noch etwas anders als im Cashgame, denn im Turnier bedeutet der Chiplead definitiv Macht. Sie können mit Händen raisen oder reraisen, die absolut wertlos sind, denn Ihr Gegner kann wiederum mit wertlosen Händen nicht callen, da er im Gegensatz zu Ihnen riskiert, aus dem Turnier zu fliegen. Das ist eine Edge, die man ausnutzen kann bzw. sollte. Ist man im Heads-Up weit oberhalb der magischen 10-BB-Grenze, dann kann man wie beschrieben die Hände bzw. die Schwächen des Gegners spielen. Kommt man aber in den Bereich von 10 BB, dann zählt auch im Heads-Up der „Push-oder-Fold"-Modus. Und dafür gibt es ein besonderes System, das so genannte SAGE-System.

Lektion 55 – Das SAGE-System

Lee Jones, einer der bekanntesten englischen Pokerbuchautoren, hat ein System für das Heads-Up Spiel entwickelt, das er SAGE (*Sit And Go Endgame*) nennt. Es wurde im bekannten *Cardplayer* Magazin veröffentlicht, ist eine sehr interessante Bereicherung für das eigene Spiel, und deshalb möchte ich es Ihnen natürlich auch nicht vorenthalten.

Jones geht in dem Artikel als Vorgabe davon aus, dass die beiden Heads-Up-Spieler sich in einem großen Turnier als die letzten beiden durchgekämpft haben, einen langen Pokertag hinter sich haben und nun reichlich erschöpft sind. Die Konzentration hat schon lange nachgelassen und der Wunsch, das Turnier nun auch langsam mal zu Ende zu bringen (natürlich als Gewinner), beeinflusst eventuell die eine oder andere vernünftige Entscheidung. Um auch unter diesen

Umständen einen klaren Kopf zu behalten und die richtigen Entscheidungen treffen zu können, wurde das SAGE-System entwickelt.

Dieses System ist quasi das ICM des Heads-Up (vereinfacht gesagt): Es befasst sich ebenfalls mit der Frage, wann ein Push („All-In"), der Call eines Push oder ein Fold profitabel ist. Genauso wie beim ICM greift das SAGE-System erst, sobald die Blinds die kritische 10-BB-Marke erreicht haben. Mit anderen Worten: Habe ich (oder mein Gegner) weniger als 10 BB, bin ich auch Heads-Up im „Push-oder-Fold"-Modus. Und bei diesen Entscheidungen hilft mir das SAGE-System.

Das SAGE-System dient zur Berechnung einer Push-oder-Fold-Entscheidung. Dazu sind natürlich – ähnlich wie beim ICM – gewisse Informationen notwendig: Blindhöhe, Stackgröße, Pocketkarten.

Grundvoraussetzung ist allerdings, dass man entweder SB ist und selber überlegt, ob man pusht oder foldet, oder dass man im BB sitzt und der SB gepusht hat. Das SAGE-System ist nicht geeignet für Überlegungen, wenn der andere Spieler gelimpt oder klein geraist hat.

Aufgrund der steigenden Blinds in Turnieren wird natürlich grundsätzlich auch der Druck auf den Shortstack größer, sodass er immer looser pushen muss, je höher die Blinds im Vergleich zu seinem Stack werden. Drückt man dies mathematisch aus, kommt man zu folgender Tabelle:

R	SB Top %	SB Grenze	BB Top %	BB Grenze	SB Edge
1	89 %	6-2 suited	100 %	3-2 offsuit	0.010
2	79 %	6-4 suited	89 %	6-2 suited	0.051
3	74 %	9-5 offsuit	70 %	7-5 suited	0.061
4	71 %	10-4 offsuit	60 %	J-5 offsuit	0.047
5	68 %	9-6 offsuit	53 %	9-7 suited	0.026
6	64 %	7-6 suited	48 %	Q-2 suited	0.002
7	61 %	10-4 suited	42 %	Q-7 offsuit	-0.018
8	58 %	J-2 suited	39 %	K-2 suited	-0.042
9	55 %	9-8 offsuit	36 %	3-3	-0.063

Was bedeuten die Spalten?

R = Anzahl der Big Blinds des kleineren Stacks
SB Top % = Prozentsatz an Starthänden, die der SB pushen muss
SB Grenze = grenzwertige Hand, die diese Anforderung noch so gerade erfüllt
BB Top % = Prozentsatz an Händen, mit denen der BB den Push callen muss
BB Grenze = grenzwertige Hand, die diese Anforderung noch so gerade erfüllt
SB Edge = EV des SB

Wie muss man diese Tabelle jetzt lesen?

Eigentlich wäre die Interpretation so:

„Wenn der SB hier noch 6BB hat, braucht er mindestens 76s für einen profitablen Push und der BB müsste mindestens Q2s haben, um den Push noch gerade so callen zu können. Und selbst dann hätte der SB einen EV von +0,002“

Das wäre auch für ein Computerprogramm eine eindeutige Anweisung, weil es alle 169 Starthände in seiner Wertigkeit auswendig kennt und danach die korrekte Entscheidung treffen könnte. Für unser Beispiel mit den beiden unausgeschlafenen und abgekämpften Finalisten ist das natürlich völlig unbrauchbar. Selbst für einen ausgeruhten Pokerspieler wäre das zu kompliziert.

Deshalb wurde das System noch weiter vereinfacht und hier wird es jetzt interessant!

Um zu definieren, wie stark eine Hand (im Vergleich zu den anderen 168 Starthänden) ist, wurde der so genannt ***Power Index (PI)*** entwickelt.

Die Berechnung des PI ist ganz einfach:

1.) Multiplizieren Sie die höhere der beiden Karten mit 2.

2.) Addieren Sie die niedrigere der beiden Karten dazu.

3.) Wenn die Hand ein Paar ist, addieren Sie noch 22 dazu.

4.) Wenn die Karten suited sind, addieren Sie noch 2 dazu.

5.) Jetzt vergleichen Sie den PI mit den Werten in der SAGE-Tabelle:

R	Push (SB)	Call (BB)
1	17	(any)
2	21	17
3	22	24
4	23	26
5	24	28
6	25	29
7	26	30

Wenn Ihr PI dem Wert in der Tabelle entspricht oder größer ist, dann pushen bzw. callen Sie, sonst folden Sie. Das war‘s! Und mit etwas Übung ist das kinderleicht, sogar für unsere beiden Halbzombies am Final Table.

Zur Verdeutlichung gebe ich Ihnen dazu auch einmal die Beispiele von Jones.

Beispiel 1)

Die Blinds sind t500/t1.000. Der Spieler im Small Blind hat t5.635 in Chips und der Big Blind t2.865 in Chips. Der SB hat als Karten ein Paar 33. Wie lautet also sein Power Index (PI)? ***PI = (2 x 3) + 3 + 22 = 31***

Der Big Blind hat J4s. Sein Power Index: ***PI = (2 x 11) + 4 + 2 = 28***

Der Big Blind ist hierbei der Shortstack, also zählt nur, wie viel Chips er hat. Er hat aktuell noch ca. 3 BB, also muss der SB laut SAGE-Tabelle mindestens einen PI von 22 haben, um zu pushen und der BB mindestens einen PI von 24, um den Push zu callen.

In diesem Fall sollte der SB also pushen, da seine Hand einen PI von 31 hat, was mehr als die erforderlichen 22 sind. Der BB sollte diesen Push aber auch callen, da er wiederum mit seinem PI von 28 mehr als die notwendigen 24 hat.

Beispiel 2)

Die Starthände und Stackgrößen sind identisch, aber die Blinds sind bei t200/t400. Jetzt ist der PI vom SB mit seinen Pocket Dreiern ja nach wie vor 31 und der PI des BB nach wie vor 28. Aber der „R"-Faktor ist anders: Der Shortstack hat in diesem Beispiel 7 BB, nicht mehr 3 BB.

Das bedeutet, dass der SB mindestens einen PI von 26 für den Push benötigt. Der PI seiner Hand ist nach wie vor 31, also pusht er wieder. Anders sieht es aber für den BB aus: laut SAGE-Tabelle benötigt er bei einem R von 7 mindestens einen PI von 30, um den Push profitabel zu callen. Seine Hand J4s hat allerdings nur einen Power Index von 28. In diesem Fall müsste er also folden.

In der Praxis wäre das dann auch ein Coinflip mit 33 gegen J4, bei dem der SB knapp vorne liegt. Aber die Blindhöhe entscheidet hier für den BB, ob er mit seinem J4s callt oder nicht.

Etwas weiter unten finden Sie noch ein paar weitere Beispiele und Situationen zur Arbeit mit dem SAGE-System.

Wozu das SAGE-System?

Das System relativiert aufgrund des Push-oder-Fold-Modus die Spielstärken der beiden Spieler. Es gibt kein Postflop-Spiel, keine schwierigen Calls und auch keine großartigen Pot Odds-Berechnungen. Insofern reduziert sich das Pokerspiel in dieser Situation theoretisch auf die mathematischen Unterschiede der Hände der beiden Spieler zueinander. Würden beide Spieler nach dem SAGE-System spielen und dieses auch wissen (was ja das Gap-Konzept aushebelt), dann wäre es ein mathematisches Patt. Beide pushen bzw. callen mit den Händen, die es laut SAGE-Tabelle erlauben und es entscheidet das Glück.

Daher ist das SAGE-System eher als eine Bereicherung des eigenen Spiels zu sehen. Wer es kennt und weiß, ob sein Gegner danach spielt, kann sich daraus eventuell einen Vorteil generieren: Entweder spielt mein Gegner nicht danach, dann macht er eventuell mathematische Fehler, weil er zu tight spielt; oder er ist besser als ich und spielt ebenfalls danach, dann entwaffne ich damit seine Postflop-Edge mir gegenüber.

Übungen Teil 9 – ICM und SAGE in der Praxis

Um das ICM effektiv zu lernen und zu üben, empfehle ich Ihnen den Einsatz spezieller Zusatzsoftware. Es gibt ICM-Tools, mit denen Sie Handhistories Ihrer eigenen Spiele importieren und analysieren lassen können. Dann bekommen Sie gesagt, ob bestimmte Pushes oder Calls +$EV waren oder -$EV.

Diese Variante finde ich nicht schlecht, aber eher im zweiten Schritt. Zu allererst sollten Sie ein Gefühl dafür bekommen, in welche Situationen dieses System zum Tragen kommt. Dafür empfehle ich Ihnen als Übung zwei Programme: den *SNG Wizard* und *SNGEGT* („*Sit-N-Go Endgame Tools*"). Beide Programme sind zwar kostenpflichtig, haben aber eine kostenlose Testversion, mit der man erst einmal ein wenig herumexperimentieren kann. Beide haben ein ICM-Quiz, mit dem man seine Fähigkeiten überprüfen kann. Und bei *SNGEGT* gibt es sogar einen kostenlosen Heads-Up-Trainer speziell für das SAGE-System, bei dem man alle Zeit der Welt hat und sich in Ruhe ausrechnen kann, ob ein Push bzw. der Call eines Pushes profitabel ist oder nicht. Links zu beiden Programmen finden Sie ebenfalls auf www.poker-mit-system.de. Die beiden Programme in diesem Buch ausführlich zu erklären, würde definitiv zu weit führen. Aber auf Dauer wird es auf der Internetseite zu diesem Buch detaillierte Anleitungen für diverse Programme geben. Ich denke, dass auch diese beiden dann darunter sein werden.

Die beiden Systeme ICM und SAGE lassen sich nicht an einem unmittelbar sichtbaren Erfolg messen, da es Systeme mit Langzeitwirkung sind. Deshalb sollten Sie einfach versuchen, diese Systeme zu verstehen und auf Dauer nach ihnen zu spielen, wenn Sie bessere Erfolge bei Singletable-Sit'n Gos und bei Multitable-Turnieren erzielen möchten.

Kapitel 16

Test your Expert Skill

„It's hard work. Gambling. Playing poker. Don't let anyone tell you different. Think about what it's like sitting at a poker table with people whose only goal is to cut your throat, take your money, and leave you out back talking to yourself about what went wrong inside. That probably sounds harsh. But that's the way it is at the poker table. If you don't believe me, then you're the lamb that's going off to the slaughter"

-- Stu Ungar

Beispielhände Teil 4 – Pot Control

12)

Hand: 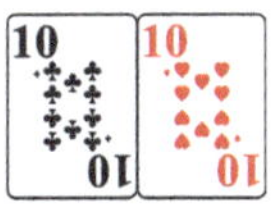

Position: MP3

Situation: NL Cashgame 2 $/4 $, FR, Sie haben 320 $, alle anderen 400 $.

Preflop-Action: UTG raist auf 12 $, Sie callen, SB callt, BB callt.

Pot: 48 $

Flop: 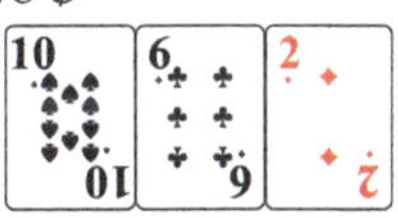

Frage 12): Sind Sie Pot-Committed?

13)

Hand: 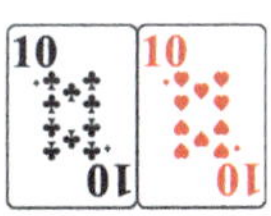

Position: MP3

Situation: NL Cashgame 2 $/4 $, FR, Sie haben 320 $, alle anderen 400 $.

Preflop-Action: UTG raist auf 12 $, Sie callen, SB callt, BB callt.

Pot: 48 $

Flop: 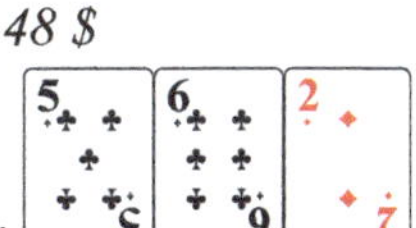

Frage 13): Sind Sie Pot-Committed?

14)

Hand: 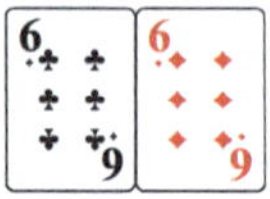

Position: Button
Situation: NL Cashgame 2 $/4 $, FR, Sie haben **200 $,** UTG ist ein LAG.
Preflop-Action: UTG raist auf 12 $, MP1 callt, Sie callen, SB foldet, BB foldet.

Pot: 42 $

Flop: 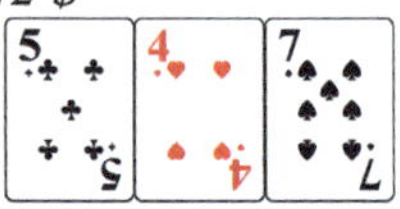

Postflop-Action: UTG bettet 40 $, MP1 foldet.

Frage 14): Sind Sie Pot-Committed?

15)

Hand: 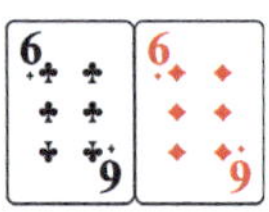

Position: Button
Situation: NL Cashgame 2 $/4 $, FR, Sie haben ***400 $,*** UTG ist ein ***TAG***.
Preflop-Action: UTG raist auf 12 $, MP1 callt, Sie callen, SB foldet, BB foldet.

Pot: 42 $

Flop: 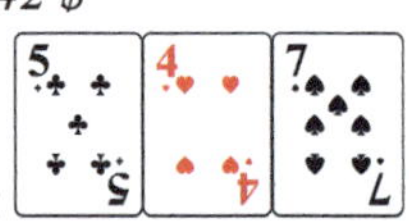

Postflop-Action: UTG bettet 40 $, MP1 foldet.

Frage 15): Sind Sie Pot-Committed?

16)

Hand: 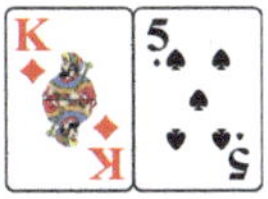

Position: BB

Situation: NL Cashgame 1 $/2 $, FR, alle Spieler haben 200 $.

Preflop-Action: UTG+1 limpt, alle anderen folden, Sie checken.

Pot: 5 $

Flop: 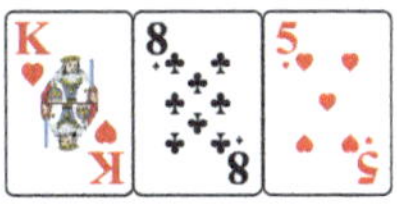

Frage 16a): Sind Sie Pot-Committed?

Postflop-Action: Sie betten 4 $, UTG+1 raist auf 12 $, Sie reraisen auf 40 $, Gegner callt.

Pot: 85 $

Turn: 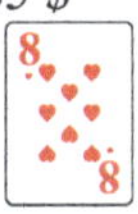

Frage16b): Was machen Sie nach dem Turn? Sind Sie Pot-Committed?

Beispielhände Teil 5 – Hand-Reading

17)

Hand: 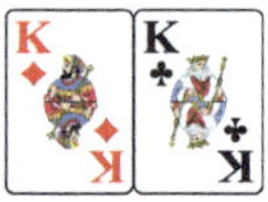

Position: Button (Sie haben 900 $)
Situation: NL Cashgame 5 $/10 $, SH, Cutoff ist guter TAG mit 750 $.
Preflop-Action: CO raist 40 $, Sie reraisen 120 $, Blinds folden, CO callt.

Pot: 255 $

Frage 17a): Wie denken Sie zu diesem Zeitpunkt über Commitment?

Frage 17b): Auf welche Range an Händen setzen Sie den CO hier?

Flop: 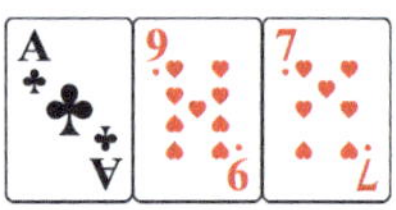

Postflop-Action: CO checkt, Sie betten 210 $, CO *check-raist* All-In mit seinen restlichen 630 $.

Frage 17c): Welche Range geben Sie dem CO jetzt? Mit welchen Händen macht seine Spielweise Sinn?

Frage 17d): Was machen Sie, sind Sie Pot-Committed?

18)

Hand: 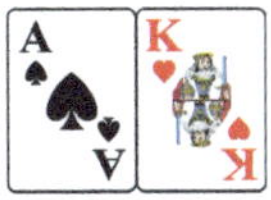
Position: Cutoff (Sie haben 180 $)
Situation: NL Cashgame 0.50 $/1 $, SH, MP2 ist ein schlechter LAG mit 190 $.
Preflop-Action: MP2 minraist auf 2 $, Sie reraisen auf 8 $, alle anderen haben gefoldet, MP2 callt.

Pot: 17,5 $

Frage 18a): Wie denken Sie zu diesem Zeitpunkt über Commitment?

Frage 18b): Auf welche Range an Händen setzen Sie den BB hier?

Flop: 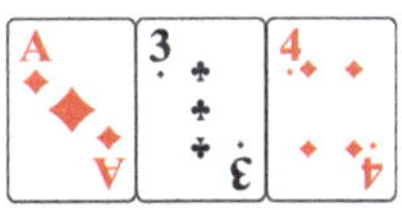
Postflop-Action: MP2 checkt, Sie betten 12 $, BB *check-raist* schnell auf 24 $.

Pot: 53 $ (Sie haben noch 160 $, Ihr Gegner hat noch 158 $)

Frage 18c): Auf welche Range an Händen setzen Sie Ihren Gegner hier?

Frage 18d): Wie denken Sie zu diesem Zeitpunkt über Commitment?

Frage 18e): Was machen Sie?

19)

Hand: 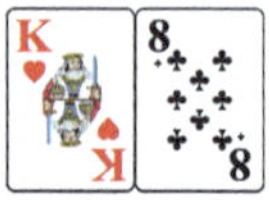

Position: SB (Sie haben t2.800)
Situation: NL Sit'n Go, 7 von 10 Spielern sind noch übrig, Durchschnittsstack liegt bei t2.100, gemischter Tisch, Button ist loose, Blinds sind bei t50/t100.
Preflop-Action: UTG+1 callt, Button callt, Sie callen, BB checkt.

Pot: t400

Flop: 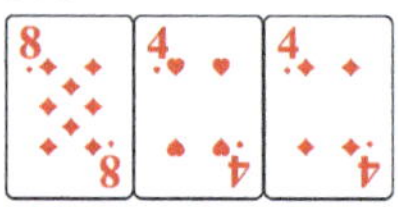

Postflop-Action: Sie betten t320, BB foldet, UTG+1 foldet, Button callt.

Pot: t1.040

Frage 19a): Wie denken Sie zu diesem Zeitpunkt über Commitment?

Frage 19b): Auf welche Range an Händen setzen Sie den Button hier?

Turn: 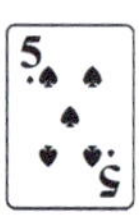

Frage 19c): Was machen Sie nach dem Turn? Ist die folgende Spielweise optimal?
Sie checken, Button checkt.

River: 

Frage 19d): Was machen Sie nach dem River? Ist die folgende Spielweise optimal?
Sie checken, Button bettet t450, Sie callen [Ergebnis in der Antwort].

Beispielhände Teil 6 – ICM

20)
Situation: NL Sit'n Go, 4 von 10 Spielern sind noch übrig, Blinds: **t200/t400.**

Position	Chips	Karten	Aktion
Cutoff	t5.900		*Fold*
Button	t3.600		*Fold*
SIE (SB)	t1.700	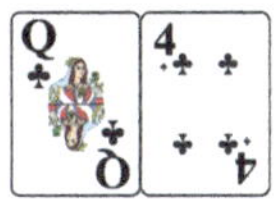	***Push oder Fold?***
BB	t3.800		*??*

Frage 20): Was machen Sie?

21)
Situation: NL Sit'n Go, 3 von 10 Spielern sind noch übrig, Blinds: **t600/t1.200.**

Position	Chips	Karten	Aktion
SIE (Button)	t7.500	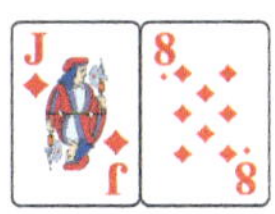	***Push oder Fold?***
SB	t2.700		*??*
BB	t4.800		*??*

Frage 21): Was machen Sie?

22)

Situation: NL Sit'n Go, 3 von 10 Spielern sind noch übrig, Blinds: **t200/t400.**

Position	**Chips**	**Karten**	**Aktion**
Cutoff	t4.000	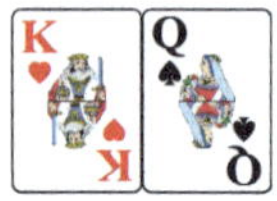	***Push oder Fold?***
Button	t3.000		*??*
SB	t4.000		*??*
BB	t4.000		*??*

Frage 22): Was machen Sie?

23)

Situation: NL Sit'n Go, 3 von 10 Spielern sind noch übrig, Blinds: **t400/t800.**

Position	**Chips**	**Karten**	**Aktion**
Button	t6.000		*Fold*
SIE (SB)	t6.300	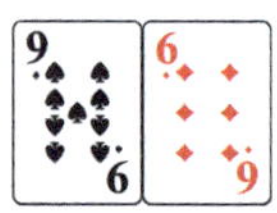	***Push oder Fold?***
BB	t2.700		*??*

Frage 23): Was machen Sie?

24)
Situation: NL Sit'n Go, 2 von 10 Spielern sind noch übrig, Blinds: **t400/t800.**

Position	Chips	Karten	Aktion
SIE (SB)	t5.500	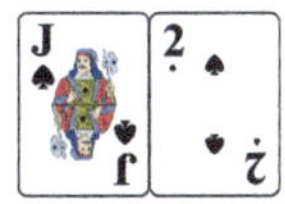	***Push oder Fold?***
BB	t9.500		*??*

Frage 24): Was machen Sie?

25)
Situation: NL Sit'n Go, 2 von 10 Spielern sind noch übrig, Blinds: **t750/t1.500.**

Position	Chips	Karten	Aktion
SB	t8.000		***Pusht All-In***
SIE (BB)	t7.000	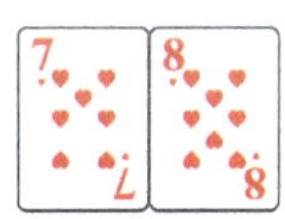	***Call oder Fold?***

Frage 25): Was machen Sie?

Antworten Teil 4 – Pot Control

Antwort 12)

Sie sind hier definitiv Pot-Committed. Sie haben das Top Set und zu diesem Zeitpunkt die bestmögliche Hand. Das Board bietet zwar ein paar Straight-Draw-Möglichkeiten, aber diese sind nicht allzu wahrscheinlich. Sie sollten hier den Plan verfolgen, so viele Chips wie möglich in die Mitte zu bekommen. Da dieser Flop aber von den meisten Händen verfehlt wurde, kann es gegen aggressive Gegner durchaus Sinn machen, hier Slowplay zu betreiben. Das ist vom Gegner abhängig.

Antwort 13)

Das ist die gleiche Hand, aber ein anderer Flop. Hier sind Sie definitiv *nicht* Pot-Committed. Sie haben zwar ein Overpair zu diesem Zeitpunkt, aber es ist bereits eine Straße möglich, jedes Set schlägt Sie und es gibt sehr viele Karten, die Sie auf Turn oder River nicht sehen möchten: Jedes weitere Kreuz, jede Overcard, jede 3, jede 4, jede 6 usw. Sie spielen gegen 3 Gegner und könnten auch bereits gegen zwei Paar hinten liegen. Die Frage, ob Sie Pot-Committed sind, können Sie in diesem Beispiel sehr schön umformulieren in: „Wenn einer der Gegner hier All-In pusht, calle ich dann immer für alle meine Chips?“ Wenn die Antwort „Nein“ lautet (was sie sollte!), dann sind Sie auch nicht Pot-Committed. Sie sollten definitiv bieten bzw. callen auf diesem Flop, aber eher den Pot per Pot Control klein halten.

Antwort 14)

Der Pot ist zu diesem Zeitpunkt 82 $ groß, Sie haben noch 188 $ übrig und sollen 40 $ callen. Da die große Bet von einem LAG kam, müssen Sie nicht zwingend davon ausgehen, dass Sie hier hinten sind: Sie haben neben dem Paar (das zu diesem Zeitpunkt gegen AK, AQ usw. vorne ist) einen OESD, der zu 32 % bis zum River ankommt. Gegen alle Overpairs ab 99 können Sie sogar noch mit einer weiteren 6 gewinnen und der LAG kann diesen gefährlichen Flop durchaus auch bluffen, was Ihnen zusätzliche Fold Equity gibt, wenn Sie pushen. Wenn Sie hier callen, würden Sie bereits knapp 1/3 Ihres Stacks in die Hand investieren. Demnach committen Sie hier entweder Ihren gesamten Stack oder Sie folden. Die Summe dieser Umstände macht Sie an diesem Punkt Pot-Committed und Sie sollten mit Ihren restlichen 188 $ All-In pushen.

Antwort 15)

Dies ist fast eine identische Situation, aber zwei Dinge haben sich geändert: Sie spielen gegen einen TAG, nicht gegen einen LAG und Sie haben vor der Hand 400 $ und nicht 200 $. Diese zwei kleinen Änderungen haben aber extreme Auswirkungen: Sie sind jetzt plötzlich nicht mehr Pot-Committed und müssen die Hand nach klassischen Überlegungen (Pot Odds, Outs, Handrange des Gegners usw.) spielen. Der Grund dafür ist einfach: Am Flop haben Sie noch 388 $ übrig und sollen 40 $ bei einem 82 $-Pot bezahlen. Diese Odds von ca. 2 zu 1 rechtfertigen einen Call nur dann, wenn Sie wissen, dass Ihr Gegner am Turn checkt und am River bezahlt, wenn z.B. die Straße erst dann ankommen sollte. Ihr Gegner ist allerdings ein TAG, der klassisches ABC-Poker spielt. Sie müssen ihn bei einem Gebot in Höhe des Pots auf einem solchen Flop zu 80 % auf ein höheres Overpair (TT-AA) setzen: Er möchte häufig sein großes Pocketpaar hier schützen. Wenn Sie das wissen, müssen Sie weitere Gebote auf Turn und River erwarten, wenn die offensichtlichen Draws nicht abkommen. Fragwürdig ist auch, ob der TAG z.B. bei einer 3 oder eine 8 noch weitere Chips in die Hand investieren würde, z.B. mit QQ. Er weiß, dass ihn jede 6 schlägt. Demnach hätten Sie auch kaum Implied Odds, wenn Sie treffen. Ihre Entscheidung ist in diesem Fall von Ihrer Einschätzung des TAGs abhängig und wie häufig er hier blufft (z.B. mit AK oder 33 o.Ä.). Tendenziell sollten Sie jetzt aber eher folden.

Antwort 16a)

Auch wenn das Board nicht zu 100 % ungefährlich ist, sind Sie hier auf jeden Fall Pot-Committed. Sie haben Top und Bottom Paar und wären nur gegen ein Set oder K8 hinten. Ihr Ziel sollte es sein, so viele Chips wie möglich in die Mitte zu bekommen.

Antwort 16b)

Sie haben erfolgreich einen großen Pot aufgebaut und waren eigentlich guter Dinge, diesen großen Pot mitzunehmen. Die Turnkarte ist allerdings für Ihre Hand tödlich: Zum einen ist der Flush angekommen, zum anderen ist Ihr Paar 5er gerade neutralisiert worden. Jetzt sind Sie wieder hinten gegen jeden besseren König, denn auch der hat jetzt zwei Paar. Auch wenn Sie am Flop noch Pot-Committed waren, ist die Hand mit dieser Karte für Sie im Grunde gestorben. Sie checken, UTG+1 bietet 3/4 des Pots und Sie folden. Das ist ein ärgerlicher Verlauf, aber das passiert. Dennoch haben Sie auf dem Flop in dieser Hand alles richtig gemacht, als Sie auf 40 $ geraist haben, anstatt die 12 $ nur zu callen.

Antworten Teil 5 – Hand-Reading

Antwort 17a)

KK ist eine sehr starke Hand vor dem Flop. Sie haben von Ihren 90 BB mehr als 1/10 investiert, müssen sich also Gedanken machen, wann und unter welchen Umständen Sie sich Pot-Committed fühlen. Ein guter Gedanke zu diesem Zeitpunkt könnte sein: „Wenn der Flop nicht total drawlastig ist und vor allem kein Ass kommt, bin ich Pot-Committed."

Antwort 17b)

Als TAG raist er mit den Top 20 % der Hände aus dem Cutoff, was A7s+, KTs+, ATo+ und KJo+ sowie kleine Pocketpaare einschließt, eventuell sogar noch ein paar weitere Hände. Als guter TAG allerdings (und so wurde er in diesem Beispiel eingeschätzt) ist er durchaus in der Lage, alles schlechter als AJ und KQ gegen einen Reraise zu folden. Da er Ihren Reraise hier aber callt, können Sie von AQs+, AKo bzw. 55+ ausgehen.

Antwort 17c)

Sein All-In-Move ist nicht allzu übertrieben, schließlich raist er genau das 3-Fache Ihres Gebots. Die Frage ist nur: Womit macht er das? Als ansatzweise guter Spieler setzt er Sie ja auch auf eine bestimmte Handrange. Und Pocketkarten wie AKs oder AKo fallen definitiv in die wahrscheinlichen Hände auf Ihrer Seite. Wenn er Sie hier also auf ein mögliches Ass setzt, wird er definitiv kein schlechteres Pocketpaar wie JJ, QQ oder TT bei diesem Flop *check-raisen* und gleichzeitig all seine Chips damit riskieren. Das können Sie also ausschließen. Mit einem schlechteren Ass als AK hätte er wahrscheinlich nicht gecallt, mit A9 oder A7 (die ihm hier zwei Paar machen) erst recht nicht. AKs oder AKo ist hier also erst einmal die wahrscheinlichste Hand. Dass er 97 hat, ist sehr unwahrscheinlich, genauso wie ein Flush Draw. Er müsste schon KhQh vor dem Flop gegen Ihren Raise gecallt haben. Das wäre für einen TAG allerdings etwas ungewöhnlich. Wenn Sie diese Hand als zu 10 % wahrscheinlich einschätzen und ihm weitere 10 % für einen möglichen Bluff einräumen, dann hat er in 80 % der Fälle eine sehr starke Hand. Da das Board für eine sehr starke Hand aber nur einen Drilling oder TPTK ermöglicht, hat Ihr Gegner hier mit ziemlich großer Wahrscheinlichkeit AK, 77, 99 oder vielleicht sogar AA.

Antwort 17d)

Ihre Hand ist hier toter als tot und Sie müssen folden. Gegen einen Maniac oder einen loose-aggressiven Fisch könnten Sie die Bluff-Wahrscheinlichkeit eventuell noch wesentlich höher einschätzen. Vielleicht bekommen Sie mit reichlich mathematischer Schieberei der Wahrscheinlichkeiten einen Call gegen bestimmte Gegner sogar noch gerechtfertigt. Sicherlich ist fraglich, ob das Gebot am Flop in Höhe von mehr als 3/4 des Pots hier überhaupt Sinn macht. Aber die „*Way Ahead oder Way Behind*"-Frage ist in diesem speziellen Beispiel mehr als beantwortet. So wie die Hand verlaufen ist, sollten Sie folden und das Geld für eine bessere Gelegenheit sparen.

Antwort 18a)

Sie haben zu diesem Zeitpunkt weniger als 1/10 Ihres Stacks investiert, somit sind Sie noch nicht an der Schwelle, all Ihre Chips in die Mitte zu bekommen. Die Tatsache, dass Sie gegen einen LAG spielen, schränkt die Motivation für Commitment noch weiter ein, denn der LAG zieht seine Edge ja besonders daraus, dass er von seinen Gegnern in einer Hand unterschätzt wird bzw. diese Ihre Hände wie TPTK überschätzen, nur weil er so aggressiv spielt.

Antwort 18b)

Der LAG hat aus MP2 geraist und einen Reraise gecallt. Damit sind potenziell dominierte Hände wie kleine Asse oder kleine Könige eher unwahrscheinlich. Ein guter LAG versucht immer eher, mit potenziellen Monstern in große Pots verwickelt zu sein. Demnach sind kleine Pocketpaare und Suited Connectors neben den üblichen 10 % der Top Hände hier am wahrscheinlichsten.

Antwort 18c)

Dass der LAG hier sofort raist, hat noch nicht sonderlich viel zu sagen. Das würde er mit allen möglichen Draws genauso machen wie mit einem Set oder AQ. Besonders die Tatsache, dass sein Raise ein so genannter *Minraise* ist, also dass er nur Ihren Raise verdoppelt, engt seine Range nicht sonderlich ein. Es kann auch genauso gut ein Testraise mit einem mittleren Pocketpaar sein, um herauszufinden, ob Sie wirklich das Ass haben.

Antwort 18d)

Sie sind gegen diesen Gegner noch nicht Pot-Committed. Da Sie bis jetzt bloß ein Paar haben, sollten Sie aber keinen sonderlich großen Pot aufbauen. Wenn Sie callen, haben Sie ca. 1/5 Ihres Stacks in die Hand investiert. Das ist bereits relativ viel und Ihr Bestreben sollte es nun eher sein, den Pot möglichst klein zu halten.

Antwort 18e)

Sie sollten nach „Way Ahead oder Way Behind" an dieser Stelle Pot Control betreiben und die Hand bis zum River *check-call* spielen (wenn er nicht gerade all Ihre Chips dafür einfordert). Wenn er ein Set getroffen hat oder sein Draw noch ankommt, dann ist das natürlich Pech. Wenn er aber auf einem Draw ist oder auf einem kompletten Bluff, dann wird er vielleicht weiter versuchen zu bluffen, was Ihnen zusätzliche Value gibt, die Sie mit einem Reraise vielleicht nicht bekämen.

Antwort 19a)

Ihre Hand könnte zum jetzigen Zeitpunkt die beste sein, ist aber äußerst verwundbar. Ein All-In Ihres Gegners würden Sie wahrscheinlich nicht callen. Demnach sind Sie auch nicht Pot-Committed und sollten keinen allzu großen Pot aufbauen.

Antwort 19b)

Der Button ist als loose charakterisiert. Demnach kann er hier alles haben. Er kann genauso mit zwei Overcards callen, weil er Ihnen die 4 nicht glaubt, wie auch mit einem Pocketpaar oder einem Flush Draw. Ebenso gut könnte er eine starke Hand wie KK oder A4 Slow spielen. Der Call sagt leider nicht viel aus.

Antwort 19c)

Die 5 ist keine sonderlich gefährliche Karte für Sie. Natürlich kann Ihr Gegner mit 67 gecallt haben und jetzt seine Straße haben oder mit einem Paar 5er auf der Hand das Full House. Aber meistens hat die 5 ihm nicht geholfen. Sie checken, weil Ihre Hand verwundbar ist und es zu viele Karten gibt, die Sie nicht sehen möchten, sie betreiben also Pot Control. Den Check halte ich hier für genauso gut wie eine kleine Bet. Ein looser Spieler wird sich bei diesem Flop nicht von einem Draw lösen können (weil er ihn als nicht gefährlich empfindet). Demnach ist wenig Fold Equity vorhanden gegen eine Draw Hand wie AdJd o.Ä. Die Bet würde zusätzliche Value bringen, schließlich können Sie davon ausgehen, hier durchaus meistens vorne zu liegen. Die Hand mit einer *großen* Bet zu schützen, wäre hier fehl am Platze. Sie können nicht erwarten, hier die beste Hand zu halten. Deshalb ist auch hier Pot Control die sinnvollste Alternative.

Antwort 19d)

Da der Turn dem Gegner relativ wahrscheinlich *nicht* geholfen hat (sein Check am Turn bestärkt die Vermutung), wird der River ihm wohl auch nicht geholfen haben. Das plötzliche Gebot macht eigentlich nur wenig Sinn nach seiner bisherigen Spielweise. Die 4 beim Gegner ist genauso wenig wahrscheinlich (schließlich sind nur noch 2 im Deck) wie das Full House mit 88, schließlich haben Sie ebenfalls eine 8. Die gesamte Spielweise passt zu einem Draw oder zwei Overcards, maximal noch zu einem Pocketpaar.

Sie callen, der Gegner sagt „good call" und zeigt KdQd. Er war die ganze Zeit auf dem Flush Draw und wollte am River dann bluffen, um den Pot zu stehlen.

Antworten Teil 6 – ICM / SAGE

Antwort 20)

Sie haben in diesem Beispiel noch etwas über 4 BB. Nach der „Push oder Fold"-Tabelle von Seite 196 ist das ein klarer Push.

Antwort 21)

Sie haben in dieser Situation zwar noch ca. 6 BB, aber Ihre Gegner haben maximal 4 BB. Demnach würden Sie auch nur 4 BB pushen. Nach der „Push oder Fold"-Tabelle wäre das dann ebenfalls ein Push.

Antwort 22):

KQo ist eigentlich keine allzu schlechte Hand und Sie geraten mit Ihren verbleibenden 10 BB so langsam unter Druck. Aber zu pushen wäre hier absolut falsch. Alle Gegner haben ungefähr gleich viel Chips, was auch einer ungefähr gleichen Equity im Turnier entspricht. Wenn Sie jetzt All-In gehen, riskieren Sie, eventuell noch Bubbleboy zu werden und leer auszugehen. Dieses Risiko rechtfertigt hier kein All-In mit KQo und Sie sollten folden. Das sehen Sie auch im Chart.

Antwort 23)

In diesem Beispiel zählt wieder die Reihe „push any two" in Tabelle von S. 196. Sie pushen hier effektiv nur 3,5 BB gegen den Big Blind.

Antwort 24)

Nach der „Push oder Fold"-Tabelle ist das ein Push: Sie haben noch 7 BB übrig und pushen aus dem SB. Wenn Sie diese Hand nach dem SAGE-System analysieren, kommen Sie zu dem gleichen Ergebnis: Der PI ist 26 (2x11 für den Buben +2 für die „2" und +2, weil die Karten suited sind.). Laut SAGE-Tabelle benötigen Sie bei 7 BB mindestens einen PI von 26, also wäre es auch danach ein Push.

Antwort 25)

Sie haben noch ca. 5 BB in diesem Heads-Up-Match. Da Ihr Gegner All-In geht, sollten Sie nach SAGE berechnen, ob Sie mit Ihren Suited Connectors callen können. Der PI ist 25 (PI = 2x8 +7 +2 = 25). Laut SAGE-Tabelle würde dieser PI bei 5 BB für einen Push aus dem SB reichen, für einen Call benötigen Sie allerdings mindestens einen PI von 28. Sie sollten hier also besser folden.

Kapitel 17

Schlusswort & Anhang

„There is more to poker than life."

-- Tom McEvoy

Schlusswort

Jetzt haben Sie sich auch erfolgreich durch den zweiten Band von *Texas Hold'em – Poker mit System* gearbeitet. Ich hoffe, es war nicht allzu viel Theorie und allzu kompliziert. Einige Punkte muss man auch erst mit der Zeit verarbeiten und ausprobieren, bevor sie in Fleisch und Blut übergehen.

Genauso wie beim ersten Band möchte Ihnen besonders für diesen Band empfehlen, das Buch nicht nur einmal zu lesen, sondern – im Abgleich mit Ihrem Spiel – immer wieder aufs Neue nachzuschlagen, um einzelne Artikel zu verstehen, die Ihnen vielleicht beim ersten Lesen nicht zu 100 % klar waren. Geben Sie Ihrem Spiel Zeit und fühlen Sie sich für Ihre Ergebnisse verantwortlich. Wenn Sie nach wie vor noch zu häufig verlieren, ist das wahrscheinlich keine Frage des Pechs im Spiel. Ich denke, dass diese Buchreihe das verdeutlicht haben dürfte.

Besonders wichtig wäre mir abschließend noch einmal zu betonen, dass Sie dieses Spiel immer bewusst betreiben sollten. Schießen Sie nicht wild mit Ihrem Geld herum, sondern beachten Sie immer die Regeln, die ich Ihnen diesbezüglich gegeben habe (Bankroll Management, Limit Auf- und Abstieg, ständige Weiterbildung usw.). So schonen Sie Ihre Finanzen, bauen auf Dauer Ihre Bankroll aus und werden Spaß an diesem wundervollen Kartenspiel haben.

Die Frage, ob Poker ein Glückspiel oder ein Geschicklichkeitsspiel ist, hängt vom Spieler ab. Man kann Poker wie ein Geschicklichkeitsspiel, wie einen Sport betreiben, wenn man mit der richtigen Strategie zu Werke geht.

Ich hoffe, dass *Texas Hold'em – Poker mit System* Ihnen diese Strategie an die Hand gegeben hat. Viel Spaß beim Pokern!

See you at the tables…

Eike Adler

Anhang

Poker Glossar

Ace High	Blatt mit nur einem Ass als höchste Karte.
Ace Rag	Ass plus kleine Karte (z.B. Ass 4).
Action	Ein Spiel in dem viel erhöht und gecallt wird.
Aggressive	Ein Spieler, der stark erhöht, wenn er ein gutes Blatt hat.
All-In	Der Einsatz aller Chips, die vor dem Spieler auf dem Tisch sind.
American Airlines	Zwei Asse auf der Hand als Startblatt.
Ante	Ein kleiner Einsatz, den jeder Spieler am Tisch bringen muss. Häufig bei Stud oder bei Hold'em Turnieren.
AXs	Ass plus beliebige andere Karte, wobei beide dasselbe Symbol haben.
AXo	Ass plus beliebige andere Karte, wobei beide unterschiedliche Symbole haben.
Bad Beat	Wenn man mit einem ursprünglich besseren Blatt noch verliert (z.B. mit zwei Assen gegen zwei Buben, weil ein dritter Bube aber kein Ass mehr kam).
BB	Big Blind-Position, aber auch Big Blind-Einsatz (Chips).

Bet	Ein Einsatz in einer Bietrunde.
Big Bet	Der große Minimaleinsatz (bei Fixed Limit in den letzten beiden Bietrunden).
Big Blind	Der große Einsatz, der vor der Verteilung der Karten getätigt wird. Als Big Blind bezeichnet man aber auch die Person, die in der jeweiligen Runde auf der Big Blind Position sitzt.
Bluff / bluffen	Ein Einsatz, der nicht auf guten Karten beruht, sondern auf der Täuschung, gute Karten auf der Hand zu haben.
Board Cards	Die Gemeinschaftskarten, die beim Hold'em von allen Spielern zur Bildung ihres Blattes genutzt werden.
Bottom Paar	Ein Pärchen, das aus der niedrigsten Karte der Board Cards und einer eigenen auf der Hand gebildet wird.
Break	Pause (z.B. in einem Turnier).
Bubble (boy)	Die letzte Person in einem Turnier, die nicht mehr auf einen der bezahlten Plätze gekommen ist.
Bullets	Zwei Asse auf der Hand als Startblatt.
Burn	Die oberste Karte vor der Verteilung von Flop, Turn und River wird weggelegt. Eine Poker-Tradition, die heute keine Bedeutung mehr hat.
Button	Die Position des Kartengebers. Bei Online- und Casinospielen, wo kein Spieler die Karten verteilt, geht diese Position reihum, gekennzeichnet durch einen so genannten Dealer-Button (D).

Buy-In	Der Einsatz, um an einem Turnier teilnehmen zu können bzw. beim Cashgame das Geld, das man mit an den Tisch nimmt.
Call / callen	Einen anderen Einsatz durch einen gleichwertigen Einsatz mitgehen.
Calling Station	Ein Spieler, der ständig mitgeht.
Cap	Wenn man beim Limit-Spiel die maximale Anzahl an Erhöhungen (meistens 4) macht.
Cashgame	Einfaches Pokerspiel, bei dem der Spieler jederzeit an den Tisch heran und wieder gehen kann (im Gegensatz zum Turnier).
Check / checken	Wenn vor einem Spieler noch kein Gebot gemacht wurde und er selber auch keins macht (geht aufgrund der Blinds nur nicht vor dem Flop bei Hold'em!).
Check-Raise	Wenn ein Spieler erst checkt und dann bei einem Gebot eines Spielers hinter ihm dieses wiederum erhöht.
Committed / Commitment	Sobald man so viele Chips in einen Pot investiert hat, dass man kaum noch folden kann bzw. möchte.
Community Cards	Die Gemeinschaftskarten, die beim Hold'em von allen Spielern zur Bildung ihres Blattes genutzt werden.
Connected / Connectors	Wenn zwei Karten aufeinander folgend sind (z.B. Zehn + Bube, oder 5 + 6).
Continuation Bet / Contibet	Wenn man als Aggressor vor dem Flop auch nach dem Flop bietet, selbst wenn man nichts getroffen hat.

Cowboys	Zwei Könige auf der Hand als Startblatt.
Cutoff	Die Position vor der Dealer-Position.
Dealer	Die Position des Kartengebers. Bei Online- und Casinospielen, wo kein Spieler die Karten verteilt, geht diese Position reihum, gekennzeichnet durch einen so genannten Dealer-Button (D).
Dominated	Eine Hand wird von einer anderen dominiert („dominated"), wenn z.B. beide die gleiche hohe Karte aber unterschiedliche zweite Karten haben. Z.B. ist König + Zehn dominated von König + Dame
Double-Up	Wenn man seinen Chipstapel durch ein All-In verdoppelt.
Down Card	Die zwei verdeckten Karten, die jeder Spieler zu Anfang ausgeteilt bekommt.
Downswing	Pechsträne.
Draw	Eine Hand, die noch eine weitere Karte benötigt: Z.B. 6789 benötigt noch eine 5 oder eine 10 zur Straße.
Drawing Dead	Eine Hand, die zwar noch eine weitere Karte zur Verbesserung benötigte, die aber selbst im Fall der Verbesserung verliert (z.B. der Flush Draw, wenn der Gegner aber schon ein Full House hat).
Early Position	Die drei ersten Positionen nach dem Big Blind.
Family Pot	Wenn alle Spieler am Tisch mitgehen und den Flop zu sehen bekommen.

Fifth Street / River	Die fünfte der Community Cards.
Fish	Ein schlechter Spieler, der oft und viel verliert.
Fixed Limit	Spiel mit festgelegten Mindest- und Maximal-Einsätzen.
Flop	Die ersten drei Karten der Community Cards.
Flush	5 Karten mit demselben Symbol.
Flush Draw	4 Karten mit demselben Symbol.
Fold / folden	Wenn man einen Einsatz passt, ihn also weder mitgeht noch erhöht.
Fold Equity	Die Wahrscheinlichkeit, dass ein oder alle Spieler nach einem folden, also passen.
Four of a Kind	4 gleiche Karten, wie z.B. 4 Könige.
Fourth Street / Turn	Die vierte der Community Cards.
Free Card	Wenn man eine weitere Karte zu sehen bekommt, ohne dass Einsätze getätigt werden.
Freeroll	Ein Turnier ohne Buy-In.
Full House	Ein Drilling plus ein Paar.
Fullring	Ein Spiel mit mehr als 6 Spielern am Tisch.
Gutshot	Ein Straßen Draw, bei dem noch eine Karte in der Mitte fehlt, z.B. 4568.

Heads-Up	Wenn nur noch zwei Spieler im Spiel sind.
Hold'em	Spielvariante des Poker.
Hole Card	Die zwei verdeckten Karten, die jeder Spieler zu Anfang ausgeteilt bekommt.
Hourly Rate	Die Gewinnrate, die man pro Stunde durch das Pokerspiel erlangt.
Implied Odds	Pot Odds unter Einbeziehung der noch zu erwartenden Gebote in den folgenden Bietrunden.
In the money	Wenn man es in einem Turnier schafft, unter die ersten Spieler zu kommen, deren Platzierungen bezahlt werden. Bei Turnieren mit vielen Spielern kann auch schon mal der 200. Platz „ins Geld" kommen.
Kicker	Die zweite Karte auf der Hand, die nicht zum gewerteten Endblatt (also Pärchen, Drilling o.Ä.) gehört, aber den Ausschlag über den Sieg geben kann.
Ladies	Zwei Damen auf der Hand als Startblatt.
Late Position	Die Positionen des Dealer und des Cutoff werden als spät oder „late" bezeichnet.
Limit Poker	Spiel mit festgelegten Mindest- und Maximal-Einsätzen.
Limp In / limpen	Wenn ein Spieler vor dem Flop nur den Mindesteinsatz mitgeht und nicht erhöht.

Limp-Raise	Wenn ein Spieler einen Limp macht und dann nach einer Erhöhung seinerseit erneut erhöht.
Loose	Ein Spieler, der sich sehr viele Flops anschaut und in viele Hände involviert ist.
Maniac	Ein Spieler, der ständig erhöht, auch wenn er kein gutes Blatt hat.
Middle Position	Die drei Positionen vor dem Cutoff.
Muck	Der Bereich beim Dealer, in den die Karten kommen, die nicht gezeigt werden sollen (die verworfenen Spielerkarten und die Burn-Karten).
Nuts	Die bestmögliche Hand am Tisch.
Offsuit	Karten, die nicht dasselbe Symbol haben.
Open-Ended Straight Draw	Eine unvollständige Straße, die von zwei Seiten vervollständigt werden kann (z.B. 5678, jede 4 und jede 9 macht die Straße).
Outs	Die Anzahl an Karten im verbleibenden Kartendeck, die dem Spieler zur Verbesserung seiner Hand verhelfen.
Overpair	Ein Paar auf der Hand, das größer ist als alle Karten der Community Cards.
Pair	Ein Paar.
Passive	Ein Spieler, der auch gute Hände nur schwach oder gar nicht bietet, sondern eher Erhöhungen mitgeht.

Play Money	Spielgeld.
Pocketpaar	Ein Paar auf der Hand als Startblatt.
Pocket Rockets	Zwei Asse auf der Hand als Startblatt.
Pockets / Pocket Cards	Die zwei verdeckten Karten, die jeder Spieler zu Anfang ausgeteilt bekommt.
Position	Der Platz auf dem sich ein Spieler im Verhältnis zu den anderen Spielern befindet.
Pot Odds	Die Wahrscheinlichkeit, eine Hand in Relation zum Geld in der Mitte und dem zu tätigenden Einsatz zu bekommen.
Preflop	Alles, was vor dem Auslegen des Flops passiert.
Rags	Kleine Zahlenkarten, z.B. 3 oder 7.
Raise / raisen	Erhöhen.
Rake	Gebühr, die vom Pokerraum bzw. Casino erhoben wird.
Rebuy	Wenn man bei einem Turnier alle Chips verliert, kann man bei einigen durch die erneute Bezahlung des Buy-Ins damit wieder ins Turnier einsteigen und bekommt wieder die Anfangsanzahl an Chips.
Reraise / Reraisen	Wenn man eine Erhöhung erneut erhöht.
Ring Game	Sh. Cashgame.

Rock	Ein tight-passiver Spieler, der nur wenige Hände spielt und wenig erhöht.
Rockets	Sh. Pocket-Rockets.
Royal Flush	Zehn+Bube+Dame+König+Ass von einer Farbe.
Runner-Runner	Zwei mehrere Karten, die eine Verliererhand doch noch zu einer Siegerhand gemacht haben.
SB	Small Blind.
Scarecard	Eine aufgedeckte Karte, die dem Gegner nicht gefallen könnte wie z.B. eine dritte Karte zum Flush, oder ein Ass.
Semi-Bluff	Ein halber Bluff, bei dem noch die Chance besteht, dass man eine Siegerhand bekommt.
Set	Ein Drilling mit Paar auf der Hand.
Shark	Ein starker, mitdenkender Spieler.
Shortstack	Wenn man nur noch wenige Chips vor sich auf dem Tisch hat.
Shorthanded	Ein Spiel mit 6 Spielern oder weniger am Tisch.
Showdown	Wenn nach dem River die Karten aufgedeckt werden.
Sidepot	Wenn ein Spieler All-In geht und danach noch weitere Gebote getätigt werden, gehen diese in den Sidepot.
Sign-Up Bonus	Geld, das man von einem Pokeranbieter geschenkt bekommt, wenn man ein Echtgeldkonto eröffnet.

Sit 'n Go / SNG	(Mini-) Turniere, die starten, sobald eine bestimmte Anzahl an Mitspielern erreicht ist.
Skill	Fähigkeit.
Slowplay	Wenn man durch vorsichtiges Spiel vorgibt, keine gute Hand zu haben, obwohl man eine extrem gute Hand hat.
Small Bet	Der Minimumeinsatz in den ersten beiden Bietrunden beim Fixed Limit.
Small Blind	Der kleine Einsatz, der vor der Verteilung der Karten getätigt wird. Als Small Blind bezeichnet man aber auch die Person, die in der jeweiligen Runde auf der Small Blind Position sitzt.
Stack	Chipstapel, den der Spieler am Tisch hat.
Stone Nuts	Die unschlagbar beste Hand.
Straight	Straße (z.B. A2345).
Straight Flush	Straße mit demselben Symbol.
Suckout	Wenn man mit ursprünglich schlechteren Karten die Gegnerhand dennoch überholt und gewinnt.
Suit	Farbe (Pik, Kreuz, Herz, Karo).
Suited	Karten derselben Farbe.
Suited Connector	Zusammenliegende Karten derselben Farbe.
Three Bet	Reraise.

Three of a Kind	Ein Dilling.
Tight	Wenn man nur wenige Startblätter spielt.
Tilt / tilten	Wenn ein Spieler (meist weil er mehrmals hintereinander unglücklich verloren hat) emotional und unkonzentriert spielt.
Time Bank	Die verlängerte Zeit, die man zum Überlegen hat.
Trips	Ein Dilling mit Paar auf dem Tisch.
Two Pair	Zwei Pärchen.
Under the Gun / UTG	Die Position, die nach dem Big Blind kommt.
Unsuited	Karten, die nicht dieselbe Farbe haben.
Upswing	Glückssträne
Value Bet	Ein Gebot, dass niedrig genug ist, sodass die zweitbeste Hand des Gegners noch mitgeht und somit weiteres Geld in den Pot bringt.

Poker Abkürzungen

A	Ass
AF	Aggression Factor: Das Verhältnis zwischen Bet/Raise und Check/Call/Fold
AI	All-IN
ATC	any two cards/x-beliebige zwei Karten
Ax	As mit kleiner Beikarte
BB	Big Blind
BSB	Button, Small Blind, Big Blind
c	clubs/Kreuz
CO	Cutoff
d	diamonds/Karo
EP	Early position
EPT	European Poker Tour
EV	expected value/Erwartungswert
g1	good one/gut gespielt
gg	good game/Wünsche ein gutes Spiel

gl	good luck/Viel Glück!
h	hearts/Herz
HU	Heads-Up/1 gegen 1
ITM	in the money
J	Bube, Junge
K	König
LAG	loose aggressive
lh	lucky hand/Nur mit Glück gewonnen!
LP	Late Position
MP	Middle Position
MTT	Multi Table Tournament
n1	nice one
nh	nice hand/gutes Blatt
NL	No-Limit
o	offsuit/verschiedene Farben
OOP	out of position/nicht in Position
Q	Queen/Dame
PFR	Pre-Flop-Raise

PL	Pot Limit
ROI	return of investmen /Rendite
s (z.B. bei AsJh)	spades/Pik
s (z.B. bei AJs)	suite / n einer Farbe
SB	Small Blind
SNG	Sit$Go Turniere
STT	Single Table Tournament
T	Zehn
TAG	tight aggressive
ty	thank you
UTG	under the gun
vnh	very nice hand/Super-Blatt
VP$IP	Anzahl an Starthände, in die ein Spieler investiert
WPT	World Poker Tour
WSOP	Die World Series Of Poker, das jährlich in Las Vegas stattfindende, größte Pokerturnier der Welt
WTS	Went To Showdown: Anzahl an Händen, mit denen ein Spieler bis zum Showdown gegangen ist.

Positionen

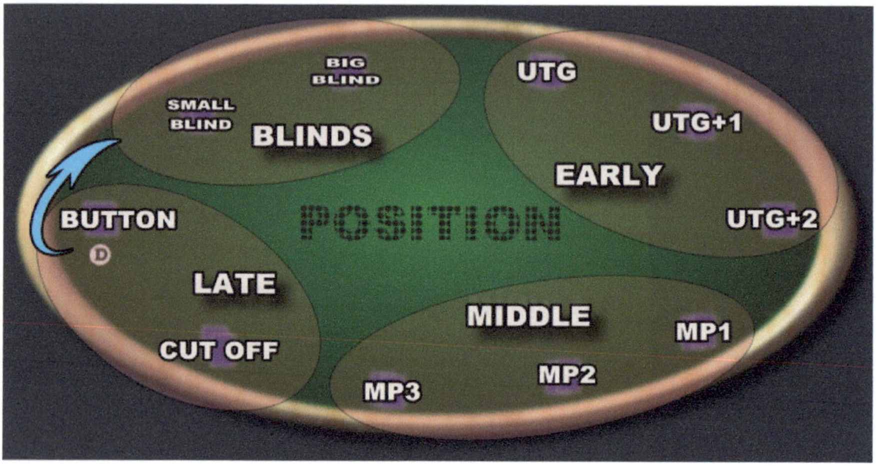

BUTTON	Position des Gebers, wechselt nach jeder Runde im Uhrzeigersinn weiter, gilt als späte Position.
BLINDS	Die Blindeinsätze, die vor dem Verteilen der Karten gemacht werden müssen. In Turnieren steigen die Blinds mit der Zeit an.
UTG	„Under the Gun“: Die erste Person, die vor dem Flop einen Einsatz machen muss bzw. kann.
MP	Mittlere Positionen.
CUT OFF	Die andere späte Position vor dem Button.

Preflop-Strategie

<table>
<tr><th>Kategorie</th><th>Hand</th><th></th><th>EARLY</th><th>MIDDLE</th><th>LATE</th><th>SB/BB</th></tr>
<tr><td rowspan="2">Kat. 1</td><td rowspan="2">AA
KK
QQ
AKs</td><td>A</td><td>Raise</td><td>Raise</td><td>Raise</td><td>Raise</td></tr>
<tr><td>B</td><td>Reraise</td><td>Reraise</td><td>Reraise</td><td>Reraise</td></tr>
<tr><td rowspan="2">Kat. 2</td><td rowspan="2">AK
AQs
JJ
TT</td><td>A</td><td>Raise</td><td>Raise</td><td>Raise</td><td>Raise</td></tr>
<tr><td>B</td><td>Call</td><td>Call</td><td>Call</td><td>Call</td></tr>
<tr><td rowspan="2">Kat. 3</td><td rowspan="2">AQ
AJs
99
88</td><td>A</td><td>Open</td><td>Open</td><td>Open</td><td>Call</td></tr>
<tr><td>B</td><td>Fold</td><td>Fold</td><td>Fold</td><td>Fold</td></tr>
<tr><td rowspan="2">Kat. 4</td><td rowspan="2">AJ
AXs
KQs
77 - 55
(98s-65s)</td><td>A</td><td>Fold</td><td>Open</td><td>Open</td><td>Call</td></tr>
<tr><td>B</td><td>Fold</td><td>Fold</td><td>Fold</td><td>Fold</td></tr>
<tr><td rowspan="2">Kat. 5</td><td rowspan="2">AT
KQ
KJs
QJs
44 – 22
(JTs-T9s)</td><td>A</td><td>Fold</td><td>Fold</td><td>Open</td><td>Call</td></tr>
<tr><td>B</td><td>Fold</td><td>Fold</td><td>Fold</td><td>Fold</td></tr>
</table>

Erläuterungen:

„A“	1. Durchgang der Bietrunde, wenn max. einmal geraist wurde
„B“	2. Durchgang der Bietrunde (nach einem Reraise) oder wenn schon zweimal geraist wurde
Raise	Wenn der Pot noch nicht erhöht wurde, dann einen Raise machen! Wenn der Pot bereits einmal erhöht wurde, dann das Gebot wiederum erneut erhöhen (bei 2 Erhöhungen → Spalte B).
Reraise	Wenn das eigene Gebot erhöht wurde, danach selber erneut erhöhen!
Open	In einem ungeraisten Pot raisen, sonst max einen kl. Raise callen
Call	Hier nur callen, wenn mind. das 4-Fache des zu erbringenden Gebotes bereits im Pot / oder noch zu erwarten sind.

Bankroll Management – Aufbau einer BR

Aufbau mit Fixed Limit Fullring

Ø BANKROLL	SPIELBARE LIMITS	TABLE BUY-IN	LIMIT-AUFSTIEG MAX. AB	LIMIT-ABSTIEG MIND. AB
$ 50	$ 0.05/0.10	$ 2.50	$ 60	-
$ 75	$ 0.10/0.20	$ 5.00	$ 90	$ 40
$ 100	$ 0.15/0.30	$ 7.50	$ 150	$ 60
$ 180	$ 0.25/0.50	$ 12.50	$ 300	$ 90
$ 350	$ 0.50/1	$ 25.00	$ 600	$ 150
$ 700	$ 1/2	$ 50.00	$ 1.200	$ 300
$ 1.200	$ 2/4	$ 100.00	$ 1.800	$ 600
$ 2.000	$ 3/6	$ 150.00	$ 3.000	$ 1.200
$ 3.500	$ 5/10	$ 250.00	$ 6.000	$ 1.800
$ 7.000	$ 10/20	$ 500.00	$ 9.000	$ 3.000

Aufbau mit Fixed Limit Shorthanded

Ø BANKROLL	SPIELBARE LIMITS	TABLE BUY-IN	LIMIT-AUFSTIEG MAX. AB	LIMIT-ABSTIEG MIND. AB
$ 60	$ 0.05/0.10	$ 4.00	$ 100	-
$ 120	$ 0.10/0.20	$ 8.00	$ 150	$ 60
$ 180	$ 0.15/0.30	$ 12.00	$ 250	$ 100
$ 300	$ 0.25/0.50	$ 20.00	$ 500	$ 150
$ 600	$ 0.50/1	$ 40.00	$ 1.000	$ 250
$ 1.200	$ 1/2	$ 80.00	$ 2.000	$ 500
$ 2.400	$ 2/4	$ 160.00	$ 3.000	$ 1.000
$ 3.600	$ 3/6	$ 240.00	$ 5.000	$ 2.000
$ 6.000	$ 5/10	$ 400.00	$ 10.000	$ 3.000
$ 12.000	$ 10/20	$ 800.00	$ 15.000	$ 5.000

Aufbau mit No-Limit Fullring

Ø BANKROLL	SPIELBARE LIMITS	TABLE BUY-IN	LIMIT-AUFSTIEG MAX. AB	LIMIT-ABSTIEG MIND. AB
$ 70	$ 0.01/0.02	$ 2	$ 100	-
$ 140	$ 0.02/0.04	$ 4	$ 250	$ 60
$ 350	$ 0.05/0.10	$ 10	$ 500	$ 100
$ 700	$ 0.10/0.20	$ 20	$ 1.250	$ 250
$ 1.750	$ 0.25/0.50	$ 50	$ 2.500	$ 500
$ 3.500	$ 0.50/1	$ 100	$ 5.000	$ 1.250
$ 7.000	$ 1/2	$ 200	$ 10.000	$ 2.500
$ 14.000	$ 2/4	$ 400	$ 15.000	$ 5.000
$ 21.000	$ 3/6	$ 600	$ 25.000	$ 10.000
$ 35.000	$ 5/10	$ 1000	$ 50.000	$ 15.000
$ 70.000	$ 10/20	$ 2000	$ 100.000	$ 25.000

Sie sehen an dieser Stelle, dass man eine wesentlich höhere Bankroll für NL als für FL benötigt. Das ist einer der Gründe gewesen, weshalb ich im ersten Band den Aufbau eine Bankroll mit No-Limit nicht empfohlen habe. NL ist mit wesentlich stärkeren Swings in der Bankroll verbunden und sollte eher als fortgeschritten angesehen werden (Was nicht bedeuten soll, dass Fixed Limit wesentlich leichter zu beherrschen sei. Besonders in höheren Limits ist FL äußerst komplex und erfordert hohes Spielkönnen.).

Aufbau mit No-Limit Shorthanded

Ø BANKROLL	SPIELBARE LIMITS	TABLE BUY-IN	LIMIT-AUFSTIEG MAX. AB	LIMIT-ABSTIEG MIND. AB
$ 100	$ 0.01/0.02	$2	$160	-
$ 200	$ 0.02/0.04	$4	$400	$100
$ 500	$ 0.05/0.10	$10	$800	$160
$ 1.000	$ 0.10/0.20	$20	$2.000	$400
$ 2.500	$ 0.25/0.50	$ 50	$ 4.000	$ 800
$ 5.000	$ 0.50/1	$ 100	$ 8.000	$ 2.000
$ 10.000	$ 1/2	$ 200	$ 16.000	$ 4.000
$ 20.000	$ 2/4	$ 400	$ 24.000	$ 8.000
$ 30.000	$ 3/6	$ 600	$ 40.000	$ 16.000
$ 50.000	$ 5/10	$ 1000	$ 80.000	$ 24.000
$ 100.000	$ 10/20	$ 2000	$ 160.000	$ 40.000

Sie sehen an dieser Stelle, dass man eine wesentlich höhere Bankroll für NL als für FL benötigt. Das ist einer der Gründe gewesen, weshalb ich im ersten Band den Aufbau eine Bankroll mit No-Limit nicht empfohlen habe. NL ist mit wesentlich stärkeren Swings in der Bankroll verbunden und sollte eher als fortgeschritten angesehen werden (Was nicht bedeuten soll, dass Fixed Limit wesentlich leichter zu beherrschen sei. Besonders in höheren Limits ist FL äußerst komplex und erfordert hohes Spielkönnen.).

Aufbau mit SNGs

Ø BANKROLL	TABLE BUY-IN	LIMIT-AUFSTIEG MAX. AB	LIMIT- ABSTIEG MIND. AB
$ 50	$ 1.10	$ 80	-
$ 100	$ 2.20	$ 200	$ 50
$ 250	$ 5.50	$ 400	$ 80
$ 500	$ 11	$ 800	$ 200
$ 1.000	$ 22	$ 2.000	$ 400
$ 2.500	$ 55	$ 4.000	$ 800
$ 5.000	$ 109	$ 8.000	$ 2.000
$ 10.000	$ 215	$ 12.000	$ 4.000
$ 15.000	$ 320	$ 20.000	$ 8.000
$ 25.000	$ 530	$ 40.000	$ 12.000
$ 50.000	$ 1050	$ 80.000	$ 20.000

Für den Aufbau einer Bankroll mit SNGs gilt ähnliches wie für den Aufbau mit No-Limit: Sie benötigen eine recht große Bankroll dafür. Da nicht jeder dafür geschaffen ist, z.B. mehrere SNGs parallel zu spielen und auch sehr viele nacheinander, sollten Sie diese Variante wirklich gut beherrschen, bevor Sie versuchen, damit Ihre Bankroll aufzubauen.

Häufige Gewinnverhältnisse

Karten vor dem Flop	Beispiele	Gewinnverhältnisse
Zwei hohe Karten gegen zwei niedrigere Karten	AK gegen 72o AK gegen T9s	68 % zu 32 % 60 % zu 40 %
Eine hohe Karte gegen zwei Karten dazwischen	A5 gegen K7 A5 gegen 78s	60 % zu 40 % 53 % zu 47 %
Eine hohe Karte gegen eine Karte dazwischen	A9 gegen K2 A9 gegen T8s	64 % zu 36 % 57 % zu 43 %
Ein Paar gegen zwei höhere Karten	44 gegen AT 44 gegen 9Ts	53 % zu 47 % 47 % zu 53 %
Ein Paar gegen eine höhere Karte	99 gegen A7 99 gegen T8s	71 % zu 29 % 67 % zu 33 %
Ein Paar gegen zwei niedrigere Karten	KK gegen Q8 KK gegen 45s	87 % zu 13 % 77 % zu 23 %
Ein hohes Paar gegen ein niedriges Paar	JJ gegen 77	81 % zu 19 %

Häufige Wahrscheinlichkeiten

AK in den Pockets trifft A oder K bis zum River.	48 %	~1 : 1
QQ in den Pockets gewinnt gegen AK.	52 %	~1 : 1
Zwei Paare werden zu einem Full House.	17 %	5 : 1
Drilling wird zu einem Full House oder Vierling.	37 %	3 : 2
Ein Pocketpaar wird zum Drilling im Flop.	12 %	7 : 1
Ein Pocketpaar wird zu Drilling nach dem Flop.	9 %	10 : 1
Zwei Suited Pocketkarten treffen zwei weitere passende suited Karten im Flop.	11 %	8 : 1
Zwei Over Cards am Flop werden zum Paar im River.	26 %	3 : 1
Ein Flush kommt durch 4te suited im Turn und 5te suited Karte im River (Backdoor Flush).	4 %	23 : 1
Eine Straight kommt durch Turn und River (Runner Runner Straight).	1,5 %	67 : 1
Ein Pocket Ass trifft ein weiteres Ass im Turn oder River.	13 %	7 : 1

Odds Liste

	Flop> Turn		Turn> River		Flop> River	
Outs	%	x:1	%	x:1	%	x:1
1	2,13	46,00	2,17	45,00	4,30	22,50
2 (Pocketpaar→ Drilling)	4,26	22,50	4,35	22,00	8,40	10,88
3	6,38	14,67	6,52	14,33	12,50	7,01
4 (Gut-shot Straight Draw)	8,51	10,75	8,70	10,50	16,50	5,07
5 (Low Paar→ Double Paar oder Drilling)	10,64	8,40	10,87	8,20	20,40	3,91
6 (Zwei Overcards)	12,77	6,83	13,04	6,67	24,10	3,14
7	14,89	5,71	15,22	5,57	27,80	2,59
8 (Open-ended Straight Draw)	17,02	4,88	17,39	4,75	31,50	2,18
9 (Flush draw)	19,15	4,22	19,57	4,11	35,00	1,68
10	21,28	3,70	21,74	3,60	38,40	1,60
11	23,40	3,27	23,91	3,18	41,70	1,40

12 (Flush Draw mit Overcard)	25,53	2,92	26,09	2,83	45,00	1,22
13	27,66	2,62	28,26	2,54	48,10	1,08
14	29,79	2,36	30,43	2,29	51,20	0,95
15 (Flush Draw mit 2 Overc.)	31,91	2,13	32,61	2,07	54,10	0,85
16	34,04	1,94	34,78	1,88	57,00	0,75
17	36,17	1,76	36,96	1,71	59,80	0,67
18	38,30	1,61	39,13	1,56	62,40	0,60
19	40,43	1,47	41,30	1,42	65,00	0,54
20	42,55	1,35	43,48	1,30	67,50	0,48

Sämtliche Listen und Grafiken finden Sie auf

www.poker-mit-system.de

zum Download bzw. zum Ausdruck auf DIN A4.

Ebenfalls auf Sharkbooks.de erhältlich:

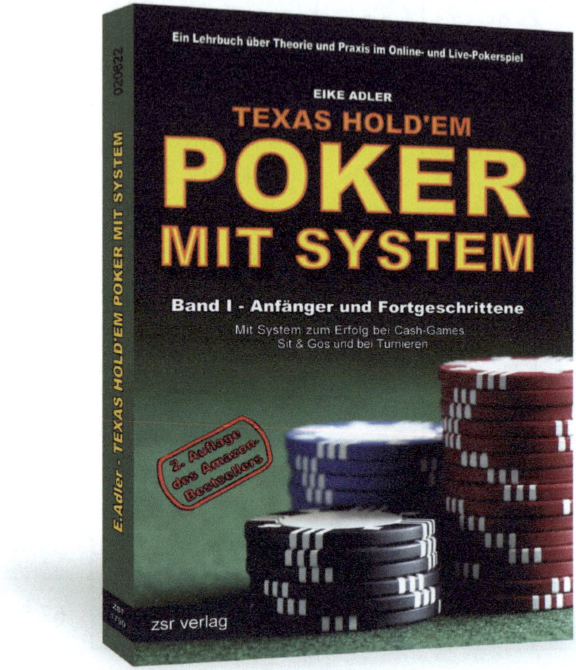

Mit dem Amazon-Bestseller „Texas Hold'em – POKER MIT SYSTEM 1“ lernen Sie die Grundlagen des soliden Pokerspiels und wie man dauerhaft am Pokertisch zu den Gewinnern gehört. In gut strukturierten Lektionen und Übungen vermittelt der Autor Schritt für Schritt die wichtigsten Strategien zum stetigen Ausbau des eigenen Pokerkontos.

- ✓ Auswahl der Starthände und das Spiel an Flop, Turn und River
- ✓ Richtig Bluffen, Pot Odds, Wahrscheinlichkeiten, Tipps & Tricks…
- ✓ Erfolgsstrategien für Cashgame und für Turniere

Das Lehrbuch, das mittlerweile zu Deutschlands meistgekauften Pokerbüchern gehört, eignet sich für Anfänger ebenso wie für bereits fortgeschrittene Pokerspieler.

Eine Leseprobe finden Sie auf: **www.sharkbooks.de**.

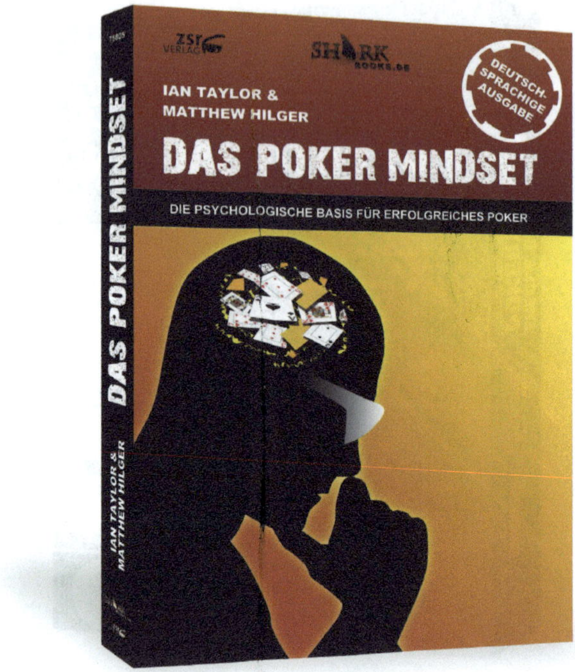

Was unterscheidet echte Pokerprofis von Amateuren?

Sind es übernatürliche Fähigkeiten wie Gedankenlesen, ein Gehirn mit der Funktionsweise eines Supercomputers oder tausende Stunden Spielerfahrung? *Nein.* Es ist die richtige Einstellung, das ***MINDSET***, um dauerhaft Höchstleistung am Pokertisch bringen zu können.

In diesem Buch lüften Taylor und Hilger die Geheimnisse über die Pokerdenkweise der Pros: der Umgang mit dem Tilt, mit Downswings oder mit Bad Beats und psychologische und emotionale Konzepte, die aus einem guten Amateur einen echten Profi machen.
Wenn Sie das Poker Mindset auf sich selbst übertragen lernen, werden Sie bald die Kontrolle über Ihr Spiel erlangen und als dauerhafter Gewinner den Pokertisch verlassen.

Eine Leseprobe finden Sie auf: **www.sharkbooks.de**.

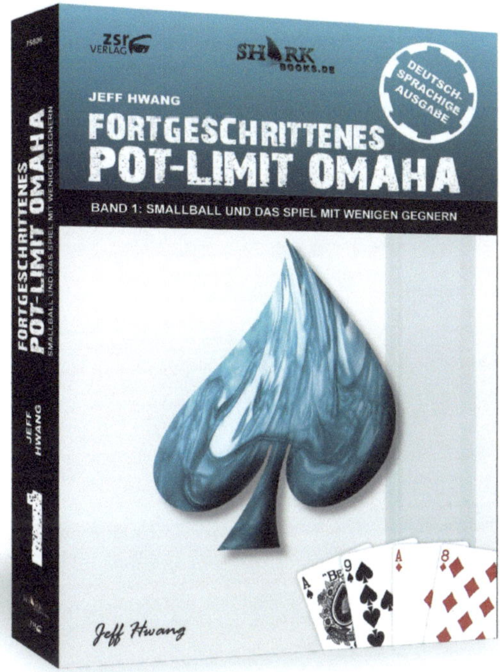
ZSr VERLAG
SHARK BOOKS.DE
DEUTSCH-SPRACHIGE AUSGABE
JEFF HWANG
FORTGESCHRITTENES
POT-LIMIT OMAHA
BAND 1: SMALLBALL UND DAS SPIEL MIT WENIGEN GEGNERN
FORTGESCHRITTENES POT-LIMIT OMAHA
SMALLBALL UND DAS SPIEL MIT WENIGEN GEGNERN
JEFF HWANG
Jeff Hwang

SHARK BOOKS.DE

zsr VERLAG

www.poker-mit-system.de